SCHUSTEREIT · VABANQUE

Hartmut Schustereit

VABANQUE

Hitlers Angriff
auf die Sowjetunion 1941
als Versuch,
durch den Sieg im Osten
den Westen zu bezwingen

SEIT 1789

Verlag E. S. Mittler & Sohn · Herford und Bonn

CIP-Titelaufnahme der Deutschen Bibliothek

Schustereit, Hartmut:
Vabanque. Hitlers Angriff auf die Sowjetunion 1941 als Versuch, durch den Sieg im Osten den Westen zu bezwingen

Hartmut Schustereit. – Herford; Bonn: Mittler 1988

ISBN 3-8132-0285-2

ISBN 3-8132-0285-2 Warengruppe Nr. 21

Einbandgestaltung: Ernst A. Eberhard, Bad Salzuflen, unter Verwendung eines Photos des Bilderdienstes Süddeutscher Verlag, München

Produktion: Heinz Kameier
Gesamtherstellung: Ilmgaudruckerei, Pfaffenhofen
Printed in Germany

Inhaltsverzeichnis

Vorwort

Trotz der umfangreichen wissenschaftlichen Literatur zur Geschichte des Zweiten Weltkrieges gibt es immer noch eine Reihe von Forschungsdesideraten. Zu ihnen gehört eine historisch einwandfreie Darstellung der deutschen Rüstungslage insbesondere in den Anfangsjahren des Krieges. Diese Forschungslücke soll durch den Text des ersten Teiles dieses Buches teilweise geschlossen werden.
Für den Zeitraum vom Ende des Frankreich-Feldzuges im Juni 1940 bis zum Scheitern des Angriffes auf die Sowjetunion im Dezember 1941 werden die Heeresrüstung und die ständigen Umsteuerungen der Rüstung der drei Wehrmachtteile geschildert. Daran schließen sich die Darlegungen über Planung und Durchführung der Heeresrüstung für den Feldzug gegen die Sowjetunion. Sie sind vollständig aus den meist ungedruckten Quellen erarbeitet worden. Dies gilt auch für die umfangreichen Tabellen über die Personal- und Materialverluste des deutschen Ostheeres bis zur Jahreswende 1941/42 sowie die russischen Kriegsgefangenen und die materiellen Verluste des Gegners.
Der zweite thematische Schwerpunkt liegt auf der Auseinandersetzung mit der von Hillgruber entwickelten Stufenprogramm-Theorie. Sie ist seit ihrer erstmaligen Veröffentlichung 1965 immer nur für eine bestimmte Schule von Historikern, in der sie weitgehend unbehelligt geherrscht hat, bestimmend gewesen. Zwar haben alle auf ihr beruhenden Arbeiten nicht vermocht, ihr allgemeine wissenschaftliche Anerkennung zu verschaffen und sie zu einer wirklich gesicherten Erkenntnis werden zu lassen, doch hat andererseits eine grundlegende Auseinandersetzung mit ihr bisher nicht stattgefunden. Hier wird die Stufenprogramm-Theorie erstmals grundsätzlich in Frage gestellt.
Es mag sich die Frage nach dem inneren Zusammenhang der beiden Teile dieses Buches erheben. Wenn auch in den Abschnitten über die Rüstungssituation des behandelten Zeitraumes wiederholt darauf hingewiesen wird, daß sich die Stufenprogramm-Theorie als unrichtig erweist, so mag dies doch als nicht hinreichend erscheinen. Es hat in der Tat einen

anderen Grund für die gemeinsame Veröffentlichung dieser Teile gegeben. Die Darlegungen über die Rüstungssituation vom Juni 1940 bis zum Juni 1941 waren für einen Beitrag in der Sammelreihe »Das Deutsche Reich und der Zweite Weltkrieg« vorgesehen gewesen. Als Folge der Diskussion um ihn kam es zu einer intensiven Beschäftigung mit der Stufenprogramm-Theorie. Die Ergebnisse werden hiermit vorgelegt.

Bad Krozingen, im Frühjahr 1988 *Der Autor*

Teil I:

Die Rüstungslage von der Jahresmitte 1940 bis Ende 1941

1. Kapitel:

Die Rüstungsumsteuerungen vom Juni 1940 bis zum Dezember 1941

1.1. Die Umsteuerungen der Rüstung vom Ende des Frankreichfeldzuges bis zum Beginn des Ostfeldzuges, Juni 1940 bis Juni 1941

Die Bedeutung der materiellen Gegebenheiten für jeden modernen Krieg ist zu offenkundig, um einer langen Begründung zu bedürfen. Die Materiallage beeinflußt in erheblichem Maße die Gestaltung des Kriegsplanes, der für den erfolgreichen Ausgang eines Krieges von grundlegender Wichtigkeit ist. Da vom Kriegsplan die materielle Ausrüstung der Streitkräfte wesentlich abhängt, ergibt sich, daß er die Grundlage für den Rüstungsplan und damit »für die zu beschaffenden Rohstoffe und die Sicherung ihrer Beschaffung im Verlaufe des Krieges sowie für die Umstellung der Industrie von der Friedens- auf die Kriegsproduktion« bildet[1]. Eine Kriegführung, die hauptsächlich auf die wirtschaftliche Ausschaltung des Gegners gerichtet ist (z. B. durch eine Fernbomberflotte mit entsprechendem Begleitschutz durch Langstreckenjäger zur Vernichtung des feindlichen Industriepotentials), hat einen anderen rüstungsmäßigen Schwerpunkt als eine, die vor allem auf die Vernichtung der feindlichen Streitkräfte zielt. Je nachdem, ob – bereits im Kriegsplan! – vorgesehen ist, die Kriegführung vor allem entweder »in den Bereich der materiellen oder in den der klassischen Kriegführung zu legen«, ist im rüstungsindustriellen Bereich eine deutliche Schwerpunktbildung »unentbehrlich, sollen wirklich industrielle Höchstleistungen erzielt und Umstellungen vermieden werden«. Die hierfür notwendige Planung hat weitsichtig zu sein, weil ihre Durchführung »einen hohen Zeitbedarf erfordert und Umstellungen von einem Rüstungszweig auf einen anderen erheblichen Zeitverlust und Produktionsausfall zur Folge haben«[2].
Nachdem in Großbritannien im September 1939 der Grundkriegsplan genehmigt worden war, wurden Wirtschaft und Rüstung auf dieser Grundlage sogleich auf den Krieg umgestellt[3]. Anders verhielt es sich in Deutschland. Da es keinen Kriegsplan besaß, verfügte es auch über

keinen Rüstungsplan. Bis ins dritte Kriegsjahr hinein gab es in Deutschland keine zentral gelenkte Rüstungsplanung und -fertigung. Jeder der drei Wehrmachtteile rüstete für sich. Die wehrmachtteileigenen Rüstungsprogramme, die als solche die Billigung Hitlers gefunden hatten, waren nicht aufeinander abgestimmt[4], und so herrschte zwischen den Wehrmachtteilen ein beständiger Kampf um Rohstoffe und Arbeitskräfte, durch deren Sicherstellung sie ihre Rüstungsprogramme durchführen wollten.

Da es keinen Gesamtrüstungsplan gab, erarbeiteten sich die Wehrmachtteile eigene Rüstungspläne. Zu deren Durchführung besaßen sie entsprechende Dienststellen. Für die Rüstung des Heeres war der »Chef der Heeresrüstung« verantwortlich, der gleichzeitig »Befehlshaber des Ersatzheeres« war (Chef HRüst u. BdE); ihm unterstand u. a. das Heereswaffenamt (HWaA)[5]. Für die Rüstung der Luftwaffe war der Generalluftzeugmeister, für diejenige der Kriegsmarine war das Marinewaffenhauptamt zuständig. Außerdem gab es das Wehrwirtschafts- und Rüstungsamt (WiRüAmt) im OKW. Ebenso, wie die Oberbefehlshaber der Wehrmachtteile nicht dem Chef OKW, sondern Hitler direkt unterstanden, waren die genannten Rüstungsdienststellen der Wehrmachtteile nicht dem WiRüAmt, sondern ihrem jeweiligen Oberbefehlshaber unterstellt. Das WiRüAmt konnte jedoch die Rüstungsplanungen der Wehrmachtteile z. B. durch die Höhe der Zuteilung von Rohstoffen, die ihm oblag, beeinflussen.

Die Sicherung der rüstungswichtigen Rohstoffbasis gehörte zu den Aufgaben der Vierjahresplan-Behörde[6], deren Vorsitzender Göring war. Innerhalb dieser Organisation waren Sonder- oder Generalbevollmächtigte (GB) eingesetzt, wie z. B. der GB Chemie, Krauch, oder der GBK (Generalbevollmächtigter für das Kraftfahrwesen), v. Schell. Deren Aufgabe war es, innerhalb eines speziellen Bereichs Fertigungsengpässe zu beseitigen und darüber hinaus dafür zu sorgen, daß die Kriegswirtschaft bzw. Wehrmacht laufend in genügendem Maße mit dem benötigten unmittelbaren und mittelbaren Kriegsbedarf (z. B. Panzer, Mineralölprodukte, Pulver und Sprengstoff, Kraftfahrzeuge) versorgt wurde.

Als Folge der Munitionskrise während des Polenfeldzuges im Herbst 1939 entstand eine weitere Dienststelle für Rüstungsangelegenheiten, das Reichsministerium für Bewaffnung und Munition (RMfBuM). Es wurde von dem Erbauer der Reichsautobahnen, Dr. Ing. Fritz Todt[7], geleitet. Seine Aufgabe bestand – zunächst – darin, die erwähnte

Munitionskrise zu überwinden (was ihm gelang) und für die Produktion von Waffen, insbesondere von Panzern, zu sorgen.
Die praktische Durchführung der Rüstungsprogramme erfolgte durch Rüstungsbetriebe der Privatwirtschaft, die je nach dem zu fertigenden Material von einem bestimmten Wehrmachtteil betreut wurden.
Die Existenz der verschiedenen militärischen und zivilen Rüstungsdienststellen, die sehr auf die Wahrung ihrer Kompetenzen bedacht waren, ließ die Schwierigkeiten ahnen, die einem wirkungsvollen Ausstoß an Rüstungsgütern entgegenstanden. Denn keine dieser Dienststellen war einer anderen untergeordnet. Sie waren, sofern dies notwendig war, auf Zusammenarbeit angewiesen. Reibungen zwischen ihnen blieben beim Kampf um die zu geringen Arbeitskräfte und materiellen Mittel, die dem Reich im Bereich der Rüstungswirtschaft zur Verfügung standen, nicht nur nicht aus, sondern bildeten einen Teil des rüstungswirtschaftlichen Alltags.
Die Rüstungsprogramme und ihre Durchführung schwankten, weil sie von den sich wandelnden Zielvorstellungen der politischen Führung abhingen. Nach Kriegsbeginn wechselte die militärische Lage innerhalb weniger Monate oder gar Wochen so sehr, daß die von ihr mitabhängigen Rüstungsplanungen und -fertigungen jedesmal von z.T. erheblichen Umänderungen bzw. Umsteuerungen betroffen wurden. So war es auch im Frühjahr des Jahres 1940[8].
Zwei Wochen nach Beginn des Frankreich-Feldzuges am 10. Mai 1940 wurde im Wehrwirtschafts- und Rüstungsamt die allgemeine Kriegslage so günstig beurteilt, daß es nicht mehr angebracht erschien, »Fertigungskapazitäten auszubauen, die erst im Laufe des Jahres oder später zum Tragen« kamen[9]. Die Meinung, mit dem Einsatz der vorhandenen Kapazitäten den Krieg für sich entscheiden zu können, hatte sich bis Ende Mai 1940 für Todt, der als RMfBuM in Rüstungsangelegenheiten eine besonders wichtige Rolle spielte, nach den deutschen Siegen in Nordfrankreich zu der seines Erachtens berechtigten Annahme verdichtet, »daß schon in den nächsten Monaten der Krieg zur endgültigen siegreichen Entscheidung gebracht werden kann«[10].
Fünf Wochen nach Beginn des Feldzuges gegen Frankreich rechnete auch Hitler mit dessen baldiger siegreicher Beendigung. Danach »wird die Aufgabe des Heeres in diesem Kriege im wesentlichen erfüllt sein«. Als Konsequenz ergab sich, daß zwanzig Divisionen nicht mehr, wie ursprünglich geplant, aufgestellt wurden und daß das Heer – bei gleichzeitiger Verdoppelung der Zahl der Panzerdivisionen und Erhöhung der motorisierten Infanteriedivisionen auf zehn – auf insgesamt

120 Divisionen zu reduzieren war[11]. Die Produktion an Waffen und Munition für das Heer sollte, allerdings mit Ausnahme von schweren Panzern, entsprechend eingeschränkt werden.
In einer Besprechung am 18. Juni 1940 im Führerhauptquartier bei General Jodl, dem Chef des Wehrmachtführungsamtes (WFA), an der u. a. Generalleutnant Thomas (Chef WiRüAmt) teilnahm, trug ersterer die Gedankengänge ihres gemeinsamen Chefs, des Generalobersten Keitel (Chef OKW), vor. Die Meinung, daß der Krieg bald beendigt sein werde, kam in der »Bitte an Generaloberst Keitel um Erlaß einer *scharfen Anweisung,* daß die *Aufrüstung* entsprechend den von ihm niedergelegten Richtlinien *gestoppt* wird«, zum Ausdruck. Ein diesbezüglicher Befehlsentwurf sollte ihm durch das WiRüAmt vorgelegt werden. Thomas schlug ergänzend die Bildung einer aus Angehörigen der Wehrmachtteile und des RMfBuM bestehenden Kommission vor, »die den Auftrag hat, den Gesamtabbau der Rüstung zu überwachen«[12]. Bevor dies verwirklicht werden konnte, mußte Großbritannien als der letzte noch ungeschlagene Gegner besiegt werden. Bei der Besprechung im Hauptquartier Görings am 19. Juni 1940 wurde der Wille Hitlers hervorgehoben, den Rüstungsschwerpunkt deswegen folgendermaßen zu verlegen: »Alle vorhandenen wirtschaftlichen Kräfte sollen in erster Linie zur schnellsten Stärkung der Luftrüstung eingesetzt werden«[13]. In einer Besprechung tags darauf stellte Thomas daher klar: »Alle bisher festgesetzten Programme werden aufgehoben. Die Führerentscheidungen« bezüglich der Fertigung von Munition, Waffen und Gerät »haben keine Geltung mehr«[14]. Hierauf folgten Ausführungen über die Bestimmungen, die die Grundlage für die Planung der neuen Kriegsfertigung und für die Fertigungskapazitäten bildeten. Abschließend meinte Thomas, daß es sich »im großen und ganzen gesehen um die erste Demobilmachungs-Maßnahme« handelte. Folgerichtig stellte er ferner fest, daß die Rohstoffe für Neubeschaffungen des Heeres für das dritte Quartal 1940 nicht mehr zur Verfügung gestellt werden würden.
An dieser Stelle wird auf eine Tatsache aufmerksam gemacht, die bisher von der Forschung nicht entfernt ihrer Bedeutung gemäß abgehandelt worden ist, nämlich die – verfügte und begonnene! – *Demobilmachung* des Heeres *nach* Beendigung des *Frankreich*-Feldzuges am 20. Juni 1940. An diesem Tage unterzeichnete Fromm eine entsprechende Regelung. Er befahl u. a.: »Das Ersatzheer wird baldmöglichst aufgelöst«. Mit Ausnahme der Berufssoldaten und der Dienstpflichtigen waren das Stammpersonal und die Ersatzmannschaften zu entlassen. Diejenigen Verbände, die für das künftige Friedensheer vorgesehen waren, »werden

als erste in die Heimatstandorte zurücküberführt und entlassen dort unter Leitung ihrer Führer alle nicht dienstpflichtigen Jahrgänge«. Die dadurch verminderten Personalstärken der künftigen Friedensverbände sollten mit Berufssoldaten und Dienstpflichtigen, die aus anderen für die Auflösung vorgesehenen Feldverbänden oder aus dem Ersatzheer kamen, aufgefrischt werden. »Beim Okkupationsheer werden in erster Linie nur solche Verbände belassen, die später ganz aufgelöst werden.« Zu keinem der beiden Heere gehörende Verbände »sind in die Heimat zurückzuüberführen und nach Anordnung von AHA durch die Wehrkreiskommandos demobil zu machen«. Die personelle Regelung für das Friedensheer sah vor, daß für es die Berufssoldaten und die aktiven Beamten der Heeresverwaltung sowie alle Jahrgänge zur Verfügung standen, die entweder dienstpflichtig waren oder auf besondere Anordnung zurückgehalten wurden. »Das übrige Personal ist nach Berufsgruppen und jahrgangsweise gestaffelt zu entlassen.«[15] Die materielle Regelung sah vor, daß das Gerät, das zur Ausstattung des Friedensheeres benötigt wurde, ebenso wie die künftige Mob.-Bevorratung den Beständen des Kriegsheeres zu entnehmen war.
Wenige Tage später, am 25. Juni 1940, erließ Keitel entsprechende Richtlinien. Unter Bezugnahme auf die Anordnung Hitlers vom 7. Juni 1940 über die künftige Gestaltung der personellen und materiellen Rüstung verfügte Keitel, daß bei Durchführung dieser Anordnung »die im Kriegsheer freiwerdenden Einheiten demobil zu machen« waren. Nach diesen Richtlinien sollte auch mit den Vorarbeiten, die »unter Berücksichtigung der Erfordernisse des Krieges und der Sicherung der unter den Schutz des Reiches gestellten und besetzten Gebiete abschnittsweise durchgeführt« werden sollten, für die allgemeine Demobilmachung begonnen werden. Hinsichtlich der materiellen Demobilmachung bestimmten diese Richtlinien: »Bisher für Wehrmachtfertigung eingesetzte, in Zukunft nicht mehr benötigte Kapazitäten, Produktionsmittel, Rohstoffe und Arbeitskräfte sind vom WiRüAmt im Einvernehmen mit den zuständigen Obersten Reichsbehörden ihren friedenswirtschaftlichen Bestimmungen wieder zuzuführen«[16].
Um das letzte militärische Ziel nach der Niederringung Frankreichs, den nach Möglichkeit raschen Sieg über Großbritannien, zu erreichen, sollte das Personal, das durch die geplante Heeresverminderung frei werden würde, wieder in der Wirtschaft und im Verkehr eingesetzt werden, sofern es nicht dem Personalersatz für die Luftwaffe überstellt wurde. Rüstungsmäßig sollten dieser und der Kriegsmarine bevorzugt Rohstoffe und Fertigungskapazitäten zugeteilt werden[17]. Als neue Schwerpunkt-

forderungen galten u. a. für die Luftwaffe die Durchführung des Ju 88-, für die Kriegsmarine die des U-Boot-Programmes und für das Heer die Ausstattung der schnellen Truppen. Dazu gehörte stets die Fertigung und Veredelung der hierfür benötigten Rohstoffe[18].
Die Verwirklichung all dieser Rüstungsprogramme konnte – wenn überhaupt – nur durch Umsteuerungen in der Rüstung erzielt werden. Denn an der rüstungspolitischen Grundkonzeption, nämlich Erreichen der jeweils für vordringlich erklärten und daher vollständig durchzuführenden Rüstungsziele ohne wesentliche Erweiterung der bereits vorhandenen Rüstungskapazitäten, wurde unverändert festgehalten. Sie schien wegen des, wie bereits erwähnt, bald erwarteten endgültigen Kriegsendes nicht erforderlich zu sein.
Daher sollte beim Heer als demjenigen Wehrmachtteil, der (zunächst) im Kampf gegen Großbritannien keine Hauptrolle spielte, die Materialproduktion beträchtlich reduziert werden. Aber auch Luftwaffe und Kriegsmarine hatten sich insofern einzuschränken, als sie alle Aufgaben, die zum Erreichen des Hauptzieles nicht erforderlich waren, ganz zurückzustellen hatten[19]. Dieser Grunderlaß vom 9. Juli 1940 wurde neun Tage später durch Festlegung zweier Fertigungsstufen (I und II) ergänzt. Deren Einführung war durch die angespannte Material- (Rohstoffmangel) und Personallage (nicht genügend Rüstungsfacharbeiter) notwendig geworden. Diese Mangellage ließ nur zu, daß lediglich für Programme der ersten Dringlichkeitsstufe (I) »den Anforderungen der Bedarfsträger grundsätzlich in vollem Umfang« zu entsprechen war[20]. In ihr waren für das Heer enthalten: Ausstattung der schnellen Truppen, Fertigung schwerer und schwerster Flachfeuergeschütze (vom Kaliber 15 cm an aufwärts) sowie von Mangel-Waffen, -Munition und -Gerät.
Aber selbst die Programme der Dringlichkeitsstufe I, deren Durchführung Göring in seiner Eigenschaft als Vorsitzender des Reichsverteidigungsrates am 18. Juli 1940 angeordnet hatte, konnten nicht ganz problemlos in Angriff genommen werden. Denn noch bevor er mit ihnen auf die im Erlaß Keitels vom 9. Juli 1940 festgelegten Rüstungsziele reagierte, hatte Hitler am 16. Juli 1940 die Vorbereitungen zur Invasion der britischen Insel befohlen[21], was bestimmte Folgen auf dem Rüstungssektor hatte. Da für die Kriegsmarine die Landungsoperation »in erster Linie ein Transportproblem« war[22], stellte Göring vor die am 9. (und 18.) Juli 1940 verfügte allgemeine Rüstung gegen Großbritannien in Form des voll durchzuführenden erhöhten Luft- und der Fortsetzung eines bereits früher befohlenen Marine-Rüstungsprogramms »vorübergehend« eine spezielle Aufgabe: Soweit sich die Maßnahmen und Beschaffungen der

Wehrmachtteile auf Werften aller Art bezogen, hatten sie »zunächst bis zum 31. August 1940 noch vor die Programme der Dringlichkeitsstufe I« zu treten[23].
Auch wenn sich die zuständigen Dienststellen bereits mit Vorüberlegungen zur Rüstung des Unternehmens »Barbarossa« beschäftigten, standen – wie Hitler am 20. August 1940 befahl – die personellen und materiellen Vorbereitungen der Wehrmachtteile für das Unternehmen »Seelöwe« während der von ihm gesetzten begrenzten Frist »an erster Stelle«[24]. Um die Durchführung genau bezeichneter Fertigungsprogramme aller drei Wehrmachtteile zu gewährleisten, verfügte Hitler eine »Sonderstufe«, die er den von Göring am 10. Juli 1940 festgelegten Dringlichkeitsstufen I und II überordnete. Hieran zeigte sich, daß Hitler in grundlegenden Rüstungsangelegenheiten dann die Initiative ergriff, wenn er diejenigen materiellen Maßnahmen ausgeführt sehen wollte, die er für das Erreichen seiner militärischen Ziele für besonders wichtig erachtete.
Aus dem knapp bemessenen Termin bis Ende August 1940, bis zu dem die Rüstung für »Seelöwe« an erster Stelle stehen sollte, sowie wegen der Feststellung, daß »zusätzliche Forderungen für die fabrikatorischen Vorbereitungen« nur dann gerechtfertigt seien, »wenn sie sich noch im Jahre 1940 auswirken«[25], ließ sich folgendes schließen: Hitler hat offenbar bereits während der ersten Hälfte des August 1940 damit gerechnet, daß die Landung an der englischen Küste nicht mehr in den kommenden Monaten durchgeführt werden konnte[26]. Daher lag es für ihn nahe, auf andere Weise, selbst auf Umwegen, sein Ziel zu erreichen, d. h. den Sieg über Großbritannien zu erringen. Anhand der in diesem Zusammenhang erfolgten wiederholten Umsteuerungen der Rüstung läßt sich die Rolle Hitlers verdeutlichen, die er in Rüstungsangelegenheiten spielte. Nachdem ihm über sie vorgetragen worden war und er sich entsprechend geäußert hatte, wurde seine Meinung in der Regel von den dafür zuständigen Behörden bzw. Dienststellen in Befehle umgesetzt. Bei denjenigen Rüstungsfragen jedoch, die ihm besonders wichtig erschienen, stellte er oft unmittelbar die Weichen selbst. Nachdem ihm Zweifel an einer erfolgreichen Invasion der britischen Insel gekommen waren, beeinflußte er die Rüstung direkt durch Einführung der Sonderstufe mittels seines Befehls vom 20. August 1940. Nachdem er auf diese Weise die Voraussetzungen für das Anlaufen einer verstärkten Rüstung für das Unternehmen »Barbarossa« geschaffen hatte, überließ er es anderen, für die planerische und tatsächliche Durchführung zu sorgen.
Diese war hauptsächlich auf die Verstärkung der Heeresrüstung gerichtet. Von der Kriegsmarine wurden keine Rüstungsmaßnahmen eigens für

»Barbarossa« getroffen. Hinsichtlich der entsprechenden Luftwaffenrüstung war folgende Situation gegeben: Im Zuge der Rüstungsumsteuerungen nach dem Sieg über Frankreich vor allem zugunsten der Luftwaffenrüstung im Kampf gegen Großbritannien erließ das Technische Amt am 1. Juli 1940 den Flugzeug-Lieferplan Nr. 18, der bis in den November dieses Jahres hinein nahezu unverändert in Kraft blieb. Bis zu diesem Zeitpunkt ließen sich keine Hinweise auf eine Luftrüstung gegen die Sowjetunion feststellen, weil die Luftwaffe nach wie vor Großbritannien als ihren eigentlichen Gegner betrachtete. Daraus erklärte es sich in erheblichem Maße, daß die Luftwaffe um Monate später mit der Rüstung für das Unternehmen »Barbarossa« begann als das Heer. Dies führte bei diesem so hochtechnisierten Wehrmachtteil dazu, daß in den wenigen Monaten, die rüstungsmäßig zur Vorbereitung des Unternehmens »Barbarossa« zur Verfügung standen, eine nur unbedeutende Steigerung der Flugzeugproduktion möglich war. Dies wiesen die diesbezüglichen Programme aus, die das Technische Amt vorlegte, nachdem die Luftwaffe in den letzten Monaten des Jahres 1940 angewiesen worden war, in ihrem Bereich das Unternehmen »Barbarossa« vorzubereiten. Es war abzusehen, daß die Luftwaffe vergleichsweise schwächer gerüstet zur Durchführung des Ostfeldzuges antreten würde als das Heer, und tatsächlich trat sie am 22. Juni 1941 mit einigen hundert Frontflugzeugen weniger an als zu Beginn des Frankreich-Feldzuges[27].

In dem bereits erwähnten Befehl vom 20. August 1940 hatte Hitler Göring gebeten, die am 18. Juli 1940 festgelegte Dringlichkeitsfolge für die einzelnen Rüstungsprogramme nach den Vorschlägen Keitels neu festzulegen. Diesem Auftrag entsprach Göring mit der Herausgabe einer Verfügung am 20. September 1940. Nun gab es eine ganze Reihe von Dringlichkeitsstufen (Sonderstufe, Stufe Ia, Ib, II). Nach ihnen sollten, wiederum etwas differenzierter als bisher, die verschiedenen Rüstungsprogramme in derjenigen Reihenfolge erledigt werden, in der sie als kriegsentscheidend galten[28]. Weiterhin war vor allem nur derjenige Rüstungsbedarf zu produzieren, der »für die unmittelbare Führung des Waffenkrieges« erforderlich war, also Bewaffnung, Munition und Treibstoff einschließlich »der zu ihrer Herstellung unentbehrlichsten Werkstoffe und Werkzeugmaschinen«. Außerdem wurde für das Heer u. a. die Produktion von Panzern der Typen III und IV sowie von Befehlspanzern und neuester Panzerabwehrwaffen in die Sonderstufe aufgenommen.

Für die schnellen Truppen war die Fertigung sämtlicher gepanzerter Kraftfahrzeuge in der Dringlichkeitsstufe Ia, sämtlicher ungepanzerter

Kraftfahrzeuge für sie hingegen in der Dringlichkeitsstufe Ib vorgesehen. Wegen der angespannten rüstungswirtschaftlichen Gesamtlage war damit zu rechnen, daß nur die Programme der Sonderstufe und der Dringlichkeitsstufe Ia (nahezu) vollständig erfüllt werden konnten. Damit war von vornherein eine unzureichende Motorisierung des nichtgepanzerten Fahrzeugparks der schnellen Truppen gegeben. Außerdem wurde in der Dringlichkeitsstufe Ia nur die Produktion von »Mangel-Waffen, -Gerät und -Munition« vorgesehen, »bei denen der bestehende Mangel die Schlagkraft des Heeres ernsthaft gefährdet«[29]. Das bedeutete, daß dasjenige an Waffen, Gerät und Munition, das für die Fertigung in der Dringlichkeitsstufe Ib (von der Dringlichkeitsstufe II ganz zu schweigen) vorgesehen war, nur in begrenztem Umfang wirklich verfügbar sein würde.

An eine Ausweitung der rüstungswirtschaftlichen Fertigungsmöglichkeiten, die erforderlichenfalls eine umfangreiche Mehrproduktion – entsprechende Rohstoffbeschaffung und -bewirtschaftung vorausgesetzt – gestattet hätte, war also nicht gedacht. Dies geschah sogar dann noch nicht, als Hitler am 28. September 1940 eine Steigerung der Rüstung befahl, die das Material für das Unternehmen »Barbarossa« liefern sollte[30]. Hiermit konnte die Errichtung weiterer Dringlichkeitsstufen, die seit dem 20. August 1940 angeordnet worden waren, in unmittelbarem Zusammenhang gesehen werden. Ihre Einführung wurde wegen der Maxime erforderlich, nicht, wie eben angedeutet, auf totale Rüstungswirtschaft umzuschalten und damit noch vorhandene Reserven zu mobilisieren, sondern nur das für die jeweilige Kriegführung wichtigste Material zu produzieren.

Das a posteriori erstaunlich anmutende rüstungspolitische Verhalten Hitlers war keineswegs so ungewöhnlich, wie es den Anschein haben mochte. Einen der wichtigsten Gründe dafür, daß Großbritannien nach der Kapitulation Frankreichs nicht zu dem von ihm so gut wie sicher gehaltenen Friedensschluß bereit war, sah Hitler in der englischen Hoffnung außer auf Hilfe durch die USA auf dessen vermeintlichen »Festlandsdegen« Sowjetunion. Deren Vernichtung, an die er seit der Jahresmitte 1940 deutlich zu denken begann, war für ihn ein wichtiger Schritt auf dem Wege zum Endsieg über Großbritannien, gegen das daher trotz der Vorbereitung des Unternehmens »Barbarossa« weiter gerüstet wurde[31].

Obwohl die gleichzeitige Erfüllung aller Programme vor allem wegen der schwierigen Arbeitseinsatzlage unmöglich war, hatte Hitler grundsätzlich verlangt, daß die gestellten Forderungen aufrechterhalten wurden.

Dennoch aber hatte er sich zugleich deswegen und auf Grund eines Vortrages Keitels, Fromms (Chef HRüst und BdE) und Todts (RMfBuM) am 21. November 1940[32] über die Rüstungslage mit der tatsächlichen Hinausschiebung aller derjenigen Fertigungen einverstanden erklärt, »die nicht für den Einsatz im Kampf gegen England ausschlaggebend sind«[33]. Durch diese neue Schwerpunktverlagerung der Fertigung auf Luftwaffe und Marine »müssen« (!) bei nicht ausreichendem Rüstungspotential »die Forderungen des Heeres zurücktreten, was um so eher möglich ist, als das Kriegsheer 1941 bis zu den vorgesehenen Terminen im Frühjahr unter Einsatz der Beute materialmäßig weitgehend ausgestattet ist, so daß seinem evtl. notwendigen Einsatz nichts im Wege steht«[34].
Hieran läßt sich klar erkennen, daß für Hitler, nachdem die inzwischen angelaufene Rüstungsproduktion für das Unternehmen »Barbarossa« den benötigten Bedarf an Waffen und Ausrüstung für das Ostheer seiner Meinung nach in etwa decken würde, der Kampf gegen Großbritannien rüstungsmäßig vorrangig geblieben war. Daher legte General Jodl dar, daß »z. Zt. nur die für die Kriegführung gegen England wichtigsten Programme unter allen Umständen fristgerecht ausgeführt werden müssen«. Aus der angeführten Prioritätenliste ließ sich eindeutig ersehen, daß auf Grund der neu festgelegten, von Hitler gebilligten Dringlichkeit bei der Durchführung der Fertigungsprogramme »Marine und Luftwaffe zu Lasten des Heeres entsprechend bevorzugt werden«[35]. Als Konsequenz ergab sich für Jodl, daß die einem »Großfeldzug« dienende »Großrüstung des Heeres«, falls dies durch die Rüstungslage erzwungen werden sollte, »auf später verschoben werden kann und werden muß«. Als Begründung für diese Möglichkeit führte er an, daß jener »keine gebieterische Notwendigkeit für den Sieg gegen England« sei[36].
Mit diesen Ausführungen hatte sich Jodl[37] der von Hitler am 21. November 1940 geäußerten Ansicht angeschlossen. Daher waren die Äußerungen Jodls über die Durchführung des Unternehmens »Barbarossa« ganz und gar nicht »unbestimmt«, sondern gaben im Gegenteil klar wieder, daß diejenigen Rüstungsfertigungen »ausschlaggebend« waren, die zum Erringen des Endsieges über Großbritannien dienten.
Aus der Auffassung heraus, daß dieser den gültigen militärischen und politischen Erfolg für Hitler in diesem Krieg bringen würde, war der Feldzug gegen die Sowjetunion nur ein, wenn auch wichtiger, Abschnitt auf dem Weg zu diesem Erfolg. Ob er noch durch ein Landungsunternehmen nach vorherigem Luft- und Seekrieg erzwungen werden konnte – das Unternehmen »Seelöwe« ist von Hitler offiziell nicht aufgegeben

worden –, läßt sich nicht sagen, weil eine der für Hitler entscheidenden Voraussetzungen nicht erfüllt werden konnte; dabei war Hitler sicher, die Sowjetunion innerhalb einiger weniger Monate zerschlagen zu können. Dies zeigte die vom 11. Juni 1941, also noch vor Beginn der Kampfhandlungen am 22. Juni 1941, datierte Weisung Nr. 32, die sich mit den »Vorbereitungen für die Zeit nach Barbarossa« befaßte[38]. Die logische Konsequenz war, daß er drei Wochen nach Feldzugsbeginn – ähnlich wie während des Feldzuges gegen Frankreich – die Absicht äußerte, nach dem bald erwarteten Sieg über die Sowjetunion »den Umfang des *Heeres* demnächst wesentlich zu verringern«[39]. Meldungen über große Beute-[40] und Gefangenen-[41]Zahlen haben seine Meinung mitbeeinflußt. So betrug die Zahl der in den 19 Tagen von Feldzugsbeginn bis zum 10. Juli 1941 außer Gefecht gesetzten Panzer 6814[42]. Das waren doppelt so viele Panzer, wie bei den deutschen Panzerdivisionen am 22. Juni 1941 überhaupt vorhanden gewesen waren!

1.2. Der Rüstungsbefehl vom 28. September 1940

Daß Hitler bereits am 2. Juni 1940 ernsthaft daran gedacht haben soll, einen Krieg gegen die Sowjetunion zu führen[43], ist nicht nur wegen des gänzlichen Fehlens zeitgleicher Belege, sondern vor allem auch deswegen auszuschließen, weil sich Hitler am 7. Juni 1940 dahingehend geäußert hatte, daß nach dem Sieg über Frankreich – »vorbehaltlich etwaiger Vorschläge« seitens des Oberbefehlshabers des Heeres – »der Rahmen des Heeres auf 120 vollwertige Divisionen unter entsprechender Kürzung auch der Heerestruppen zurückgeführt werden sollte«[44]. Eine überzeugende Erklärung, aus welchem Grund Hitler die Verkleinerung der eigenen Landstreitkräfte gerade zu der Zeit befahl, in der er den Angriff gegen eine andere Landmacht gedanklich vorbereitete, ist bisher nicht gegeben worden.

Die bloße Vermutung, daß das in diesem Umfang geplante Heer »von Hitler offensichtlich als ein weitgehend motorisiertes Kaderheer gedacht (war), das im Falle eines Krieges gegen die Sowjetunion gegebenenfalls rasch verbreitert werden konnte«[45], ist ebenso wenig stichhaltig wie die Ansicht, daß bei dem im Juni 1940 von Hitler ins Auge gefaßte Programm zur Verkleinerung des Heeres die Sowjetunion weder von ihm noch vom Generalstab des Heeres »als ernst zu nehmender militärischer Gegner zu Lande betrachtet wurde«[46].

 Die Heeresverminderung stand in unmittelbarem Zusammenhang mit dem Sieg über Frankreich, das bis dahin als die stärkste Landmacht auf dem Kontinent gegolten hatte. Nach dem Sieg über diese war die Aufgabe des Heeres, wie bereits erwähnt, »in diesem Kriege im wesentlichen erfüllt«. Den alsbaldigen Friedensschluß mit Großbritannien hielt Hitler zum damaligen Zeitpunkt für so sicher, daß, wie dargelegt, bereits Demobilmachungsmaßnahmen eingeleitet wurden.

Übertrieben ist die Behauptung, daß die Sowjetunion deutscherseits militärisch »überhaupt nicht« ernstgenommen worden sei[47]. Nachdem Hitler seit der zweiten Jahreshälfte 1940 die operativen Pläne für den Angriff auf die Sowjetunion ausarbeiten ließ, wurden 180 Felddivisionen[48] zum Sieg über sie für notwendig gehalten. Aus diesem Grunde mußte die eben begonnene Heeresverminderung sofort beendet werden.

Die bereits während der kurzen Zeit der Heeresverminderung von Hitler geforderte Verdoppelung der Panzerdivisionen auf zwanzig bedeutete die Herstellung von 11000 Panzern, wie Oberst d.G. Haseloff (Chef HRüst) und Oberst d.G. Waeger (HWaA) in der bereits erwähnten Besprechung bei Thomas am 10. Juni 1940 hervorhoben. Da die Monatsfertigung an Panzern Mitte 1940 bei 150 lag, hätte es bei Beibehaltung dieses Ausstoßes sieben (also bis Mitte 1947), bei seiner Verdoppelung auf 300 Panzer immerhin noch dreieinhalb Jahre (bis Anfang 1944) gedauert, bis diese Panzer verfügbar gewesen wären[49].

In einer Anlage zum Erlaß vom 9. Juli 1940[50] wurde auf Grund einer Führerentscheidung die monatliche Fertigung an Panzern auf 380 festgesetzt. Der Gesamtbedarf war mit 26700 Panzern errechnet worden! Der Vermerk, daß dieses Planungsziel »bis Ende 44 zu erreichen« war[51], zeigte die Mittelfristigkeit dieser Planung. Sie war für das schnelle Erreichen genügend hoher Ausstoßzahlen für kurzfristig zu erledigende Ziele ungeeignet. Daraus kann geschlossen werden, daß bei Erarbeitung der Planungen ein recht lange währender Umbau der Panzertruppe im Rahmen der Umgliederung des Heeres angenommen wurde, der nur deswegen möglich erschien, weil mit einem Landkrieg auf absehbare Zeit nicht gerechnet wurde.

Abgesehen davon, daß nicht 380, sondern 475 Panzer monatlich produziert werden mußten, um die oben genannte Gesamtzahl innerhalb der angenommenen Fertigungszeit von viereinhalb Jahren zu erreichen, war sie wegen mangelnder Arbeitskräfte und Kapazitäten utopisch. Der »Führerbefehl« vom 28. September 1940 korrigierte daher den »Führerentscheid« vom 9. Juli 1940 insofern, als er für den Fertigungszeitraum vom 1. September 1940 – 1. April 1941 eine voraussichtliche Fertigung von 1490 Panzern vorsah. Das entsprach einem Monatsdurchschnitt von 213 Panzern[52].

Den Vorstellungen Hitlers entsprechend, wurden im Juli und August 1940 17 Infanterie-Divisionen aufgelöst und 18 weitere beurlaubt[53]; ihre Angehörigen wurden als Rüstungsarbeiter eingesetzt. Hätte Hitler wirklich schon im Juni oder Juli 1940 den Angriff auf die Sowjetunion geplant, hätte er sicher nicht sein eigenes Heer erheblich verringert, sondern so schnell wie möglich kräftig verstärkt – so, wie er es Mitte August 1940 »aufgrund veränderter politischer Lage» tatsächlich gefordert und danach befohlen hat.

Diese hatte sich dadurch ergeben, daß sich die Vorbereitungen für eine erfolgreiche Durchführung der Operation »Seelöwe« keineswegs so problemlos erwiesen, wie er sich dies vorgestellt haben mochte. Verständlicherweise gönnte er Großbritannien nicht den »großen Prestigegewinn«, den es bei einem fehlgeschlagenen Landungsunternehmen verbuchen würde[54], und er wollte die Wirkung des gegen die britische Insel intensiv geführten Luftkrieges abwarten.

Einen Ausweg aus der für Hitler unangenehmen Situation wies folgende Überlegung: war Großbritannien die Hoffnung auf Hilfe durch die Sowjetunion deswegen genommen, weil sie von Hitler angegriffen und vernichtet worden war, dann würde es wohl zu einem Friedensschluß geneigt sein. Sollte Großbritannien jedoch noch nach Verlust seines (vermeintlichen) »Festlandsdegens« weiterkämpfen wollen, wäre die Situation des Großdeutschen Reiches sehr viel günstiger als zuvor; denn es würde dann über die Rohstoffquellen im europäischen Teil der Sowjetunion verfügen können, deren Ausnutzung es vermutlich ermöglichen würde, selbst einen lange währenden Krieg durchzustehen. – Mit dem Feldzug gegen die Sowjetunion bot sich Hitler gleichzeitig die Gelegenheit zur Bekämpfung des »jüdischen Bolschewismus« als des ideologischen Hauptfeindes.

Der Krieg gegen die Sowjetunion ließ sich verständlicherweise nur mit einer entsprechend starken Wehrmacht führen. Daher wurden die Rüstung umgesteuert und die bereits eingeleitete Heeresverminderung eingestellt. Das neue Heer sollte – einschließlich zwanzig Besatzungsdivisionen – 200 Divisionen stark sein und sich bei den Felddivisionen aus 140 Infanterie-, 10 Infanterie (mot)-, 20 Panzer- und 10 Gebirgsdivisionen zusammensetzen[55].

Mitte September 1940 gab der Chef der Heeresrüstung die Forderungen für die materielle Ausrüstung des neuen Kriegsheeres an, das am 1. April

1941 voll ausgestattet sein sollte. Dabei war von Anfang an klar, daß dies innerhalb des siebenmonatigen Fertigungszeitraumes vom 1. September 1940 bis zum 1. April 1941 unmöglich war. »Dies gilt vor allem für die Fertigung der mittleren und schweren Waffen, da bei ihnen die Fertigungsdauer die zur Verfügung stehende Gesamtzeit teilweise übersteigt.«[56]

In Kenntnis dieser vermutlich als unbefriedigend empfundenen, aber offenbar als unabänderlich hingenommenen Sachlage setzte sich das WiRüAmt im OKW mit den Chefs der Heeresrüstung und des Heereswaffenamtes in Verbindung und glich mit ihnen im September 1940 die Rüstungsforderungen mit den Fertigungsmöglichkeiten ab. Anschließend erarbeitete das WiRüAmt einen Vorschlag für die Fertigung innerhalb des eben genannten Fertigungszeitraumes und leitete ihn dem Reichsminister für Bewaffnung und Munition zu. Dieser übernahm den Vorschlag des WiRü-Amtes in einer Besprechung mit dem Chef HRüst und dem WaA am 19. September 1940. Nach weiteren Besprechungen mit diesen beiden Dienststellen, in denen es um Möglichkeiten zur Steigerung der Fertigung innerhalb der kurzen Frist von sieben Monaten ging, wurde die Grundverfügung ausgearbeitet. Über deren Inhalt hielten Chef OKW und der Reichsminister für Bewaffnung und Munition am 27. September 1940 Hitler gemeinsam Vortrag, und tags darauf wurde auch sie von Keitel, dessen Erlaß vom 9. Juli 1940 ersetzend, unterzeichnet[57]. Nunmehr war der neue Schwerpunkt für die Heeresrüstung klar und verbindlich geregelt: »Bereitstellung der Rüstung für 180 Feld- und entsprechende Besatzungsdivisionen bis Frühjahr 1941«[58].

Dieser Befehl zeitigte einschneidende personelle Folgen sowohl für die Wehrmacht als auch für die Wirtschaft. Einer der wesentlichsten Gründe für die nach Beendigung des Frankreich-Feldzuges begonnene Personalverminderung war es ja gewesen, der Wirtschaft die dringend benötigten Rüstungsarbeiter zuzuführen. Obwohl nun das Heer um 41 bzw. 61 Divisionen vergrößert werden sollte, was bei einer Durchschnittskopfstärke von 14600 Mann je Division eine zahlenmäßige Erweiterung des Heeres um ca. 598600 bzw. 890000 Mann bedeutete, hatte die Wehrmacht »zur Erhaltung und teilweise notwendigen Steigerung der Leistungsfähigkeit der Rüstungsbetriebe« sofort Soldaten aus dem Feld- und dem Ersatzheer langfristig zu beurlauben und Weltkriegsteilnehmer der Jahrgänge 1896 und älter unverzüglich zu entlassen[59]. Der Zusatz, daß es sich um »rüstungswichtige Arbeiter« handeln müsse, für die im Falle ihrer Entlassung nicht einmal die Ersatzgestellung abgewartet werden durfte,

beleuchtete grell die schwierige Personalsituation in der Rüstungswirtschaft, der bereits 300000 Fachkräfte fehlten.
Außerdem sollten die Uk-gestellten Wehrpflichtigen auch weiterhin nicht einberufen werden. Mit dem Verbleib der Jahrgänge 1914 bis 1921 der Ersatzreserve I im Produktionsprozeß, sofern sie mit Arbeiten in einer der drei ersten mit Vorrang durchzuführenden Fertigungsstufen beschäftigt waren, konnte die Rüstungswirtschaft noch ein halbes Jahr fest rechnen, da deren Einberufung erst ab 1. April 1941 vorgesehen war. Auch der personelle Fehlbedarf an den eben erwähnten mehreren 100000 langfristig beurlaubten Facharbeitern brauchte nur »bis zum Frühjahr 1941 laufend gedeckt« zu sein. Dies bedeutete, daß die zur Arbeit in der Rüstungsindustrie beurlaubten Soldaten die materiellen Voraussetzungen für den Feldzug gegen die Sowjetunion schufen und danach zur Wehrmacht zurücktraten, um ihn durchzuführen.
Eine derartige Planung war riskant. Sie beruhte auf der Annahme, die für Hitler und seine Anhänger allerdings eine Überzeugung war, daß die Sowjetunion in einem kurzen Feldzug in gewohnter Weise schnell besiegt wurde. Eine Alternativ-Planung für den Fall, daß der Kampf gegen die Sowjetunion wegen der großen Menschenmassen, Vorräte und Rohstoffquellen sowie vor allem wegen der ungeheuren Weite des Raumes langwierig werden würde, gab es nicht; überhaupt läßt sich seit Kriegsbeginn keine in sich geschlossene, durchdachte und durchführbare Gesamtkonzeption auf dem Gebiet der Rüstung erkennen – eine klare Auswirkung dessen, daß Hitler weder ein umfassendes politisches noch militärstrategisches Konzept dafür besaß, wie er den Krieg, in dem er sich durch die seinerzeit nicht für wahrscheinlich gehaltene Kriegserklärung Großbritanniens und Frankreichs befand, zu seinen Gunsten entscheiden konnte. Das einzige, was durchgehend sichtbar blieb, waren die ständigen Schwerpunktverlagerungen innerhalb des vorhandenen personellen und materiellen Potentials, mit denen die jeweils situationsbedingt als vorrangig erachteten Ziele erreicht werden sollten. Alle diese waren, falls sie überhaupt erreicht wurden, primär Teilziele auf dem alles andere als gradlinigen Weg zum angestrebten Sieg über Großbritannien. Selbst wenn Hitler von ideologisch motiviertem Wunschdenken beeinflußt war, so hat er es doch unterlassen (oder für seine Absichten zu spät begonnen) durch konkrete Rüstungsmaßnahmen einige der wichtigsten materiellen Voraussetzungen zur Verwirklichung seiner Zielvorstellungen zu schaffen.
Dies galt auch für den Personalbereich. Der Rüstungsbefehl vom 28. September 1940 enthielt eine Reihe von Anweisungen darüber, wie

das neue Rüstungsziel personell erreicht werden sollte; dabei ging er von einem Mangel an Rüstungsfacharbeitern in Höhe von 300000 Köpfen aus. Diese fehlten aber bereits jetzt. »Dieser Fehlbedarf wird sich, wenn die neuesten Führerforderungen in vollem Umfange zur Durchführung gelangen sollen, auf ca. 670000 erhöhen.«[60] Dies ist Hitler offenbar bewußt geworden, denn er sprach wenige Tage später von »über 600000« Facharbeitern, die fehlen würden, »um die Rüstung der Wehrmacht auf den zum Frühjahr 1941 von mir (Hitler) befohlenen Stand zu bringen«. Daher verfügte er, daß der Rüstungsindustrie für die Wintermonate 1940/41 sofort 300000 Metallarbeiter aus – im weitesten Sinne – der Truppe[61] zur Verfügung gestellt wurden. Obwohl sie nun wieder als Facharbeiter tätig werden sollten, blieben sie doch Angehörige der Wehrmacht und hatten am 1. April 1941 zur Truppe zurückzutreten[62].
Wie Hitler am 21. November 1940 in einer Besprechung mit dem RMfBuM, dem Chef OKW sowie dem Chef HRüst und BdE mitgeteilt wurde, hatte die Aktion Arbeitsurlauber »Rü 40« nicht den erhofften Erfolg gezeitigt[63], weil »durch die Mobilisierung einer Reihe von Divisionen eine gewisse Zahl von Arbeitsurlaubern bereits wieder zur Truppe einberufen werden mußte«[64]. Aus diesem Grunde konnte allenfalls die Hälfte der von Hitler am 1. Oktober 1940 verlangten Metallarbeiter, nämlich ungefähr 150000, für die Rüstungsindustrie eingesetzt werden[65].
Bereits im November 1940 hatte sich herausgestellt, daß das Menschenpotential auf der deutschen Seite nicht mehr ausreichte, um sowohl die Truppen für den »Großfeldzug« gegen die Sowjetunion zu stellen als auch um gleichzeitig die für jene erforderliche Bewaffnung und Ausrüstung zu fertigen. Es war notwendig geworden, zum ungefähren Erreichen der Rüstungsziele in immer größerer Zahl nichtdeutsche Arbeitskräfte einzusetzen. Ende Oktober waren 1169486 Kriegsgefangene beschäftigt[66]. Hinzu kamen bis Ende November 1940 über 100000 freie ausländische Arbeiter, die in der Rüstungsindustrie beschäftigt wurden. Der Grund dafür, daß »sich die Kräftefrage im Laufe des Krieges zum größten Engpaß überhaupt entwickelt hat«, wurde in dem Verfahren der auftraggebenden Stellen gesehen, die Fertigungsaufträge fast stets ohne Rücksicht auf die Personalbedarfsdeckung zu vergeben. Mit Blick auf die »immer noch nicht parallel« laufenden Arbeitskräfte- und Fertigungsplanungen wurde auf die Gefahr hingewiesen, »daß die Ausbringungs-Sollzahlen nur auf dem Papier stehen und im entscheidenden Augenblick nicht aufgebracht werden können«[67].
Die Schwierigkeiten, auf die die Gruppe IV der Rüstungswirtschaftlichen

Abteilung/Rü IV (Dr. Krull) so deutlich hingewiesen hatte, waren der Obersten Führung bekannt. Sie sollten, wie in einem Begleitschreiben vom 28. Dezember 1940 zu dem Führerbefehl vom 20. Dezember 1940 mitgeteilt, dadurch gelöst werden, daß »der Rüstungswirtschaft solange als irgend möglich die von der Truppe freigestellten Arbeitskräfte« erhalten wurden, was auf Grund des Führerbefehls möglich geworden war[68]. Die Ausführungen von Rü IV waren entweder »überhört« oder möglicherweise gar nicht verstanden worden. Da die Personallage den entscheidenden Engpaß darstellte, konnte nur so viel produziert werden, wie die eingesetzten Arbeitskräfte leisten konnten. Die Orientierung der Fertigungsplanung an der Personalsituation hätte vermutlich dahin geführt, daß nur noch das geplant wurde, was tatsächlich gefertigt werden konnte. Das wiederum hätte größte Auswirkungen auf die militärstrategischen und letztlich auch politischen Absichten und Pläne der Obersten Führung haben können, doch eine aufeinander abgestimmte Fertigungs- und Arbeitskräfteplanung gab es nicht.
Hieran läßt sich erkennen, daß die Oberste Führung einen Teil ihrer politischen Ziele deswegen nicht erreichen konnte, weil sie es unterließ, die materiellen Voraussetzungen zu ihrer Verwirklichung zu schaffen. Diese Unterlassung war eine Folge dessen, daß Hitler weder einen Kriegsplan noch einen Rüstungsplan entwickelt hatte. Gemäß den Weisungen des Führerbefehls vom 20. Dezember 1940 waren der Durchführung der befohlenen Kriegsmarine- und Luftwaffenrüstung als der Grundlage der Fortsetzung des Krieges gegen Großbritannien »für die nächste Zeit alle personellen Maßnahmen unterzuordnen«[69]. In dieser Formulierung zeigte sich erneut der Vorrang, den der Kampf gegen Großbritannien und, damit verbunden, die zum Sieg über es erforderliche Rüstung der beiden genannten Wehrmachtteile für Hitler besaß. Denn während »die« Rüstung der Kriegsmarine und der Luftwaffe durchgeführt werden sollte, hieß es für das Heer einschränkend, daß nur für diejenigen seiner Fertigungsprogramme, die bereits früher als besonders dringlich eingestuft worden waren, »ebenfalls eine Schädigung durch Abzug von Arbeitskräften vermieden werden« müsse. »Grundsätzlich sind daher die in der Rüstungsindustrie und im Bergbau eingesetzten Soldaten erst dann aus den Betrieben herauszuziehen, wenn sie zum Einsatz in der Truppe unmittelbar benötigt werden.«[70]
Es folgte eine Reihe von Anweisungen, bis zu welchen Terminen die Arbeitskräfte in den Betrieben zu belassen waren. Der Chef OKW hatte im Einvernehmen mit dem Reichsminister für Bewaffnung und Munition dafür zu sorgen, daß sie der Truppe zeitgerecht zugeführt wurden.

Aufgabe des Reichsarbeitsministers in Verbindung mit dem Reichswirtschaftsminister war es, die der Wirtschaft entzogenen Arbeitskräfte »zahlenmäßig in vollem Umfang, spätestens mit dem Zeitpunkt ihrer Einberufung zum Wehrdienst«, zu ersetzen. Bestimmungen darüber, wie dieses Problem, das wegen des Menschenmangels *nicht* mehr lösbar war, gemeistert werden sollte, enthielt dieser Führerbefehl nicht.
Wollte man dennoch die Rüstungsprogramme durchführen, obwohl gleichzeitig Hunderttausende von Arbeitskräften zur Truppe eingezogen wurden, so mußte man weitere Quellen erschließen, die arbeitskräftemäßig ergiebig waren. So sollten 300000 italienische Metallarbeiter angeworben werden, weil Italien seine Kapazitäten wegen Rohstoffmangels ohnehin nur zu einem Viertel ausnutzen konnte[71]. Ihre Sicherstellung sollte nicht etwa durch das WiRüAmt, sondern über den Reichsarbeitsminister veranlaßt werden; dabei wurde auch noch geprüft, ob überhaupt und, falls ja, die Deutsche Arbeitsfront (DAF) herangezogen werden sollte. Hier wird eine Strukturschwäche des NS-Staates sichtbar, die sich in den teilweise überschneidenden, widersprechenden oder aufhebenden Kompetenzen der verschiedenen Reichsbehörden und -organisationen ausgedrückt hat und eine gewisse Ineffizienz des NS-Systems anzeigt.
Ebenfalls systembedingt spielten nicht nur sachliche Erwägungen eine Rolle; während Chef WiRüAmt und Chef Rü in der weiblichen Bevölkerung eine Menschenreserve sahen, »die unbedingt ausgenutzt werden müsse«, war ihr Gesprächspartner Todt nicht nur der Reichsminister für Bewaffnung und Munition, sondern auch Mitglied der NSDAP mit entsprechenden ideologischen Vorbehalten. Er wollte »die Angelegenheit der Frauendienstpflicht aus politischen Gründen zur Zeit nicht in Erwägung gezogen« sehen. Es wurde aber, wie in solchen Fällen nicht ungewöhnlich, hinzugefügt, »daß darüber hinaus auf freiwilliger Grundlage alles geschehen müsse, um die Frau noch mehr in den Arbeitsprozeß einzuschalten«[72]. – Seit Mitte 1939 war die Frauenarbeit in der Industrie zurückgegangen. Vom Juli 1939 bis zum Mai 1941 sank die Zahl der Industriearbeiterinnen in den Wehrkreisen um 82412 auf ca. 2 Millionen[73].
Der Arbeitskräftemangel ließ sich nicht mehr vollständig beheben. Anfang 1941 fehlten z. B. sogar in der Panzerwagenfertigung, die in die oberste Fertigungsstufe eingereiht war, 6000 bis 7000 Mann. Daher hob Todt hervor, »daß eine Kürzung bzw. zeitliche Verschiebung von Programmen der Wehrmacht notwendig sei«, was Hitler gegenüber bei Gesprächen auf dem Berghof »schon kurz gestreift« worden sei[74].

Über diese Entwicklung der Arbeitskräftelage war Keitel anscheinend nicht unterrichtet[75], denn am 15. Januar 1941 richtete er einen Brief an Fromm, in dem er unter Berufung auf den Führerbefehl vom 20. Dezember 1940[76] die in ihm festgelegten Richtlinien als »unabänderlich« und als »*bindende Weisungen des Führers* für beide Seiten (Wehrmacht und Rüstungsindustrie)« bezeichnete. Die Unterordnung aller personellen Maßnahmen unter die »kriegsentscheidenden Rüstungsaufgaben« traf zwar inhaltlich zu, auch wenn diese Formulierung selbst im Führerbefehl nicht gebraucht worden war: dort wurde von der »Fortsetzung der Kriegführung gegen England«[77] gesprochen. Diese aber verstand auch Keitel als kriegsentscheidend[78]. Seine weiteren Ausführungen, daß Hitler »unter Berücksichtigung aller operativen Absichten und in Würdigung aller Bedenken die Verantwortung« für die entsprechenden Maßnahmen auf sich nehme[79], lassen sich durch den Führerbefehl vom 20. Dezember 1940 jedoch nicht belegen.
Der von Keitel unterzeichneten Neuregelung der Dringlichkeit der Fertigungsprogramme vom 7. Februar 1941[80] folgte am 18. Februar 1941 ein Schreiben Görings, in dem es hinsichtlich des weiteren Einsatzes und der Umsetzung von Arbeitskräften für erforderlich und auch für möglich gehalten wurde, »angesichts der auf vielen Rüstungsgebieten vorhandenen erheblichen Vorräte« gewisse Fertigungen einzuschränken oder sogar stillzulegen, »um gleichzeitig trotz Verknappung der Arbeitskräfte kriegsentscheidende Fertigungen bevorzugt zu fördern«[81]. Außerdem wurde verfügt, daß in jedem Wehrkreis Prüfungskommissionen zu bilden waren, die diejenigen Maßnahmen »festzulegen und einheitlich zu steuern« hatten, die »zur Deckung des Bedarfs an Arbeitskräften für Engpaßfertigungen im Bezirk« notwendig waren. Diese Kommissionen durften ihre Tätigkeit erst nach Durchführung ihres Auftrages, insbesondere erst nach Einsatz der Arbeitskräfte in den Engpaßfertigungen, beenden[82].
Das vom Chef OKW am 28. September 1940 befohlene Fertigungsprogramm für das Kriegsheer 1941 würde nach seiner Meinung ab 1. April 1941 einen Stand erreicht haben, der dessen Ausrüstung und bei Munition die entsprechende Bevorratung »im großen und ganzen sicherstellt«[83]. Zu diesem Zeitpunkt trat ein neues »Fertigungsprogramm Heer 1941« in Kraft. Die Zahl der durch Fertigungsdrosselung (z. B. bei Munition) freigewordenen Arbeitskräfte war zwar so groß, daß nach Abzug der Arbeitskräfte für neuen Mehrbedarf infolge neuer Fertigungssteigerungen 33209 Mann übrigblieben, die bis Ende Juni bzw. Juli 1941 für andere vordringliche Fertigungen zur Verfügung standen[84]; diese

Anzahl reichte jedoch nicht einmal annähernd aus, um das laufende Panzerprogramm sowie die Produktion an panzerbrechenden Waffen und an Heeresflak durchzuführen[85].
Einer der wesentlichen Gründe hierfür lag darin, daß die Zahl der Arbeitskräfte für die Luftwaffenrüstung nicht sehr viel niedriger als für die Heeresrüstung war. Als diese im September 1940 zur Fertigung des Materials für den »Großfeldzug« gegen die Sowjetunion umgesteuert wurde, lag sie um 214069 bzw. um gut 10 % Arbeitskräfte über derjenigen für die Luftwaffenrüstung. Gegen Ende des Zeitraumes, der ursprünglich für die Bereitstellung dieses Materials gedacht war, war die Zahl der Arbeitskräfte für die Heeresrüstung, in bezug auf diejenigen für die Luftwaffenrüstung gesehen, prozentual gesunken[86]. Diese war als Vorbereitung für den Feldzug gegen die Sowjetunion allein nicht notwendig; sie ist vielmehr ein weiterer Beweis dafür, daß der in und aus der Luft geführte Kampf gegen Großbritannien selbst durch einen Krieg mit einem weiteren Gegner nicht beeinträchtigt werden sollte.
Da die materielle Ausstattung für den Ostfeldzug als ausreichend angesehen wurde, die bisher für die Heeresrüstung für »Barbarossa« tätigen Arbeitskräfte zur Durchführung anderer rüstungswirtschaftlicher Aufgaben dringend benötigt wurden, schlug OKH/Chef HRüst und BdE Produktionsdrosselungen auf dem Waffen- und Munitionsgebiet vor. Der Übergang zu den neuen verminderten Fertigungen hing »von der Erfüllung bestimmter Restforderungen« sowie vom Auslauf der im Februar 1941 noch nicht abgeschlossenen Fertigungen ab. Die Drosselungsvorschläge wurden »allein mit dem Ziele aufgestellt, Arbeitskräfte freizubekommen«. Wie schwierig die Lage im Bereich des Arbeitseinsatzes war, läßt sich daran erkennen, daß dabei keine »Rücksichten auf wirtschaftliche Gesichtspunkte und auf die finanzielle Auswirkung auf die Betriebe selbst« genommen wurden[87].
Die nach Abschluß der Materialproduktion für den Ostfeldzug geplante Umsteuerung der Rüstungswirtschaft sollte zugunsten der – zu vervierfachenden (!) – Luftwaffenfertigung erfolgen[88]. Die Grundlage bildete Hitlers Befehl, den er zwei Tage vor Beginn des Feldzuges gegen die Sowjetunion erlassen hatte: »Durch Einschränkung der Heeresrüstung können Fertigungsstätten und Arbeitskräfte freigemacht werden. Diese freigemachten Betriebsmittel sind über den Reichsminister für Bewaffnung und Munition in erster Linie für das erweiterte Luftwaffenprogramm zur Verfügung zu stellen. Es muß der Luftwaffe ermöglicht werden, mit den Firmen wegen Umstellung auf andere Fertigung möglichst frühzeitig in Verbindung zu treten«[89]. Dazu kam es jedoch

nicht in nennenswertem Umfange, denn der weitere Verlauf des Krieges gegen die Sowjetunion ließ keine Abgabe von Arbeitskräften, Rohstoffen und Fertigungskapazitäten an die anderen beiden Wehrmachtteile zu, sondern forderte wachsende Produktion von Waffen, Munition und Gerät für die Ostfront.

1.3. Die Bewaffnung und Munitionierung des Ostheeres

Drei Wochen nach Beendigung des Frankreich-Feldzuges wurden mit dem Erlaß vom 9. Juli 1940 die Richtlinien für die Nachschubforderungen und für die fabrikatorischen Vorbereitungen für Munition, Waffen und Gerät bekanntgegeben[90]. Die dazugehörenden Anlagen enthielten die neuen Zahlen für monatliche Fertigung, Kriegskapazität und notwendige Bevorratung (bei Munition). Diese wurde festgesetzt auf den zwölffachen Verbrauch (tatsächlichen Verschuß) eines Großkampfmonats, der einen Zeitraum von sechs Wochen umfaßte, weil er auf die Dauer der Kampfhandlungen mit Frankreich vom 10. Mai bis 20. Juni 1940 bezogen war. Nachdem Hitler die ihm vorgelegten Zahlen gebilligt hatte, wurden sie als Führerentscheid vom 13. Juli 1940 verbindlich für die Oberbefehlshaber der Wehrmachtteile und die Beschaffungsstellen[91].

Die Schwerpunkte der Rüstung, die daraufhin umgesteuert wurden, wurden nur ungefähr vier Wochen später auf Grund der veränderten politischen Lage, wie dargelegt, erneut verlagert. Sie ließ es Hitler geraten erscheinen, die befohlene und bereits begonnene Verminderung des Heeres nicht nur einzustellen, sondern dieses auf 200 Divisionen zu vergrößern. Das bewirkte weitgehend die Aufhebung der erst am 13. Juli 1940 befohlenen Produktionseinschränkungen bei der Munition und bei einigen Waffen. Darüber hinaus mußte die Fertigung der Munition für diejenigen Waffen, mit denen das Feldheer bisher unvollständig ausgestattet war bzw. für die Arten, die noch nicht für zwölf Monate bevorratet waren, erheblich gesteigert werden[92].
Bereits während der ersten Besprechung über die neuen Vorstellungen Hitlers am 17. August 1940 beim Chef OKW und zwei Tage später beim Stab des Chefs HRüst wurde klar, daß die Forderungen Hitlers nach Bewaffnung (einschließlich Munitionierung) und Ausrüstung des erweiterten Kriegsheeres auf keinen Fall voll erfüllt werden konnten. Im Heereswaffenamt sollte bis zum 28. August 1940 errechnet werden, »wie weit die Gesamtforderung bis zum 31. März 1941 fabrikatorisch durchge-

führt werden kann«, und das Allgemeine Heeresamt (AHA) sollte nach einem noch zu befehlenden Termin prüfen, »wieweit der Fehlbestand durch Entnahme aus der Beute bzw. durch eine verminderte Ausstattung gedeckt werden kann«[93].

Nach den Ausführungen des Chefs HRüst und BdE, die er in Gegenwart des Oberbefehlshabers des Heeres am 26. August 1940 vor Hitler machte und die von diesem gebilligt wurden, wurde der Rahmen für das Rüstungsprogramm – Gliederung und materielle Voraussetzungen (Waffen und Gerät, Munition, Kriegskapazität) – festgelegt[94]. Der endgültige Befehl, der weitgehend die genauen Zahlen enthielt, folgte am 28. September 1940[95].
Im Zusammenhang mit der Festlegung des Rahmens für dieses Rüstungsprogramm wurde verfügt, daß das AHA im Einvernehmen mit dem Heereswaffenamt zum 9. September 1940 das neue Produktionsprogramm vorlegte, in dem sämtliche Waffen, Geräte und Munitionsarten zahlenmäßig festgelegt waren. Wie sich bei den Einzelpunkten[96] zeigte, war es schon bei der Rahmenplanung deutlich – und Hitler bekannt –, daß das Rüstungsprogramm in den vorgesehenen sieben Monaten auf keinen Fall voll erfüllbar war. Es fehlten nur die genauen Zahlen darüber, wie hoch das Defizit in materieller Hinsicht sein würde. Die Gründe hierfür waren, wie am Beispiel der Munitionsfertigung dargelegt werden wird, zu einem erheblichen Teil infrastruktureller Natur.

Während bei einer Besprechung von Wehrmachtdienststellen (WaA, AHA, WiRüAmt) bei Chef HRüst am 19. August 1940[97] grundsätzlich festgelegt wurde, daß Neubauten für das Nahziel, nämlich Ausstattung eines 180-Divisionen-Heeres und des Ersatzheeres bis zum 1. April 1941, »nicht in Frage kommen und daß es notwendig ist, die jetzt laufende zivile Fertigung noch wesentlich zugunsten der Wehrmachtfertigung einzuschränken«[98], wurde seitens des Reichsministers für Bewaffnung und Munition drei Wochen später (am 6. September 1940) eine andere Meinung vertreten. Zwar traf es zu, daß »eine rechtzeitige Erstellung der erforderlichen Kapazitäten für die bei den meisten Waffen außerordentlich starke Munitionssteigerung vordringlichste Voraussetzung ist«, doch änderte das nichts an der gegebenen Situation, daß ein kurzfristiger voller Produktionsausstoß »in den meisten Fällen, vor allem bei den 15-cm-Kalibern mangels ausreichender Kapazitäten sehr unwahrscheinlich bzw. unmöglich ist«[99]. Daher dauerte es nicht lange, bis man auch im Reichsministerium für Bewaffnung und Munition zur Ansicht des WiRüAmtes gelangt war, daß »wesentliche fabrikatorische Einrichtun-

gen« doch nicht mehr rechtzeitig, d. h. innerhalb der auf sieben Monate befristeten Fertigungszeit, zum Tragen kommen konnten[100].
Die Anlaufzeiten für die Munitionsfertigung waren lang und erstreckten sich, insbesondere bei der Munition für die schwere Artillerie – z. B. schweres Infanteriegeschütz (sIG) und schwere Feldhaubitze (sFH) –, bis Mitte 1942. Die Gründe hierfür waren infrastruktureller Art, denn zur Erhöhung der Fertigungskapazität wurden in größerem Umfang Fabrikgebäude (mit der entsprechenden maschinellen Einrichtung!) benötigt, die großenteils neu gebaut werden mußten. Da die (Vor-)Planungen für das Kriegsheer 1941 erst im August/September 1940 angelaufen waren, konnte mit den Neubauten nicht vor Ende der Frostperiode im Frühjahr 1941 begonnen und »frühestens Ende 1941 bezugsfertig beendet werden«. Unter Berücksichtigung der für die anschließend erfolgende maschinelle Einrichtung und der danach erforderlichen Anlaufzeit konnte mit der Produktion »frühestens im ersten und zweiten Quartal 1942 gerechnet werden«[101] – also zu einem Zeitpunkt, zu dem Hitler den Feldzug gegen die Sowjetunion längst siegreich beendet haben wollte.
Sollte es jedoch gelingen, vorhandene Gebäude für das Munitionsprogramm zu verwenden – was »besonders unter Berücksichtigung der notwendigen kurzen Transportwege« von den Stahlwerken zur jeweiligen Munitionsfabrik nicht für möglich gehalten wurde –, so waren in ihnen auf mehrere Monate veranschlagte bauliche Veränderungen notwendig, um sie für die Munitionsproduktion herzurichten. Die für diese benötigten Sonder-Munitionsmaschinen konnten, da die Aufträge für sie in der Industrie untergebracht waren, bis zum 1. April 1941 beschafft werden – allerdings nur unter der Voraussetzung, daß den betreffenden Werkzeugmaschinenherstellern (z. B. im Zuge einer Schwerpunktverlagerung oder gar Umsteuerung der Rüstung) keine Fertigungskapazitäten weggenommen wurden und daß ferner keine tiefen Eingriffe bei der Durchführung des Sonderprogramms und der Dringlichkeitsstufe Ia (z. B. in Form des Entzuges von Rohstoffen) erfolgten. Der Einbau der Sonder-Munitionsmaschinen – unter der weiteren Voraussetzung, daß die erforderlichen Arbeitskräfte verfügbar waren! – und der Anlaufzeitraum für die Fertigung konnten so abgeschlossen sein, daß »die Produktionskapazität im dritten Quartal 1941 erreichbar wäre«[102].
Diese Maßnahmen wären bei einem Feldzug gegen die Sowjetunion, der schon im Mai 1941 begonnen worden wäre und, dem ersten Entwurf zufolge, »zwischen 9 und 17 Wochen« dauern sollte[103], bei planmäßigem

Verlauf bestenfalls in der Schlußphase, möglicherweise gar nicht mehr zum Tragen gekommen. Mussolinis mißglückter Angriff auf Griechenland veranlaßte Hitler im April 1941 zum ursprünglich nicht beabsichtigten militärischen Eingreifen auf dem Balkan. Der dadurch entstandene unvorhergesehene Munitionsverbrauch beeinträchtigte die spätere Munitionsversorgung des Ostheeres nicht. Wohl aber hätte sich die Produktion von Munition aus Fertigungskapazitäten, die im dritten Quartal 1941 arbeitsbereit gewesen wären, günstig auf die Nachschublage an der Ostfront auswirken können, doch Rüstungsumsteuerungen noch vor Beginn des Unternehmens »Barbarossa« verhinderten dies.

Zum 1. April 1941 sollten die materiellen Voraussetzungen für eine Kriegführung im Osten erfüllt sein. Die rohstoffmäßige Deckung der entsprechenden Forderungen war gegeben; bei ihrer Erreichung war daher »von der vollen Zuteilung der Rohstoffe auszugehen«[104]. Die z. T. zu geringen und nicht rechtzeitig zu erstellenden Fertigungskapazitäten waren jedoch einer der Gründe dafür, daß die vordringlichen Forderungen der Wehrmachtteile für das Kriegsheer zu dem gestellten Frühjahrstermin »unmöglich voll erfüllt werden« konnten. Der »weitaus empfindlichste Engpaß« war, wie angedeutet, der auf dem Gebiet des Arbeitseinsatzes. Dennoch lag der Errechnung der materiellen Ausstattung für das Kriegsheer 1941 die »volle Arbeiterzuteilung als wesentlichste Voraussetzung« zugrunde![105] Da diese grundsätzlichen Voraussetzungen nur bedingt gegeben waren, war es für die Planer unübersehbar, daß das Kriegsheer 1941 materiell nicht voll ausgestattet werden konnte: »die *materiellen Voraussetzungen* für die vom Führer befohlene Aufstellung eines 200-Div.-Heeres zum 1. Mai 1941 lassen sich *im wesentlichen* zum 1. April 41 erfüllen«. Diese recht vorsichtige Umschreibung, daß es nicht vollständig ausgerüstet werden konnte, wich bald deutlicheren Ausführungen wie denen, daß die Durchführbarkeit der Fertigung »ausdrücklich vorbehalten bleiben« müsse; dennoch wurden die Mängel als irgendwie behebbar dargestellt. Die Lücken im geforderten Bedarf an Waffen und Gerät wurden als »im allgemeinen nicht entscheidend« bezeichnet, weil die vorgesehenen 20 Besatzungsdivisionen, allerdings nur *»zunächst«*, mit verminderter Ausstattung auskommen sollten. Selbst diejenige Lücke im Fertigungsprogramm, die als »nicht tragbar« bezeichnet wurde – »Es müssen für die zur Auslieferung kommenden s.F.H. (mot) 250 Rohrwagen und Protzen für die 20 Div. 11. und 12. Welle zusätzlich gefertigt werden« –, konnte durch die Bewaffnung der betreffenden Divisionen mit Beutegeschützen scheinbar geschlossen werden[106]. Diese aber waren z.T. veraltet. Die Kanone 15 cm K 15/16 (t) und die dazugehörende Munition z.B. stammten aus dem Ersten Weltkrieg und waren nach dessen Beendigung von Österreich an die Tschechoslowakei abgegeben worden, von wo aus sie in deutschen Besitz gelangt waren. Diese Geschütze waren so verbraucht, daß sie nur noch die 200 Schuß aushalten konnten, die pro Rohr vorhanden waren[107].

Bei der Munition wurde kein Anlaß zur Besorgnis gesehen. Für diejenigen Kaliber, die bis zum 1. April 1941 neben der ersten Ausstattung nicht die vorgesehene zwölfmonatige Bevorratung besaßen, »ist mindestens ein solcher Vorrat vorhanden, daß bis zu seiner Aufzehrung ein neuer Vorrat gebildet ist oder die laufende Fertigung eine Höhe erreicht, die dem Verbrauch entspricht«[108]. Dieser, für einzelne Munitionsarten gesehen, unhaltbare Zustand galt als nicht besorgniserregend.

Am 21. September 1940 nahm Hitler Einblick in die Liste »Fertigung Waffen Heer 1.8.40 – 1.4.41«[109]; kurz darauf wurden ihm die Vorschläge für die Fertigung während der Wintermonate bis zum März 1941 vorgelegt, denen er in der Mehrzahl der Fälle zustimmte[110] und die dann die Grundlage für die Anlagen zum Rüstungsbefehl vom 28. September 1940 wurden, die die materielle Ausstattung des Kriegsheeres betrafen[111].

Diese Fertigungslisten sind außerordentlich genau durchgesprochen worden. Zu *jedem* Vorschlag zur Produktion von Waffen, Gerät und Munition, der nicht Hitlers völlige Billigung fand, wurden seine diesbezüglichen Äußerungen vermerkt. So wünschte er z.B. bei der Hauptwaffe der leichten Artillerie, der leichten Feldhaubitze (l.F.H.) 18, »auf lange Sicht gesehen« eine Erhöhung des Gesamtbestandes von 7400 auf 8000 Geschütze bis zum 1. April 1941, obwohl den Fertigungslisten zu entnehmen war, daß nicht einmal die in der Planung als notwendig errechneten, aber fehlenden 1469 Geschütze bis zu eben diesem 1. April 1941 fertig sein konnten.

Die ständigen Umsteuerungen der Rüstung zum Erreichen der von Hitler jeweils als vordringlich bezeichneten Ziele waren es, die seit Mitte 1940 die Ausstoßzahlen für die l.F.H.18 hatten absinken lassen. Die Herabsetzung der Forderung auf einen Monatsausstoß von 65 Stück zugunsten der 10,5-cm-Flak und zum Teil der Marine-Geschütze (U-Boote) war eine Auswirkung des Führerentscheides vom 13. Juli 1940, der den Schwerpunkt der Rüstung vom Heer auf die anderen Wehrmachtteile verlagert hatte, um die materiellen Voraussetzungen zum Sieg über Großbritannien zu schaffen[112].

 Die voraussichtliche Fertigung der l.F.H.18 innerhalb des gegebenen

siebenmonatigen Produktionszeitraumes lag bei 840, also nur etwas über der Hälfte der benötigten Geschütze. Die 629 nicht fertigbaren Geschütze bildeten, mit Blick auf den Gesamtbedarf von 7400, ein Defizit von 8,5 %, hinsichtlich der innerhalb des eben genannten Zeitraumes zu bauenden ein solches von 42,88 %. Die letztere Prozentzahl ist deswegen von Bedeutung, weil sie die geringe Produktionskapazität anzeigt, die in dem Augenblick schwerwiegende Folgen haben mußte, in dem auf Grund hoher Verluste, wie sie an der Ostfront bald eintraten, beträchtliche neue Stückzahlen produziert werden mußten. Derartige Gedanken, denen entsprechende Konsequenzen auf dem Rüstungsgebiet folgten, erwog die Oberste Führung jedoch nicht. Der Feldzug gegen die Sowjetunion sollte ja binnen weniger Monate gewonnen werden.
Zwar hatte das OKH die Aufnahme der l.F.H.-Produktion in die Dringlichkeitsstufe Ia beantragt, doch war dies nicht auf die zuletzt genannten Überlegungen zurückzuführen, sondern darauf, daß der Ausstoß dieser Standardwaffe der Divisionsartillerie mit 840 zu klein war und daß Hitler überdies, wie gesagt, 8000 Geschütze verlangt hatte. Bei Genehmigung des OKH-Antrages wurde – *volle* Zuteilung der Arbeitskräfte vorausgesetzt! – mit einer Fertigungssteigerung von 25 % = 210 Geschütze gerechnet[113]. In Wirklichkeit wurden nur 47 l.F.H.18 = 0,64 % mehr als ursprünglich geplant gefertigt[114], ein Beleg für die in etlichen Fällen realistische Planungsarbeit für das Unternehmen »Barbarossa« – und zugleich für die begrenzten Produktionsmöglichkeiten. Nach den im Oktober 1940 laufenden fabrikatorischen Planungen sollte sich der monatliche Ausstoß von bisher maximal 130 auf 275 l.F.H. erhöhen – wenn die dafür benötigten 900 Werkzeugmaschinen beschafft werden konnten. Da derartige Maschinen für Fertigungen der Sonderstufe verwendet wurden, wurde bis zum Frühjahr 1941, in dem die Fertigung der l.F.H.18 laut Rüstungsprogramm bereits erfolgt sein sollte, nur mit einem Zugang von ungefähr 350 Maschinen gerechnet. Dies ließ erst im Spätsommer 1941 einen »Einfluß auf die Geschützausbringung« erwarten[115]. Aber auch dieser Termin war noch zu optimistisch; unter Hinweis darauf, daß mit der Zuteilung der ca. 550 Spezialmaschinen »frühestens« erst Ende 1941 gerechnet werden könne, wurde im Oktober 1940 festgestellt, daß sich die Geschützausbringung im Jahre 1941 »nicht mehr fühlbar auswirken« würde[116].
Während eines Vortrages bei Hitler Anfang November 1940 über die Steigerung der Fertigung von Waffen und Munition bezeichnete dieser die maschinelle Kapazitätsausweitung für den Produktionsausstoß an l.F.H.18 auf monatlich 300 Stück »als schnellstens anzustrebendes

Ziel«[117]. Dem Wunsch Hitlers entsprechend, legte Chef HRüst und BdE am 14. November 1940 die monatliche Fertigung auf 150, den Kapazitätenausbau für monatlich die doppelte Anzahl an l.F.H.18 fest[118], obwohl Hitler seine Entscheidung »unabhängig« von den tatsächlichen Fertigungsmöglichkeiten getroffen hatte[119]. Daher änderte sich an der monatlichen Ausbringung von durchschnittlich 120 Geschützen nichts; sie blieb vielmehr »gegenüber einer früheren Forderung«, wie Hitlers diesbezüglicher Befehl behutsam umschrieben wurde, auf diesem Stand[120].
Bezüglich der 10 cm K 18 hieß es: »Die Gesamtausrüstung mit 775 Stück für die weittragenden Feldkanonen hält der Führer auf lange Sicht gesehen für unzureichend und fordert die Erhöhung der Kapazität auf einen Bestand von zunächst mindestens 1500 Stück«[121], also fast eine Verdoppelung. Dies konnte und sollte durch Erweiterung bzw. Neubauten von Fabrikanlagen erreicht werden.
An den ihm vorgelegten Planungszahlen hat Hitler deutlich erkennen können, daß die Ausstattung des aufzustellenden 200-Divisionen-Heeres mit Artillerie unzureichend sein würde. Abgesehen von der l.F.K.18, die gut bevorratet war und der s. 10 cm K 18, bei der der ungedeckte Bedarf von 53 Rohren durch ebensoviele Fertigungen bis zum 1. April 1941 ausgeglichen werden sollte[122], wiesen sowohl die leichten und die schweren Infanteriegeschütze als auch die leichten und schweren Feldhaubitzen mehr oder minder große Planungsdefizite auf, und zwar angefangen bei der l.F.H.18 mit −8,5 % bis hin zum Gebirgsgeschütz 36 mit −35,37 %. Der Ausgleich dieser Defizite sollte teilweise erst zu einem Zeitpunkt erfolgen, an dem der Ostfeldzug, nach den (ersten) Planungen, bereits erfolgreich beendet sein sollte[123].
Auch bei der Munition gab es einige besorgniserregende Zahlen. Laut Berechnung würden bei den panzerbrechenden Waffen, die im Kampf gegen die Panzerarmeen der Sowjetunion eine besonders wichtige Rolle spielen würden, an Munition fehlen: Panzerbüchse: 70,11 %; 5 cm KwK, die die Hauptwaffe des Panzers III, Ausführung M[124] war: 34,6 %; der 5 cm Pak: 21,34 %.
Hinsichtlich des Munitionsvorrates für die schwere Artillerie sah es z. T. katastrophal aus: beim s.I.G. würden 44,68 %, bei der s.F.H. 44,45 % der Munition fehlen und beim Nebelwerfer deutsch sogar 85,59 %[125]. Die drei Tage später erlassenen Durchführungsbestimmungen zum Befehl vom 28. September 1940 enthielten bereits Ausführungen über die Mindestfertigungen nach dem 1. April 1941; entsprechende Vorschläge sollten vom OKW/Chef HRüst »baldigst« vorgelegt werden und nach Erreichen des jeweiligen Gesamtbedarfs (»*Volle* Ausstattung des Kriegs-

heeres vorausgesetzt«) in Kraft treten. An eine umfassende Erweiterung der rüstungswirtschaftlichen Grundlagen, die die Durchführung auch anderer als der gerade befohlenen Rüstungsvorhaben ermöglicht hätte, wurde nicht gedacht. So hieß es z.B. hinsichtlich der Vorbereitungen fabrikatorischer Art allgemein, diese seien »vorläufig grundsätzlich nur zu treffen, wenn sie zur Erreichung der befohlenen Fertigung notwendig sind und noch im Jahre 1941 zur Auswirkung kommen«. Der allgemeine Gerätesektor wurde zugunsten anderer Fertigungsbereiche vernachlässigt. Auf jenem »muß eine absolute Beschränkung eine fühlbare Entlastung« für diese bringen[126].
Für diejenigen Munitionsarten, bei denen bereits vor dem 1. April 1941 der Gesamtbedarf durch eine mehr als zwölfmonatige Bevorratung voll gedeckt war, wurden neue Sollzahlen für die weitere monatliche Mindestfertigung festgelegt[127]. Am 4. Februar 1941 ordnete der Chef OKW an, daß das durch die Befehle vom 28. September 1940 und 1. Oktober 1940 für die Zeit vom 1. September 1940 bis 1. April 1941 festgelegte Fertigungsprogramm für Waffen und Munition Heer am 1. April 1941 auslief und durch ein neues Fertigungsprogramm 1941 ersetzt wurde[128].
Die Lage auf dem Waffen- und Munitionsgebiet stellte sich am Ende des Fertigungszeitraumes (1. April 1941) so dar: Die voraussichtliche Bevorratung an Munition war, von bereits erwähnten einzelnen Munitionsarten abgesehen, recht zufriedenstellend. Auf dem Gebiet der Waffenproduktion waren die Verhältnisse ungünstiger[129].

Waffen Heer

	Bestand nach Fertigungsplanung für die Zeit vom 1. 9. 40 – 1. 4. 41 (in %)	Bestand am 1. 4. 41 (in %)
Pistolen	–20,92	–19,08
MG	– 2,77	– 0,19
s. Panzerbüchse	+/– 0	–74
5 cm KwK	+	–23,17
3,7 cm u. 5 cm Pak	–14,11	–18,92
l. Gr. W.	–12,27	–10,64
s .Gr. W.	– 4,65	– 4,41
10 cm Nb. W.	+/– 0	–21,93
Nb. d.	+/– 0	–25,27
l. I. G. 18	– 9,27	–13,8
s. I. G. 33	–27,43	–31,96
Geb. Gesch. 36	–35,37	–34,69
l. F. H. 18	– 8,5	– 7,37
s. 10 cm K. 18	+/– 0	– 3,71
s. F. H. 18	–12,63	–16,28

Relative Verbesserungen des zu geringen Soll-Bestandes gab es außer bei Pistolen und Maschinengewehren nur bei den Granatwerfern, der leichten Feldhaubitze 18 sowie beim Gebirgsgeschütz 36, doch war das Fehl insgesamt für diese Waffe besonders hoch. Bei den schweren Granatwerfern war eine kaum nennenswerte Verringerung (0,24 %) des Fehls festzustellen, während es bei den Nebelwerfern, bei denen es laut Planung durch die Neuproduktion gedeckt werden sollte, erheblich war. Der Mangelbestand bei anderen Waffen war noch größer, als er von den Planern errechnet worden war. Dies galt insbesondere für Waffen (z. B. schwere Panzerbüchse, Nebelwerfer deutsch), bei denen der Gesamtbedarf nicht teilweise aus bereits vorhandenen Beständen gedeckt werden konnte, sondern ganz aus der laufenden Fertigung aufgefüllt werden mußte. Als Ergebnis ist die mangelhafte Ausrüstung des deutschen Heeres an Artillerie im Frühjahr bzw. Sommer 1941 festzuhalten, die vor allem darauf zurückzuführen ist, daß Hitler den Feldzug gegen die Sowjetunion materiell nicht langfristig, sondern im Gegenteil ausgesprochen kurzfristig geplant und vorbereitet hat. Daher ist es nicht weiter erstaunlich, daß das Heer bei Beginn des Angriffs auf die Sowjetunion trotz der ungleich längeren Front *weniger* Geschütze einsetzen konnte als bei Beginn des Frankreich-Feldzuges am 10. Mai 1940, nämlich jetzt 7184 aller Kaliber zu 7378 Geschützen vorher[130].

In der Bestandsliste vom 1. April 1941 über die Bevorratung an Munition war manche Angabe verändert bzw. fehlte ganz[131], obwohl sie in der Zwischenbilanz vom 12. Februar 1941 über die voraussichtliche Bevorratung vorhanden gewesen war[132]. Ein Teil der inzwischen gefertigten und bevorrateten Munition hatte für die Durchführung der Feldzüge gegen Jugoslawien und Griechenland bereitgestellt werden müssen. Über die Höhe des Verbrauchs ließen sich vor Beginn der Kampfhandlungen keine so sicheren Prognosen treffen, als daß sie als solide Grundlage für weitere Fertigungsplanungen hätten dienen können. Es kann jedoch festgestellt werden, daß sich »der Mißerfolg des deutschen Angriffs auf die Sowjetunion (nicht) mit dem Frühjahrsfeldzug auf dem Balkan und seinen Folgen für die Planung und Vorbereitung von ›Barbarossa‹ erklären läßt«[133]. Es ist allerdings auch festzuhalten, daß die Aussage, »daß alle ›Planzahlen‹ in der Waffenproduktion, die das WiRüAmt für den Ostfeldzug und die folgenden Operationen für notwendig erachtete, ›erfüllt‹ wurden«[134], falsch ist. Damit verliert die These, das Unternehmen »Barbarossa« sei wegen der Unterschätzung des Gegners gescheitert, weiter an Beweiskraft; denn diese These wäre nur bei vollständiger materieller Ausstattung des Ostheeres einleuchtend. Die Rüstung für den Ostfeldzug aber war, aufs Ganze gesehen, zu unzulänglich, als daß der Angriff zum Sieg hätte führen können. Das lag zu einem erheblichem Teil an der zu kurzen Frist, die für die Produktion der Waffen und der Munition für das Unternehmen »Barbarossa« zur Verfügung gestanden hatte. Die Planungen für diese Fertigungen im August/September 1940, mit denen der Gesamtbedarf gedeckt werden sollte, hatten ergeben, daß bei einzelnen Waffentypen ein Defizit bis zu ca. einem Drittel des Sollbestandes vorhanden sein würde. Diese Planungen selbst waren in einer Reihe von Fällen realistisch gewesen,

Waffen Heer; Vergleich zwischen Gesamtbedarf

lt. Planung zum 1. 4. 41 und Bestand am 1. 4. 41

Waffe	Gesamtbedarf zum 1. 4. 41	lt. Planung vom 28. 9. 40 + = über − = unter	Gesamtbedarf	Deckung bis spätest.	Bestand am 1. 4. 41	+ = über − = unter	Gesamtbedarf	Deckung bis spätest.
Pistolen	885165	−185205	(−20,92 %)	Nov. 41	716300	−168865	(−19,08 %)	Okt. 41
Schußwaffen	4164750	+ 16650		–	4198800	+ 34050		–
M.G. 98	192970	− 5263	(− 2,77 %)	Apr. 41	192600	− 370[1]	(− 0,19 %)	Apr. 41
PzBüchse 38 u. 39	10835	+ 10306		–	18101	+ 7266		–
Masch.Pist.	78098	+ 34002		–	144460	+ 66362		–
s.Pz.Büchse 41	500	+/− 0		–	130	− 370	(−74 %)	Febr. 42
2 cm Flak	2)				1933	− [2]		
2 cm Flak Vierling					69	− [2]		
2 cm KwK	2373	+ 78		–	2711	+ 338[3]		[3]
3,7cm KwK	(Waffe läuft aus)				1459	[3]		[3]
5 cm KwK	1165	+ 260		–	1138	− 27[3]	(−23,17 %)	Apr. 41[3]
7,5 cm KwK u. StuG					1151	[3]		[3]
3,7 cm Pak u. 5 cm Flak	18303	− 2583	(−14,11 %)	Dez. 41	14119 719	− 3465	(−18,92 %)	Dez. 41
l. Gr. W. 36	16689	− 2049	(−12,27 %)	Juni 41	14913	− 1776	(−10,64 %)	Aug. 41
s. Gr. W. 34	11036	− 514	(− 4,65 %)	Mai 41	10549	− 487	(− 4,41 %)	Mai 41
10 cm Nb.W.	588	+/− 0		–	459	− 129	(−21,93 %)	[4]
Nb.W. d	550	+/− 0		–	411	− 139	(−25,27 %)	Juli 41
l. I.G. 18	4584	− 426	(− 9,27 %)	Aug. 41	3951	− 633	(−13,8 %)	Okt. 41
s. I.G. 18	1170	− 321	(−27,43 %)	Sept. 41	797	− 373	(−31,96 %)	Okt. 41
Geb.Gesch. 36	147	− 52	(−35,37 %)	März 42	96	− 51	(−34,69 %)	Okt. 41
l. F.K. 18	58	+ 83		–	106	+ 48		
l. F.H.	7400	− 629	(− 8,5 %)	Aug. 41	6854	− 546	(− 7,37 %)	Aug. 41
s. 10 cm K. 18	755	+/− 0		–	730	− 25	(− 3,31 %)[5]	Mai 41
s. F.H. 18	3285	− 415	(−12,63 %)	Dez. 41	2750	− 535	(−16,28 %)	Okt. 41
21 cm Mrs.18						346	[5]	

+/− 0 voraussichtliche Fertigung soll den Bedarf decken;

1 Fertigung wird eingeschränkt;

2 Planungszahlen noch nicht festgelegt.

3 Z. Zt. über den Bestand an entsprechenden Kampfwagen hinaus folgende – nicht eingebaute – Waffen vorhanden:

2 cm KwK	291	3,7 cm KwK	958	5 cm KwK	210
7,5 cm KwK	226	7,5 cm StuG	64		

4 Fertigung wird ab Mai 1941 zu gunsten Nb.W. 40 (10,5 cm) abgestoppt.

5 Fertigung läuft aus zugunsten schwere Flak.

Munition Heer; Vergleich zwischen Gesamtbedarf

lt. Planung zum 1. 4. 41 und Bestand am 1. 4. 41

Munitionsart	Gesamtbedarf lt. Planung vom 28. 9. 40 zum 1. 4. 41	+ = über – = unter Gesamtbedarf	Deckung bis spätest.	Bestand am 1. 4. 41	–1.Ausstattung +×Kampfmonate	Bemerkungen (handschriftliche Berichtigungen u. a.)
Pist.Patr.	330000000 +	3425000	–	302800000	6 3/5	
Inf.Patr.	–	–	–	–	–	ab März 41 75000000
Pz.Büchse	28385000 –	19883000 (–70,11 %)	Dez. 41	2043000	3/10[1]	
s.Pz.Büchse 41	1456640 +	15000	–	188500		Es lagen keine Verbrauchszahlen vor.
2 cm Flak u. KwK	–	–	–	–	–	ab Febr. 41 650000
2 cm Vierling			–	–		
3,7 cm KwK	–		–	–		
5 cm KwK	4415000 –	1526000 (–34,6 %)	Juli 41	663800	2 9/10[1]	
7,5 cm KwK u. StuG	2802660 +	12000	–	2219400	13 2/5	
5 cm Pak	1522480 –	325000 (–21,34 %)	Mai 41	713100	10 4/5	Handschr. Bem. Keitels: »5 cm Pak hat höchsten Vorrang; Soll nur bezogen auf Bestand an Waffen, der sich aber ständig erhöht. Bevorratung also trotz 10 4/5 Kampfmonate ungenügend«.
l.Gr.W. 36	–	–	–	–		ab Febr. 41 200000
s.Gr.W. 34	12560420 +	5000	–	12436000	11 9/10	
10 cm Nb.W.	–	–	–	–	–	
Nb.W. d	2700000 –	2371000 (–85,59 %)	Febr. 43	199500	3[1]	
l.I.G. 18	–	–	–			ab Nov. 40 180000
s.I.G. 33	2280290 –	1019000 (–44,68 %)	Juli 42	1153300	7 7/10	
Geb.Gesch 36	–	–	–	–		ab März 41 40000
l.F.K. 18	–	–	–	–		
l.F.H. 16 u. 18	23256510 +	2104000	–	25051000	12 1/2	
s.10cm K.18	2470690 +	2800	–	2323600	9 2/5	
s.F.H.	11886300 –	5284000 (–44,45 %)	Juli 42	5540700	4 1/2[1]	
21 cm Mrs.	586250 –	6310 (– 1,07 %)	Apr. 41	433100	11 1/5	
T-Minen	1347724	–	–	1258600	–	
Handgranaten	–	–	–			
4,7cm I.G. (ö) } 4,7cm Pak (ö) }	272683 } +	146200	–			
3,7cm KwK (t)	1594729 +	913000	–	2542100	–	
s.F.H. 25 (t)	625760 –	329894 (–52,73 %)	März 42	187400	5 3/5	
s.24cm K. (t)	2682 –	960 (–35,79 %)	Dez. 41	941	1 1/5	
24cm Haub. 39	4425 –	1031 (–23,29 %)	Juli 41	2148		Es lagen keine Verbrauchszahlen vor.

1 Ungenügende Bevorratung, Fertigung ist weitestgehend zu steigern.

weil die hier bis zum 1. April tatsächlich hergestellten Mengen an Waffen und Munition oft nur sehr gering von den ursprünglichen Berechnungen abwichen[135]. Diese Waffen- und Munitionstypen waren für das Unternehmen »Barbarossa« im Rahmen des Geplanten nahezu vollständig produziert worden. Nur – und darin lag das eigentlich Nachteilige für die deutsche Kriegführung – waren die oft nur geringen Differenzen zwischen vorausberechnetem Bedarf und tatsächlichem Bestand in *jedem* Falle *relativ*. Selbst eine kleine Erhöhung des relativen Defizits bedeutete eine, vom logistischen Standpunkt aus gesehen, keineswegs leichtzunehmende weitere Steigerung des absoluten Fehlbestandes. Es wurden – um ein Beispiel zu nennen – 1170 schwere Infanteriegeschütze 33 gebraucht. Wenn nun, wie berechnet, in dem siebenmonatigen Fertigungszeitraum für »Barbarossa« statt 321 Geschützen 373 dieses Typs zu wenig produziert wurden, so betrug das relative Defizit 4,53 % (52 s.I.G. 33). Das absolute Fehl hingegen stieg von 27,43 % auf 31,96 %; d. h. von den 1170 benötigten s.I.G. waren nur 797 produziert worden. Das absolute Defizit bei einzelnen Waffentypen und Munitionsarten hat so sehr unter dem als notwendig errechneten Gesamtbedarf gelegen[136], daß – um das Ergebnis seiner Wichtigkeit wegen zu wiederholen – die materielle Ausstattung des Ostheeres als unzureichend zum Erringen des endgültigen Erfolgs einzustufen ist.

1.4. Rüstungsprogramme im zweiten Halbjahr 1941

In einem Bericht über die Leistungen, die die Rüstungsindustrie während des siebenmonatigen Fertigungszeitraumes vom 1. September 1940 bis zum 1. April 1941 vollbracht hatte, stellte General Thomas zusammenfassend fest, daß trotz aller Anstrengungen die von der Obersten Führung erhobenen Forderungen im Rüstungsbereich niemals »voll verwirklicht werden konnten, da selbst die im erweiterten großdeutschen Raum vorhandenen Fertigungsmöglichkeiten hierzu nicht ausreichten«[137]. Es konnte daher nur derjenige Teil des Rüstungsprogrammes voll erfüllt werden, der je nach Kriegslage am wichtigsten war. Mit Blick auf zukünftige Aufgaben meinte Thomas, daß sogar die Schwerpunktprogramme sowohl für die Gesamtwehrmacht (Produktion des mittelbaren Kriegsbedarfs, vor allem Mineralöl, Buna und Leichtmetalle) als auch für die Wehrmachtteile (Panzer-, U-Boot- und Flugzeug-Programm) wegen der Arbeitskräftefrage und der Rohstofflage nur dann durchgeführt werden konnten, »wenn alle nicht unbedingt kriegswichtigen Vorhaben rücksichtslos zurückgestellt werden«.

Zu den dafür innerhalb der Wehrmacht notwendigen durchgreifenden Maßnahmen zählte Thomas u. a. die möglichst weitgehende Einschränkung oder gar, wenn möglich, die vollständige Einstellung aller derjenigen Fertigungen von Gerät und Ausrüstung, die hinreichend bevorratet

waren. Das Bemerkenswerte an dieser Äußerung in dem vom 10. Juli 1941 datierten Bericht war, daß selbst der Chef des WiRüAmtes während der Anfangsphase des Feldzuges gegen die Sowjetunion annahm, bestimmte Geräte und Ausrüstungsgegenstände könnten in so großem Umfange bevorratet sein, daß ihre Produktion noch vor Beendigung der Kampfhandlungen begrenzt werden konnte.
Indes: diese Meinung wurde im WiRüAmt nicht erst nach den großen Anfangserfolgen von »Barbarossa« vertreten, sondern bereits gegen Ende des Rüstungsfertigungs-Zeitraumes für dieses Unternehmen im Februar 1941. Nachdem zu diesem Zeitpunkt die Ausrüstung des Kriegsheeres und die Bevorratung an Munition »im großen und ganzen« sichergestellt schienen, lief das »Rüstungsprogramm B« (1. September 1940 – 1. April 1941) aus. Es wurde durch das »Fertigungsprogramm Heer 1941« abgelöst[138]. In ihm waren die neuen monatlichen Fertigungssollzahlen für die einzelnen Waffen, Geräte und Munitionsarten festgelegt. Für letztere galt folgende Regelung: Die Fertigung aller derjenigen Munitionsarten, die ab 1. April 1941 hinreichend bevorratet waren, wurde gedrosselt. Dies sollte sofort geschehen, weil die ohnehin angespannte Arbeitseinsatzlage noch mehr durch die Einziehung von Arbeitskräften zum Kriegsheer strapaziert werden würde und schnell durchgeführte Fertigungseinschränkungen Arbeitskräfte freisetzten, die entweder in anderen Produktionsbereichen eingesetzt oder zur Truppe eingezogen werden konnten.
Bei den neu entwickelten Munitionsarten sowie bei Mangelmunition (erheblich unter dem Sollbestand liegenden Munitionsarten) hingegen sollte die Fertigung zwar teilweise erhöht werden, doch ließ sich dies aus Rohstoffmangel nur bedingt bewerkstelligen. So konnten z. B. die Panzergranaten nicht in dem für notwendig gehaltenen Umfange produziert werden, weil die Zuteilung von Wolfram nur beschränkt möglich war; dem Ausstoß von Sprenggranaten waren durch die Kontingentierung von Trinitrotoluol Grenzen gesetzt.
Daß das Ostheer ungenügend mit Artillerie ausgerüstet sein würde, obwohl die Rüstungsziele für »Barbarossa« angeblich »im großen und ganzen« erreicht worden waren, zeigte sich in der Fertigungssteigerung auch nach Auslaufen des Rüstungsprogramms B. Nur die Produktion des 21-cm-Mörsers 18 und der schweren 10-cm-Kanone 18 wurden eingeschränkt, und zwar vor allem zugunsten der schweren Flak. Über die Bedeutung dieser Maßnahmen, die der Ansicht Hitlers über die Wichtigkeit des Flakschutzes für Industriezentren und Wohnorte entsprach, waren sich die Rüstungsfachleute im klaren: Wegen des durch jene

bedingten Ausfalls an mittlerem Flachfeuer war vorhersehbar, daß sich die artilleristische Feuerkraft des Ostheeres verringern würde, auch wenn er durch die Bereitstellung gleichartiger (nicht unbedingt gleichwertiger!) Beutekanonen auszugleichen war[139].
Zeitlich parallel zur Waffenproduktion, mit der so gut wie möglich die Mangelbestände verringert werden sollten, liefen Planungen über die von der künftigen Bewaffnung und Ausstattung der Waffengattungen abhängende »Kapazitätsforderung für das Friedens-Mobheer«. Entsprechende Vorarbeiten waren vom Heer bereits in so großem Maße gemacht worden, daß mit ihrem vorläufigen Abschluß ungefähr Mitte Mai 1941 gerechnet wurde[140].
Die unausgesprochene, aber offensichtlich als gegeben betrachtete Voraussetzung für die organisatorischen Vorbereitungen für die materielle Ausstattung des künftigen Friedens-Mobheeres war der Endsieg über Großbritannien, dem ein bedeutsamer Teilsieg durch den Erfolg beim Unternehmen »Barbarossa« vorausgehen würde. Zweifel an einem Sieg über die Sowjetunion kamen weder Udet[141] noch Milch[142]. Ersterer sprach – fünf Tage vor Beginn des Angriffs auf die Sowjetunion – von den »im Herbst zu erwartenden Kürzungen im Programm der Heeresrüstung« und bezeichnete es als »dringend erforderlich«, die ersten Maßnahmen zur »Überleitung der freiwerdenden zur Zeit vom OKH belegten Kapazitäten« in den Fertigungsbereich der Luftwaffe zu treffen[143].
Inhaltlich gab diese Ansicht bereits das wieder, was Hitler am 20. Juni 1941 befahl. Tags darauf wandte sich Milch schriftlich bezüglich der Umsteuerung der Rüstung zugunsten der erweiterten Luftrüstung an Thomas[144]. – In den Ausführungen dieser beiden hohen Luftwaffengenerale kam dreierlei zum Ausdruck: Zunächst die Überzeugung, daß das Unternehmen »Barbarossa« ebenso schnell und siegreich beendet werden würde wie die bisherigen Feldzüge auch. Ferner: Ob der Sieg im Osten bereits das Ende des Krieges mit Großbritannien bewirken würde, ließ sich nicht mit Bestimmtheit sagen. Auf jeden Fall wurde eine, und zwar eine erheblich verstärkte, Luftrüstung für richtig gehalten, um den Hauptgegner in die Knie zu zwingen. Schließlich zeigte es sich, daß die Luftwaffe ihren Rüstungsstand gegenüber Großbritannien und den Vereinigten Staaten nicht mehr mit denjenigen Mitteln allein halten konnte, die ihr bisher zur Verfügung gestanden hatten. Außerdem wird hier exemplarisch deutlich, daß es auch noch nach eindreiviertel Jahren Krieg auf deutscher Seite weder einen Kriegs- noch einen umfassenden Rüstungsplan gab. Die Voraussetzung für eine den Kriegsverlauf beein-

flussende Erhöhung der deutschen Luftrüstung war, wenn man bei dem bisher angewandten System der Rüstungsumsteuerungen zum Erreichen der jeweils als vordringlich erklärten Ziele blieb, der schnelle und vollständige Sieg über die Sowjetunion. Mißlang das Unternehmen »Barbarossa«, so konnte die Luftrüstung nicht nur nicht verstärkt werden, sondern es mußte im Gegenteil damit gerechnet werden, daß Arbeitskräfte, Rohstoffe, Fertigungskapazitäten etc. in größerem Umfange wieder für Zwecke der Heeresrüstung verwendet wurden. Wie unter solchen Umständen der Luft- (und See-)Krieg gegen Groß-britannien mit Aussicht auf Erfolg weitergeführt werden sollte, blieb unklar.

Mit der von Hitler am 20. Juni 1941 befohlenen Einschränkung der Heeresrüstung zugunsten derjenigen der Luftwaffe war man im OKH / ChefHRüst und BdE keineswegs einverstanden. Jene müsse, wie General Fromm meinte, »über OKW durch den Führer in ihrem Umfang befohlen werden, bevor die praktischen Folgerungen daraus gezogen werden können«[145]. Auch General Warlimont, Chef der Abteilung Landesverteidigung (L) im Wehrmachtführungsstab, äußerte sich dahingehend, daß in Verbindung mit dem WiRüAmt weiter darauf hingewirkt werde, den Vorschlag des OKH über die mit der Umsteuerung der Rüstung zugunsten der Luftwaffenfertigung zusammenhängenden Fragen sobald wie möglich Chef OKW zur Genehmigung vorzulegen[146].

Am 26. Juni 1941 fand eine Besprechung statt, an der u. a. Generalfeldmarschall Milch und Oberst Hünermann (Chef des Stabes des WiRüAmtes) teilnahmen. Davon ausgehend, daß der Krieg »durch den Einsatz der Luftwaffe entschieden werden« müsse, die durch das Göring-Programm zu vervierfachen sei, referierte Milch zunächst den personellen und materiellen Stand der Luftwaffe und anschließend denjenigen der englischen Luftrüstung. Er wies darauf hin, daß die angloamerikanische Produktion schon am 1. Mai 1941 die gesamte deutsch-italienische Produktion überflügelt habe und daß die deutsche Produktion, bliebe sie auf dem derzeitigen Stand, Ende 1942 um das Doppelte übertroffen werden würde. Als erstes Ziel des Göring-Programms bezeichnete Milch daher »die Verdoppelung um 1200 Kampfmaschinen«. Wie problematisch diese Forderung – vier Tage nach Beginn des Unternehmens »Barbarossa«! – war, ließ sich schon daran erkennen, daß ein Drittel dieser Flugzeuge »in den gut eingerichteten Firmen im russischen Raum herzustellen« war[147].

Nachdem Oberst Hünermann die uneingeschränkte Unterstützung des Göring-Programms durch Thomas zugesichert hatte, wies er darauf hin, daß ein derartiges Luftrüstungsprogramm eine entsprechende Erweiterung der Rohstoffproduktion (Aluminium, Treibstoff) voraussetzte. Dieser Hinweis war offenbar ein Versuch, nach nur formaler Bekundung der Bereitschaft zur Mitarbeit Milch durch Erinnerung an die begrenzten Möglichkeiten zur Einsicht in das wirklich Produzierbare zu veranlassen[148].
Über die Schwierigkeiten, die jede Rüstungsumsteuerung größeren Umfanges mit sich brachte, war man sich nicht nur im OKW und im WiRüAmt, sondern auch beim OKH / Chef HRüst im klaren. In einem Schreiben vom 30. Juni 1941 an Keitel wies Fromm darauf hin, daß die Fertigungsmengen an Waffen und Munition teilweise kurzfristig herabgesetzt werden konnten (bei solchen mit noch nicht gedecktem Bedarf oder mit überdurchschnittlichem Verbrauch würden die entsprechenden Herabsetzungen länger dauern). Für die Umgruppierung von Waffentypen und Munitionsarten in andere Sonderstufen würden jedoch anderthalb bis zwei Monate benötigt werden. Ein erneutes Anlaufen bzw. eine Steigerung derjenigen Fertigungen, die zu diesem Zeitpunkt für die Drosselung vorgesehen waren, erschien »erst nach längeren Zeiträumen« als möglich, was auch von Keitel so eingeschätzt wurde[149].
Hierzu standen die folgenden Ausführungen in einem gewissen Widerspruch: Wenn bei der »Umstellung von Kapazitäten auf das Panzerprogramm des Heeres oder auf Fertigungen anderer Wehrmachtteile« wirklich mit einem »dauernden Verlust der Kapazitäten für ihre alte Fertigung gerechnet werden« mußte – was Keitel mit »unvermeidlich!« kommentierte – dann war wohl die Wiederaufnahme der Produktion so ohne weiteres gar nicht mehr möglich. Welche Produktionsverluste mußten auftreten, wenn wegen der für dauernd verlorengegangenen Kapazitäten neue eingesetzt werden mußten, um inzwischen nicht mehr gefertigte Materialtypen erneut herzustellen!
Die Vorschläge des Chefs der Heeresrüstung vom 30. Juli 1941 zur Herabsetzung der Fertigung von Waffen und Munition sahen folgendermaßen aus[150] (siehe nächste Seite):

Waffe bzw. Gerät	monatl. Fertigung gem. Fertigungsprogramm	Vorschlag zur Herabsetzung auf mtl. Stück	ab
1. Karabiner 98 K	100000	55000	1. 10. 41
2. M.G. 34	5500	3000	sofort
		1500	1. 10. 41
3. Panzerbüchse 39	3000	0	sofort
4. s.Pz. Büchse 41	35	0	nach Fertigung v. insges. 500 einschl. Ersatzläufen
5. 3,7 cm Pak	100	50	sofort
		0	1. 10. 41
6. Pak 38 (5 cm) [151]	250	(!) 300	nicht überschreiten
7. l.Gr.W. 36	650	200	sofort
		100	1. 9. 41
8. s.Gr.W. 34	500	200	sofort
		100	1. 9. 41
9. 10 cm Nb.W.	20	0	sofort
10. Nb. W. 40	55	0	nach Fertigung insges. 530
11. Nb.W. d.	35	20	sofort
		0	ab 1. 10. 41
12. l.l.G.	150	50[152]	30. 4. 42 (verb. aus »sofort«)
(einschl.) l.Geb.l.G.		15[152]	1. 5. 42 (verb. aus 1. 10. 41)
13. s.l.G.	50	30[152]	31. 12. 41 (verb. aus »sofort«)
		20[152]	1. 7. 42 (verb. aus 1. 10. 41)
14. Geb.Gesch. 36	7	0	Fertigung auslaufen lassen
15. l.F.H. 18	120	50	bis 30. 4. 42 (verb. aus »sofort«)
		20 (mot)	1. 5. 42 (verb. aus 1. 10. 41)
16. s.10 cm K 18	5	0	1. 10. 41
17. s.F.H. 18	80	40[152]	sofort
		10[152]	1. 10. 41
18. s.F.H. 18/40		16[152]	insges. 60 St.
19. 15 cm K 18	(z. Z. 5)	2	1. 9. 41
20. 21 cm Mrs. 18	21	0	1. 9. 41

21.–29.: Es handelte sich überwiegend um Eisenbahngeschütze, von denen nur noch eine geringe Stückzahl zu fertigen bzw. nur noch das letzte Geschütz auszuliefern war.

Die 5 cm Pak 38 (s. o. Nr. 6) war die einzige Waffe, deren Fertigung nicht nur nicht herabgesetzt, sondern sogar erhöht werden sollte, weil die Panzerkämpfe bereits in den ersten Tagen des Ostfeldzuges die Notwendigkeit einer starken eigenen Panzerabwehr hatten erkennen lassen.

Bei nicht weniger als sechzehn von achtundzwanzig Waffentypen sollte die Produktion entweder sofort, während bzw. nach Ablauf des dritten Vierteljahres 1941 oder nach Fertigung einer bestimmten Stückzahl teilweise oder ganz eingestellt werden. Folgerichtig wurde die Drosselung der Herstellung der meisten Munitionsarten vorgeschlagen[153].

Munitionsart[154]	Fertigung lt. Fertigungsprogramm Heer 1941	Vorschlag zur Herabsetzung auf Stück pro	
		Monat	ab
1. PistolenMun.	40000000	25000000	1. 8. 41
2. Pz.Büchse dt.	1000000	1000000	1. 7. 41
	(2000000 anzustreb.)	(500000)	1. 9. 41
3. s.Pz.Büchse 41	100000	80000	1. 7. 41
4. 2 cm Pzgr. Patr. 40 (KwK)	90000	100000	1. 7. 41
		50000	1. 9. 41
5. 2 cm Sprgr. Patr.	450000	125000)	
6. 5 cm KwK Pzgr.Patr.	200000	160000)	
5 cm KwK Sprgr. Patr. 38	235000	145000)	
7. 7,5 cm KwK u. StuG	70000	35000)	
8. 3,7 cm Pak Sprgr.	20000	0)	
9. 5 cm Sprgr. 38 Pak	35000	17500)	
10. s. Gr. W.	50000	20000)	
11. Nb.W. 40	110000	52000)	
12. Nb.W. (d) u.s.W.G.	50000	25000)	1. 7. 41
13. l.I.G.	40000	5000)	
14. s.I.G.	60000	20000)	
15. l.F.H. 16 u. 18	140000	67000)	
16. s. 10 cm K.18	20000	5000)	
17. s.F.H.	300000	63000)	
18. 15 cm K 18 u. 39	16000	2000)	
19. 17 cm K. in Mrs.Laf.	3000	2000)	
20. 21 cm Mrs. 18	33000	4000)	
21. K 5 28 cm	260	180)	
22. T-Minen	10000	5000)	
23. S-Minen	10000	5000)	
24. Eihandgranaten	300000	112000)	

Deutlicher als in diesen Vorschlägen des Chefs der Heeresrüstung zur Produktionssenkung von Waffen und Munition, die die unmittelbare Umsetzung des Führerbefehls vom 20. Juni 1941 zur Umsteuerung der Rüstung zugunsten insbesondere der Luftwaffenfertigung darstellten, konnten sich sowohl die Überzeugung vom siegreichen Ausgang des Ostfeldzuges als auch die Maßnahmen auf dem Rüstungssektor im Kampf gegen Großbritannien kaum noch widerspiegeln. Die Annahme bzw. die Hoffnung, es durch vermehrte Rüstungsanstrengungen in die Knie zwingen zu können, beruhte auf der Voraussetzung des Sieges an der Ostfront. Wenn er nicht errungen wurde und die Kämpfe dort fortgesetzt werden mußten, waren die materiellen Voraussetzungen zur Durchführung des erweiterten Luftrüstungsprogramms nicht mehr gegeben. Da eine derartige Möglichkeit nicht in Betracht gezogen wurde, arbeitete das WiRüAmt eine Vortragsnotiz für Keitel über dieses erweiterte Luftrüstungsprogramm aus[155]. Sie ließ die »Lage auf den verschiedenen Engpaßgebieten der Kriegswirtschaft« in der Mitte des Jahres 1941 deutlich erkennen:

Rohstoff		Kohle	Eisen und Stahl	Aluminium	Mineralöl
Bedarf	moto		2000000	40000	1220000 + 250000
	jato	280000000[156]			
Produktion bzw. Förderungen	moto		3000000	31000	870000
	jato	245000000			
Defizit	moto		1000000	31000	35000
	jato	35000000		9000	
		(–12,5 %)	(–50 %)	(–22,5 %)	(–28,63 %)

Nennenswerte Steigerungen bei der Förderung von Kohle waren wegen des Mangels an leistungsfähigen Bergarbeitern sowie wegen der ungenügenden Versorgung mit Eisen und Stahl und außerdem mit Bergbaumaschinen nicht möglich. Andererseits ließ sich die zu geringe Erzeugung von Eisen und Stahl nur dann erhöhen, wenn neben dem Erz- auch der Kohlemangel beseitigt war (und der ständige nächtliche Fliegeralarm nicht weitere Produktionsausfälle bewirkte). Die Mengen an Aluminium, die der Industrie aus Deutschland und den besetzten Gebieten zur Verfügung standen, wurden zu mehr als der Hälfte (54,83 %) vom

Reichsluftfahrtministerium verbraucht. Mit dem Rest mußte der Bedarf der beiden anderen Wehrmachtteile, des chemischen Erzeugungsplanes (Krauch), des Generalbevollmächtigten für das Kraftfahrwesen »und der gesamten Wirtschaft notdürftig« gedeckt werden[157]. Wird außerdem die besorgniserregende Lage auf dem Mineralölsektor und bei den Arbeitskräften mitberücksichtigt, so zeigt sich deutlich, in welchem Dilemma sich die deutsche Industrie befunden hat: Die Engpässe bei einigen entscheidend wichtigen Grundstoffindustrien ließen sich nur dann aufheben, wenn sie bei anderen ebenso wichtigen Industriezweigen beseitigt wurden. Da sie jedoch z. T. voneinander abhängig waren (ohne – unter anderem! – hinreichende Versorgung mit Eisen und Stahl keine bedeutsame Steigerung der Kohleförderung / ohne ausreichende Kohleversorgung keine erhebliche Erhöhung der Eisen- und Stahlproduktion), wären die sich hieraus ergebenden Probleme für die Gesamtwirtschaft nur dann vielleicht lösbar gewesen, wenn das Prinzip der ständigen Umsteuerungen der Rüstung durch ein solches ersetzt worden wäre, durch das die Rüstung nach einem Gesamtplan gesteuert worden wäre. Dieser wiederum hätte aber nur erarbeitet und angewendet werden können, wenn es auf deutscher Seite – endlich – einen Kriegsplan gegeben hätte.

Es kann als eine unmittelbare Folge seines Fehlens bzw. des daher ebenfalls nicht entwickelten Rüstungsplanes angesehen werden, daß die deutsche Wirtschaft bereits in der Jahresmitte 1941 überlastet war[158]. Die dadurch bedingten starken Hemmnisse bei der Abwicklung der Kriegsaufträge hatten, wie dargelegt, zur Einführung von Sonderstufen geführt, in denen das für kriegsentscheidend gehaltene Material vorrangig hergestellt wurde. Das bedeutete andererseits, daß Material, das nicht in die Sonderstufenfertigung aufgenommen worden war, nicht oder allenfalls in unzulänglichen Mengen produziert wurde. »Die Folge war eine derartige Erweiterung der Sonderstufenfertigung, daß die Absicht einer bevorzugten Fertigung der wichtigsten Geräte vereitelt wurde.«

Rationalisierungs- und sonstige Maßnahmen wie z. B. die Stillegung kriegsunwichtiger Fertigungen vermochten die Lage der Wirtschaft nicht zu verbessern, weil die ihr gestellten Aufgaben bei anhaltender Kriegsdauer immer größer wurden und weit über das hinausgingen, was durch jene verbessert werden konnte. Von seiten der noch übriggebliebenen zivilen Fertigung konnte keine wesentliche Unterstützung für die Rüstungsindustrie erwartet werden, weil die Masse ihrer Beschäftigten entweder für die unmittelbare und mittelbare Wehrmachtfertigung oder in anderen kriegswichtigen Bereichen wie Bergbau und Energieversorgung arbeitete.

Auf dem Fertigungsgebiet Engpaßmaschinen (z.B. Zahnradschleifmaschinen, die für die Durchführung des Panzerprogramms ebenso wichtig waren wie für diejenige des Luftwaffenprogramms) beanspruchte bereits der Bedarf für diejenigen Produktionsprogramme, die vor der im Juni 1941 befohlenen Umsteuerung der Rüstung vorrangig waren, »alle Kapazitäten *auf Jahre* hinaus«. Selbst durch Auftragsverlagerungen ins Ausland ließ sich der Bedarf für jene Programme bei weitem nicht decken. Über das Übliche hinausgehende Verschleißerscheinungen infolge jahrelanger überdurchschnittlicher Belastung und der dadurch entstandene hohe Erneuerungsbedarf bei Werkzeugmaschinen erschwerten die Lage zusätzlich.

Nachdem in der Vortragsnotiz Thomas' vom 6. Juli 1941 für Chef OKW die im Vorstehenden skizzierte kriegswirtschaftliche Lage erörtert worden war, wurde eine Reihe von Sofortmaßnahmen genannt, nach denen die kriegsentscheidenden Fertigungen nach Umfang und Dringlichkeit festgelegt und in der Industrie untergebracht werden sollten. Sie bildeten im wesentlichen die Grundlage für die Richtlinien für die künftige personelle und materielle Rüstung, die Hitler am 14. Juli 1941 unterschrieb[159]. Die nunmehr zu treffenden Maßnahmen bauten samt und sonders auf der Voraussetzung auf, daß der Umfang des Heeres nach dem schnellen Sieg über die Sowjetunion »demnächst wesentlich« verringert werden würde. Über irgendwelche Rüstungsanstrengungen zur weiteren materiellen Versorgung des Ostheeres enthielten diese Richtlinien nichts. Der für ebenso bald wie sicher erwartete Zusammenbruch der Sowjetunion ließ sich, wie man offenbar annahm, mit dem bereits produzierten Material herbeiführen.

Die befohlene Schwerpunktverlagerung zugunsten der Luftwaffenrüstung ließ wieder einmal die angespannte Situation erkennen, in der sich die deutsche Rüstungswirtschaft befand. Wenn es z.B. zur Richtlinie erhoben wurde, die »Bewaffnung und technische Ausstattung der Truppe ..., unabhängig von den z.Zt. gültigen Ausrüstungsnachweisen, auf das durch die feldmäßige Belastung erforderliche Maß zurückzuführen«[160], so wurde damit keineswegs nur »die langjährige Forderung des WiRüAmtes erfüllt, die Rüstung auf bestimmte Punkte scharf zu konzentrieren«, wie Thomas nachträglich beschönigend schrieb[161]. Er selbst hatte die Vortragsnotiz vom 6. Juli 1941 für Keitel unterschrieben, in der unüberhörbar über die tiefe Besorgnis erregende Lage auf den Gebieten Rohstoffe, Fertigung, Werkzeugmaschinen und Arbeitsein-

satz gesprochen wurde. Die Reduzierung von Waffen und Gerät auf das der feldmäßigen Beanspruchung genügende Maß ergab sich aus der Überlastung der deutschen Wirtschaft.
Der Verwirklichung des erweiterten Luftrüstungsprogramms bis zum Frühjahr 1942 maß Hitler entscheidende Bedeutung für die Gesamtkriegführung bei. Daher sollten sofort, also ohne das Ende des Unternehmens »Barbarossa« abzuwarten, nur noch im Rahmen der reduzierten künftigen Heeresstärken Rüstung und Ausstattung ergänzt sowie Waffen, Munition und Gerät neu gefertigt werden. Während bei der Planung und Vorbereitung der materiellen Seite von »Barbarossa« eine zwölfmonatige Bevorratung für notwendig erachtet worden war, hatte jetzt die Hälfte zu genügen[162].
Diese schwerwiegenden Rüstungseinschränkungen beim Heer lassen sich nicht mehr allein aus der Überzeugung erklären, daß der Ostfeldzug schnell und siegreich beendet werden würde. Dies setzten die Überlegungen und Maßnahmen zur Umsteuerung der Rüstung zugunsten der Luftwaffenfertigung zwar voraus, doch der frühe Zeitpunkt (in den Anfangstagen bzw. -wochen des Unternehmens »Barbarossa«!), an denen sie getroffen wurden, zeigte die Vorrangigkeit, die der Kampf gegen Großbritannien für Hitler besaß. Die Furcht, gegenüber der angloamerikanischen Rüstung in kriegsentscheidender Weise ins Hintertreffen zu geraten, ließ es angebracht erscheinen, das Schwergewicht der Rüstung gegen Großbritannien zu verlagern, um auf diese Weise den Endsieg zu erringen.
Die mit der Erledigung von Rüstungsaufgaben betrauten Dienststellen reagierten sofort auf Hitlers Richtlinien vom 14. Juli 1941. Noch am selben Tag erließ Chef HRüst und BdE einen Vorausbefehl für die Umsteuerung der Heeresrüstung, um »eine rasche Auswirkung des Führerbefehls sicherzustellen«. Die Auftragskürzungen bzw. Streichungen bei denjenigen Waffen, bei Gerät und Munition, bei denen eine Herabsetzung der Fertigung vorgesehen war, sollten so vorgenommen werden, daß sie sich spätestens nach vier Wochen bei den Haupt- und Unterlieferanten auswirken konnten. Die dem OKH/Chef HRüst nachgeordneten Dienststellen, das Allgemeine Heeresamt und das Heereswaffenamt, erhielten ihre besonderen Aufträge, durch deren Ausführung eine möglichst wirksame Herabsetzung bisheriger Fertigungen erreicht und somit ein Höchstmaß an Mitteln für die neue Produktion freigesetzt werden sollten[163].
Drei Tage nachdem Hitler die Richtlinien vom 14. Juli 1941 unterschrieben hatte, erließ das WiRüAmt einen entsprechenden Befehl an seine

nachgeordneten Dienststellen. Das Bemerkenswerte gegenüber vergleichbaren Befehlen zu Beginn des Krieges lag darin, daß nicht mehr nur die Produktion des unmittelbaren Kriegsbedarfs Vorrang besaß, sondern daß die Sicherung des mittelbaren Kriegsbedarfs, in diesem Falle Rohstoffe und Mineralöl, der Waffenfertigung etc. gleichrangig war. Im übrigen befahl Thomas – ähnlich wie es Fromm als Chef HRüst für seinen Verantwortungsbereich getan hatte – die »sofortige Anpassung der Ergänzung der Rüstung und Ausstattung sowie der Neufertigung von Waffen, Munition und Gerät an die künftige herabgesetzte Heeresstärke«[164].

Bei den Besprechungen, in denen die Richtlinien Hitler vom 14. Juli 1941 erörtert wurden, zeigte sich deutlich das Neben- bzw. teilweise sogar das Gegeneinanderarbeiten der verschiedenen Rüstungsdienststellen. Es war möglich, weil es keine Institution gab, die als oberste Instanz in Rüstungsangelegenheiten den übrigen mit diesen Dingen befaßten Dienststellen Weisungen erteilen konnte[165].

Seine Weisung, daß die »Ergänzung der Rüstung und Ausstattung sowie die Neufertigung von Waffen, Munition und Gerät« bei sofortigem Beginn den künftigen herabgesetzten Truppenstärken anzupassen war, hatte Hitler selbst relativiert, indem er das Panzer-, Pak-, Flak- und das zusätzliche Ausstattungsprogramm für Expeditionstruppen von diesen Einschränkungen ausgenommen hatte[166]. Daher wurde in der oben erwähnten Besprechung der Vertreter der Wehrmachtteile am 17. Juli 1941 über Hitlers Richtlinien vom 14. Juli 1941, zu der die Abteilung Landesverteidigung des Wehrmachtführungsstabes eingeladen hatte, festgestellt, daß die Durchführung dieser dem Heer gestellten Aufgaben »die durch die Verminderung der Heeresstärke möglichen Erleichterungen, mindestens was die bei der Truppe befindlichen Spezialisten sowie die Rüstungsindustrie betrifft, fast ganz für den Heeressektor« beansprucht. Folgerichtig gelangte man zu dem Ergebnis, daß von seiten des Heeres keine spürbare personelle oder materielle Unterstützung für das erweiterte Luftrüstungsprogramm zu erwarten war[167].

Dennoch begann die Rüstungswirtschaftliche Abteilung des WiRü-Amtes mit den Arbeiten, die die Grundlage für die noch zu erstellenden Durchführungsbestimmungen zu Hitlers Richtlinien vom 14. Juli 1941 bildeten. Die Wehrmachtteile sollten dem WiRüAmt melden, welche Maßnahmen bzw. Errechnungen im Bereich der materiellen Rüstung erforderlich waren, damit von ihm »die insgesamt zur Verfügung stehenden Kapazitäten, Menschen und Rohstoffe genauestens auf diese Schwerpunkt-Programme abgestimmt werden« konnten[168]. Die nunmehr vorrangigen Programme konnten nach Meinung des WiRüAmtes nur dann durchgeführt werden, wenn die bisherige Wehrmachtfertigung eingeschränkt wurde. Nichtmilitärische Fertigungen waren bereits so stark begrenzt worden, daß ein »irgendwie namhaftes Ausweichen auf den zivilen Sektor« als »praktisch nicht mehr möglich« bezeichnet wurde.

Dem vom WiRüAmt geäußerten Verlangen nach Reduzierung von Wehrmachtfertigungen entsprach der Chef der Heeresrüstung. Nach seinen Weisungen wurden vom Allgemeinen Heeresamt und vom Heereswaffenamt Listen von Fertigungen aus all denjenigen Gebieten zusammengestellt, auf denen jene nach den Richtlinien Hitlers vom 14. Juli 1941 eingeschränkt bzw. eingestellt wurden. Von einem besonderen Gremium (»Kapazitätenausschuß«) wurden »bereits laufend die hiernach frei werdenden Kapazitäten des Heeres den beiden anderen Wehrmachtteilen zur Verfügung gestellt, soweit sie nicht für die Führerprogramme des Heeres benötigt werden«[169].

Hatte Hitler ihretwegen in den eben genannten Richtlinien bereits die Verlagerung des Rüstungsschwerpunktes zugunsten der Luftwaffe für den Kampf gegen Großbritannien relativiert, so stimmte er zusätzlich – keine zwei Wochen später! – Raeder hinsichtlich Rüstungsvorhaben der Marine zu. Der Oberbefehlshaber der Kriegsmarine hatte, wie er dem Chef OKW und dem Reichsminister für Bewaffnung und Munition mitteilte, am 25. Juli 1941 Hitler Vortrag gehalten, und dieser hatte dessen Ausführungen angeblich »in vollem Umfange anerkannt und entschieden, daß das U-Boot-Bau-Programm uneingeschränkt durchgeführt wird«[170], was den Bau von monatlich 25 Booten bedeutete.

In seinen Richtlinien vom 14. Juli 1941 hatte Hitler für die Kriegsmarine zwar befohlen, daß sie das U-Boot-Programm fortzusetzen hatte, doch hatte er gleichzeitig festgelegt, es »auf die damit in unmittelbarem Zusammenhang stehenden Fertigungen und Bauten zu begrenzen«[171]. Derartig weitgehend wie in dem Schreiben Raeders an Keitel konnten diese Richtlinien daher inhaltlich nicht interpretiert werden. Entweder hat Hitler sie unter dem Eindruck des Vortrages Raeders spontan geändert, oder dieser hat Äußerungen Hitlers so wiedergegeben, wie er sie aufgefaßt hatte. So konnte die Luftwaffe zwar noch weniger als bisher mit der Durchführung des erweiterten Luftrüstungsprogrammes rechnen, doch mochte dies aus der Sicht Hitlers insofern vertretbar sein, als ja auch der Rüstungsschwerpunkt der Kriegsmarine auf dem Kampf gegen Großbritannien lag.

Das für die Rüstungswirtschaft grundlegend Wichtige war folgendes:

Hitler hatte Richtlinien für die Umsteuerung der Rüstung zugunsten der Luftwaffe erteilt. Gleichzeitig hatte er jene wegen bestimmter Heeresfertigungen eingeschränkt; wenig später durchbrach er sie erneut, dieses Mal zugunsten von Marinefertigungen. Dies war die Folge dessen, daß er immer noch keine Institution geschaffen hatte, die die Verantwortung für die deutsche Gesamtrüstung – auch ihm gegenüber – trug. Ein Rüstungsminister hätte die Forderungen der Wehrmachtteile aufeinander abstimmen können und erst bei unüberbrückbaren Meinungsverschiedenheiten Hitler um die endgültige Entscheidung bitten können. Dann wäre es vermutlich nur zu einer, nicht zu mehreren Entscheidungen gekommen, mit denen Hitler anstelle von Klarheit zum Wirrwarr in wichtigsten Rüstungsangelegenheiten beitrug.
So aber setzten die Wehrmachtteile ihre Rüstungsprogramme weiterhin in eigener Verantwortung fest. Da sie weder an dem vorhandenen Arbeitskräftebestand und an den materiellen Gegebenheiten orientiert noch aufeinander abgestimmt waren, wollte sich jeder Wehrmachtteil möglichst viel von dem personell und materiell insgesamt Vorhandenen allein für die eigene Teilrüstung sichern. Das WiRüAmt besaß keine Weisungsbefugnis gegenüber den Wehrmachtteilen. Deren Rüstungsprogramme konnte es allenfalls mittelbar durch die Zuteilung von Rohstoffen beeinflussen. Waren die zugewiesenen Mengen zu gering und kam es, durch sie (mit)bedingt, zu Krisen wie z. B. bei der Munitionsversorgung im Polenfeldzug, half man sich auf eine dem NS-System eigene Weise: Es wurde ein Sonderbevollmächtigter eingesetzt, der das jeweilige Problem zu lösen hatte. Zu einer Zentralisierung der Rüstung kam es erst, als es nach dem Fehlschlag des Unternehmens »Barbarossa« deutlich geworden war, daß mit einem langen Krieg zu Lande, zu Wasser und in der Luft gerechnet werden mußte[172].
Die Rüstungsprobleme, die sich aus bzw. nach den Richtlinien Hitlers vom 14. Juli 1941 ergeben hatten, kamen bei einer Besprechung von Vertretern der Wehrmachtteile beim Chef des Heereswaffenamtes (General Leeb) am 7. August 1941 deutlich zum Ausdruck. Die Situation war so verfahren, daß sie von den nachgeordneten Dienststellen trotz klarer Erkenntnis der Rüstungslage nicht allein bereinigt werden konnte. Zu der hier wieder einmal offenkundig werdenden Überforderung der deutschen Wehrwirtschaft kam hinzu, daß Hitler die von ihm selbst befohlenen Umsteuerungen der Schwerpunktprogramme innerhalb der Gesamtrüstung durch neue Anordnungen ständig durchbrach und damit wesentlich für die Rüstungsmisere verantwortlich war. Da die Wehrmachtteile keine entscheidenden Einschränkungen bei ihren Fertigun-

gen angeben konnten (oder wollten), wollte das Heereswaffenamt »seine Forderungen auf zusätzliche Kapazitäten und Arbeitskräfte aufstellen und dem OKW und Mun(itions) Min(isterium) bekanntgeben, damit sie als Grundlage für den durch Chef OKW herbeizuführenden Führerentscheid dienen können«.[173]
Es hätte zu den Aufgaben des Chefs OKW gehört, Hitler den Zustand der Rüstungswirtschaft zu melden, die durch die Forderung nach Erfüllung zu vieler nebeneinander laufender Schwerpunktprogramme vollständig überlastet war[174]. Für Keitel jedoch war das einmal befohlene »Führerprogramm vom 14. Juli 1941 unabänderlich«. Nachdem er auf das wesentlich zu erweiternde Luftrüstungsprogramm als dem »Schwerpunkt der Gesamtrüstung« und die Voraussetzungen für seine Verwirklichung hingewiesen hatte, zählte er in enger Anlehnung an die Richtlinien Hitlers vom 14. Juli 1941 die Ausnahmen von den Rüstungsbeschränkungen auf. Obwohl ihm Inhalt und Ergebnis der Besprechung des Chefs des Heereswaffenamtes mit Vertretern der Wehrmachtteile vom 7. August 1941 bekannt waren, ging er mit keinem Wort auf die überforderte Rüstungswirtschaft ein. Er begnügte sich mit der bloßen Feststellung, daß die Durchführung der in Hitlers Richtlinien genannten kriegsentscheidenden Aufgaben »eine weitere Erhöhung der bisherigen Forderungen« darstellten. Jene sei in der »notwendigen kurzen Frist« bis zum Frühjahr 1942 »nur möglich, wenn alle im deutschen Machtbereich verfügbaren Kräfte schnell und möglichst vollständig hierfür eingesetzt werden«. Anschließend wies er auf die von der Wehrmacht bereits angeordneten Bestimmungen zur Erreichung dieses Zieles hin. Sie gaben inhaltlich wiederum nichts anderes wieder als Hitlers Richtlinien über die materielle Rüstung der Gesamtwehrmacht. Als einziger eigener kleiner Zusatz konnte seine Forderung verstanden werden, daß »auch auf dem zivilen Sektor noch mehr als bisher jede nicht kriegswichtige Fertigung zurückgestellt wird und die hierdurch freiwerdenden Kapazitäten, Arbeitskräfte und Rohstoffe der Kriegführung dienstbar gemacht werden«[175].
Dieses Verlangen war illusionär, weil es den Gegebenheiten nicht mehr entsprach. Bereits am 21. Juli 1941 war man im WiRüAmt zu der Ansicht gelangt, daß ein Ausweichen auf den zivilen Sektor nicht mehr erfolgversprechend war[176]. Keitel war bewußt, daß weitere Einschränkungen nur noch innerhalb der Wehrmachtfertigung selbst vorgenommen werden konnten, wie Stichworte für seine Ausführungen in einer Rüstungsbesprechung am 16. August 1941 beweisen[177]. Diese war von ihm aus mehreren Gründen einberufen worden: Nachdem sich die Wehrmacht-

teile verschiedentlich durch Eingaben und Anfragen über die Auswirkungen der Richtlinien Hitlers vom 14. Juli 1941 geäußert hatten, hatten dieser und Göring den Chef OKW beauftragt, den Chefs der Beschaffungsämter erneut die Grundlagen zu erläutern, die zu diesen Richtlinien geführt hatten. Gleichzeitig war Keitel ermächtigt worden – falls es notwendig werden sollte –, über das Ausmaß der neuen Schwerpunktprogramme zu entscheiden[178]. Dies bedeutete, daß Keitel gegebenenfalls die Richtlinien Hitlers in dem einen oder anderen Punkt korrigieren konnte. Außerdem konnte er im Gegensatz zu dem bisher Möglichen den Wehrmachtteilen rüstungsprogrammatische Weisungen erteilen.

In den Ausführungen Keitels kam deutlich zum Ausdruck, daß er – wie sein Führer – das Unternehmen »Barbarossa« für gewonnen hielt und daß darüber hinaus Großbritannien und die USA als die Hauptkriegsgegner angesehen wurden: Dem Reich könne »im Erdkampf ein ernst zu nehmender Gegner nicht mehr entstehen«; außerdem dürfte »eine Landung auf irgendeinem Teil des europäischen Festlandes ausgeschlossen sein«. Die wirkliche »Bedrohung Deutschlands liegt in einer sehr erheblichen Verstärkung der gegnerischen Luftwaffe, die sich auf alle Gebiete der Rüstungsindustrie auswirkt, aber auch psychologisch in ihrer Auswirkung auf die Arbeitsleistung und die Widerstandskraft des Volkes bei mangelnder Ernährung zu werten ist«[179]. Bei einer derartigen Beurteilung der Lage war es konsequent, die »ausgesprochene Schwerpunktbildung mit weitgehender Zielsetzung« bei der Luftwaffe zu sehen. Daneben bestand weiterhin als Aufgabe die »Durchführung des U-Boot-Krieges, um die Versorgung Englands weiter zu drosseln und zu lähmen«. Nach Darlegung der Schwerpunkte der materiellen Rüstung beschäftigte sich Keitel ausführlich mit ihren Grenzen. Sie waren gegeben durch die ebenso alten wie ungelösten Probleme der verfügbaren Fertigungskapazitäten, Rohstoffe (einschließlich der Möglichkeiten zu ihrer Erzeugung) und Arbeitskräfte.

Die Ergebnisse der Rüstungsbesprechung vom 16. August 1941 waren gering. Die Überlastung der Rüstungswirtschaft war bereits bekannt gewesen, und die Schwerpunktverlagerung innerhalb der Wehrmachtrüstung vom Heer auf – insbesondere – die Luftwaffe war in begrenztem Maße schon angelaufen. Ein Ende des Kampfes der Wehrmachtteile um Arbeitskräfte, Rohstoffe und Kapazitäten war nicht zu erwarten. Die Schlußworte des Chefs OKW zu Ende der Besprechung waren nicht dazu geeignet, die Wehrmachtteile rüstungsmäßig zu einem Planen und Handeln im Rahmen der Gesamtwehrmacht zu veranlassen[180].

Ein bestimmter Punkt in den langen Ausführungen Keitels während der Rüstungsbesprechung verdient besondere Beachtung, nämlich die Änderung der Kompetenzenweite des OKW gegenüber den Wehrmachtteilen in Rüstungsfragen. Um dies weiter zu erhellen, ist zunächst ein kurzer zeitlicher Rückgriff erforderlich: Ende Juni 1941 war es zu einem Zusammenstoß zwischen Todt und Milch gekommen. Dieser hatte den Standpunkt vertreten, daß die Durchführung des Luftrüstungsprogramms eine erhebliche Einschränkung der Heeres- und Marineprogramme erforderte; Todt hingegen hatte gemeint, daß das Panzer- und das U-Boot-Programm uneingeschränkt erfüllt werden müßten.

In einem kurz darauf folgenden Gespräch mit Thomas hatte Todt geäußert, er habe Hitler gegenüber das Nebeneinanderarbeiten der Wehrmachtteile wegen der Überlastung der Wirtschaft und der dadurch bedingten Beeinträchtigung der Höchstleistungen der Rüstung als »jetzt nicht mehr möglich« bezeichnet. Er habe die Schaffung einer Stelle gefordert, die in Rüstungsangelegenheiten »rücksichtslos gegen die drei Oberbefehlshaber entscheidet«. Darauf habe Hitler geantwortet, daß dies Sache des OKW sei, weil niemand anders ihnen Weisungen erteilen könne. Tags darauf habe auch Milch gemeint, »daß jetzt das OKW sich rücksichtslos durchsetzt und entscheidet«[181].
In der Rüstungsbesprechung am 16. August 1941 hatte Keitel das sofortige Kappen aller einschränkbaren Aufträge gefordert, um die Rüstung so schnell wie möglich umzusteuern – und zwar selbst dann, »wenn dadurch Schrott entsteht«. – »Wenn auf dem Wege der freiwilligen Einschränkung der Fertigung nicht die erforderliche Auflockerung in der Kapazitäts- und Rohstoffbelastung auftritt, gibt es keinen anderen Weg als den des Befehls. Chef OKW wird hierzu durch einen besonderen Führererlaß die Entscheidung übertragen werden«[182].
Möglicherweise haben die Vertreter der Beschaffungsämter diese Warnung Keitels überhört oder ihren Sinn nicht voll erfaßt bzw. nicht erfassen wollen. Nachdem er in seinem Schlußwort nur seine Hoffnung geäußert hatte, daß sich die Wehrmachtteile vollständig auf die Produktion der wichtigsten Rüstungsgüter beschränkten, hatten sie in der alten Weise des Nebeneinanders und Gegeneinanders weitergemacht. Daher ließ der von Keitel angekündigte Führerbefehl nicht lange auf sich warten. Er wurde am 11. September 1941 erteilt. Hitler begann mit der Feststellung, daß die Rüstungswirtschaft »mit Aufträgen mehr als ausgelastet« sei und fuhr fort, daß die von ihm festgelegten Programme nur dann untergebracht werden könnten, »wenn die Forderungen der einzelnen Wehr-

machtteile aufeinander abgestimmt und mit der Leistungsfähigkeit der Industrie in Einklang gebracht werden«[183].

Diese Feststellungen sind in mehrfacher Hinsicht bemerkenswert: Hitler war die Überlastung der deutschen Wirtschaft bekannt, aber er dachte nicht daran, seine einmal gestellten Forderungen herabzusetzen. Statt dessen forderte er eine bisher nicht vorhanden gewesene Zusammenarbeit in Rüstungsangelegenheiten. Gelang es, durch sie das Konkurrenzdenken der Wehrmachtteile in diesem Bereich spürbar zurückzudrängen, so ließ sich in der Tat die Produktion an Rüstungsgütern steigern. Das Verlangen jedoch, die Forderungen der Wehrmachtteile auf die Leistungsfähigkeit der Industrie abzustimmen, ließ erkennen, daß dies bisher keineswegs immer der Fall gewesen war. Wie sich bei der rüstungsmäßigen Vorbereitung des Unternehmens »Barbarossa« gezeigt hatte, entsprach zwar das tatsächliche Ergebnis in etwa den Planungen, doch war die industrielle Produktionskapazität insgesamt zu gering gewesen, als daß innerhalb des kurzen Fertigungszeitraumes von sieben Monaten das als notwendig errechnete Material hatte hergestellt werden können. Um das Ostheer damit vollständig auszurüsten, hätte es einer längeren Vorbereitungszeit bedurft, als sie wirklich gegeben gewesen war.

Als Maßnahmen zur Erfüllung der von ihm festgelegten Programme befahl Hitler, daß die Wehrmachtteile alle Beschaffungen innerhalb ihres eigenen Bereiches auf ihre Rüstungsschwerpunkte scharf konzentrierten und begrenzten. War die Unterbringung der entsprechenden Aufträge auf diese Weise nicht möglich, so hatte das OKW sie innerhalb der Gesamtwehrmacht abzugleichen, d.h. erforderlichenfalls konnte das OKW einen anderen Wehrmachtteil mit der Erledigung eines derartigen Auftrages betrauen.

Zur Durchführung der von ihm befohlenen Maßnahmen ordnete Hitler an, daß »Forderungen der Wehrmachtteile für Beschaffung und Entwicklung an die Beschaffungsämter grundsätzlich über den Chef des Oberkommandos der Wehrmacht geleitet werden. Dieser prüft mit dem Reichsminister für Bewaffnung und Munition die Durchführung der Forderungen in der Rüstungsindustrie und entscheidet in meinem Auftrage über Art und Umfang der Auftragserteilung«. Dann ermächtigte Hitler den Chef OKW, »hierbei den Wehrmachtteilen Auflagen zur Kürzung von nicht vordringlichen Fertigungen zu machen«. Bei Fällen, in denen »die Durchführung nur durch Einschränkung vordringlicher

Fertigungen und Schwerpunktprogramme möglich sein sollte«, behielt sich Hitler die Entscheidung selbst vor[184].
Mit diesem Befehl war ein wesentlicher Schritt hinsichtlich der Vereinheitlichung der Rüstung getan worden. Er wäre allerdings wirkungsvoller gewesen, wenn er nicht nur die rüstungsmäßige Konkurrenz der Wehrmachtteile untereinander eingeengt, sondern darüber hinaus der deutschen Rüstung eine einheitliche Spitze gegeben hätte. Dazu hatte sich Hitler jedoch nicht entschließen können. Von Bedeutung war außerdem, daß er mit dem Vorbehalt, bei der Unmöglichkeit von gleichzeitiger Durchführung verschiedener Schwerpunktprogramme zu bestimmen, welches den Vorrang besaß, sichtbarer als bisher die letzte Verantwortung für grundlegende Rüstungsentscheidungen übernommen hatte.
Die durch ernste Mängel bei den grundlegend wichtigen Bereichen Arbeitskräfte, Kapazitäten und Rohstoffe gekennzeichnete Situation der deutschen Industrie veranlaßte Chef OKW am 19. September 1941 zu Ausführungsbestimmungen zu Hitlers Befehl vom 11. dieses Monats über die Abgleichung der Rüstungsprogramme untereinander und deren Angleichung an die Leistungsfähigkeit der Industrie[185]. Keitel forderte für die Truppe einfaches und robustes Material, das überdies einen geringeren Verschleiß aufwies, entsprechend weniger aufwendig bei Instandhaltung und Pflege war sowie schneller und mit weniger Rohstoffen angefertigt werden konnte als Höchstleistungsmaterial. So einleuchtend dieses Verlangen war, so beinhaltete es doch das Eingeständnis, die Truppe wegen der unzulänglichen industriellen Gesamtleistung nicht mit vollwertigem Material ausstatten zu können.
Am 10. Oktober 1941 folgte ein neuer Befehl Keitels zum Beschaffungswesen der Wehrmachtteile. Die Vollmachten, die ihm Hitler in seinem Befehl vom 11. September 1941 im Bereich der materiellen Rüstung gegeben hatte, sollten unter Beachtung der Lage bei der Gesamtwirtschaft im allgemeinen und bei der Rüstung im besonderen »führungsmäßig sicherstellen, daß das wehrwirtschaftliche Kriegspotential auf die für die siegreiche Beendigung des Krieges wichtigsten Forderungen konzentriert und damit die Voraussetzung für den der Dringlichkeit der einzelnen Forderungen entsprechenden Ablauf geschaffen wird«[186]. Es war von Keitel sehr geschickt, hinzuzufügen, daß das OKW keinerlei Eingriffe in das bisherige Beschaffungsverfahren der Wehrmachtteile beabsichtigte. Diese sollten vielmehr weiterhin für die Durchführung der von Hitler befohlenen Programme verantwortlich bleiben. Für den Fall, daß sie selbst aus Gründen, die nicht er zu vertreten hatte, nicht erfüllt

werden konnten, trug dafür der jeweilige Wehrmachtteil die Verantwortung, nicht das OKW.
Im Einvernehmen mit dem Reichsminister für Bewaffnung und Munition ordnete Keitel für alle Wehrmachtteile an zu melden, welche rüstungsmäßig wichtigen Maßnahmen sie trafen bzw. ihrer Meinung nach zu treffen waren. Er wollte sich auf diese Weise einen Überblick über die Gesamtforderungen verschaffen, die auf dem Rüstungsgebiet vorlagen. Anschließend sollten die Forderungen, die die verschiedenen Bedarfsträger der Wehrmachtteile gestellt hatten, aufeinander abgestimmt werden. Außerdem wollte er gemeinsam mit dem Reichsminister für Bewaffnung und Munition die ihm gemeldeten Forderungen und Planungen auf ihre wirtschaftliche und technische Durchführbarkeit prüfen. Dann wollte Keitel entscheiden, »ob und in welcher Höhe« jene durchgeführt werden konnten. »Erst nach dieser Entscheidung darf die Beschaffung bzw. Entwicklung in Angriff genommen werden«[187].

Mit diesen Schlußbemerkungen hatte sich Keitel selbst widersprochen. Sie standen in klarem inhaltlichem Gegensatz zu seinen einleitenden Ausführungen, denen zufolge das OKW keinen Eingriff in das bisher praktizierte Beschaffungsverfahren der Wehrmachtteile beabsichtigte. Wenn Keitel nach genauer sachlicher Prüfung über die Verwirklichung der von ihnen gestellten Forderungen und durchgeführten Planungen entscheiden wollte, trug er auch die Verantwortung für den entsprechenden Erfolg oder Mißerfolg. Unbeschadet dieses gedanklichen Widerspruchs bleibt festzuhalten, daß das OKW auf Grund der Anordnungen Hitlers den Wehrmachtteilen gegenüber Weisungsbefugnisse erhalten hatte, die die eigene Position ihnen gegenüber verstärkten.

Allerdings stand dieser Machtzuwachs des OKW mit dem Andauern des Unternehmens »Barbarossa« in keinem Zusammenhang. Zwar war es noch nicht im Frühherbst siegreich beendet worden, doch die Entwicklung der großen Doppelschlacht bei Vjas'ma und Brjansk in der ersten Oktoberhälfte 1941 ließ darauf hoffen, daß sie ein weiterer Schritt zum erfolgreichen Abschluß des Gesamtunternehmens wurde. Daher lag der Rüstungsschwerpunkt, wie Mitte Juli 1941 festgelegt, nach wie vor auf Luftwaffen- und Marinefertigungen. Die größer werdenden Verluste des Heeres im Osten wurden, wenn überhaupt, vor allem aus den Beständen gedeckt, kaum aus neuer Produktion.
Unter Anspielung auf eine Äußerung Keitels während der Rüstungsbesprechung am 16. August 1941, wonach für die nächsten Jahre kein Gegner auf dem Lande Deutschland schlagen könne, meinte Oberst

Neef[188], daß die noch durchgeführte Materialproduktion für das Heer viel mehr als bisher herabgesetzt und auf die reine Fertigung von Panzern, Pak und Flak beschränkt werden müßte. Mit dem ihm nach der Verlagerung des Rüstungsschwerpunktes im Juli 1941 belassenen Programm belegte das Heer »seine bisherigen Produktionsstätten (von geringer Ausnahme abgesehen) völlig« und gab deswegen weder Kapazitäten noch Arbeitskräfte in nennenswertem Umfange frei[189].
Die Gründe, daß bestimmte Heeresfertigungen verhältnismäßig hoch geblieben waren, sah Oberst Neef zum einen im Eigeninteresse des Heeres, »das innerlich mit einer Herabsetzung seiner Stärke keineswegs einverstanden ist«; zum anderen lägen sie im Interesse Todts »und seiner Gehilfen, die für eine besondere Steigerung der Heeresfertigung auf dem Panzer- und Pakgebiet eingesetzt worden sind und die alle bei einer Drosselung des übrigen Heeresbedarfs freigewordenen Kapazitäten hierfür in Anspruch nehmen«. Daraus wurde gefolgert, daß nicht die notwendige Entlastung erreicht wurde, durch die die von den Engländern behauptete wirtschaftliche Überlastung vermieden werden sollte[190].
In der zuvor geäußerten Meinung spiegelte sich die organisatorische Zersplitterung und die durch sie wesentlich mitbedingte Behinderung der Wirkung von Entscheidungen im Rüstungsbereich besonders deutlich wider. Nachdem Todt, mit einem Sonderauftrag versehen, zunächst die Munitionskrise im Herbst 1939 zu lösen hatte[191], wurde ihm (auch im Rahmen des Vierjahresplanes) die Erledigung weiterer Aufgaben zugewiesen. Allmählich entwickelte sich das von Todt geleitete Reichsministerium für Bewaffnung und Munition zu einer Behörde, die so viel an Eigengewicht gewann, daß sie auch grundlegende Rüstungsentscheidungen zumindest teilweise unterlaufen und im eigenen Sinne gestalten konnte. Einen erheblichen Teil seines Einflusses verdankte Todt dem von Hitler praktizierten System der Machtteilung, durch das dieser Konkurrenzsituationen schuf. Das Reichsministerium für Bewaffnung und Munition war mit dem OKW/WiRüAmt bei der Klärung und Entscheidung von Rüstungsangelegenheiten auf Zusammenarbeit angewiesen. Keine dieser beiden Institutionen konnte der jeweils anderen Weisungen erteilen; Alleinentscheidungen waren aber auch nicht möglich. Im Herbst 1941 hatte das OKW, wie dargelegt, zwar – genau festgelegte – Weisungsbefugnis in Rüstungsdingen gegenüber den Wehrmachtteilen erhalten, doch das Neben- oder hin und wieder auch Gegeneinander mit dem Reichsministerium für Bewaffnung und Munition war geblieben. Meinungsunterschiede zwischen dem OKW und dem

WiRüAmt waren gelegentlich mißlich, aber praktisch weit weniger von Bedeutung, weil ein klares Unterstellungsverhältnis bestand.
In Erkenntnis der Tatsache, daß „hinsichtlich des verfügbaren Einsatzes an Facharbeitern und Rohstoffen die Grenze des Möglichen erreicht« worden war, forderte Keitel unter Berufung auf Hitler »eine Vereinfachung der Herstellung, der Bearbeitungsmethoden der Einzelteile und eine Herabsetzung der technischen Anforderungen (Abnahmebedingungen, Toleranzen)«! Nur so könne die Erzeugung gesteigert werden[192].
Die von Keitel wiedergegebenen Äußerungen bzw. Forderungen Hitlers bezüglich Verarbeitung von Sparmetallen, wie die in zu kleinen Mengen vorhandenen Mangelmetalle offiziell genannt wurden, waren noch drastischer. Derartige Metalle wie z. B. Kupfer, Zinn und Chrom sowie außerdem Kautschuk durften nur noch für die Fertigung von Kampfmitteln der allerwichtigsten, der »Führerprogramme« eingesetzt werden, aber selbst in diesen Fällen nur dann, wenn ihre Verwendung »völlig unersetzbar« war. Ferner forderte Hitler, daß »für alle sonstigen Waffen und Munition sowie für *alle Geräte,* auch auf die Gefahr geringerer Lebensdauer und Leistungen, auf die Sparmetalle weitgehendst verzichtet wird«. Das OKW sollte die Zuteilungen bewußt so weit abdrosseln, daß »auch ohne Einfuhren aus den nichteuropäischen Ländern auf lange Sicht die kriegsentscheidenden Programme durchgehalten« werden konnten[193].
Es war die unausweichliche Folge, daß alles Material, bei dem normalerweise auch Sparstoffe verarbeitet worden waren, nur noch von minderer Qualität sein konnte. Wenn sie in zu hohem Maße fehlten, konnten selbst die sogenannten Führerprogramme nicht mehr ganz erfüllt werden. Außerdem ging es nicht ganz ohne Einfuhren aus fernen Ländern (Kautschuk!). Die Rüstungs-Gesamtsituation war so kritisch, daß sie nicht mehr endgültig zum Besseren gewendet werden konnte. Außerdem war zu berücksichtigen, daß Mitte November 1941 »Barbarossa« voraussichtlich nicht mehr bis zum Jahresende gewonnen werden konnte. Mithin wurde eine erneute starke, aber in keiner entscheidenden Weise vorbereitete Heeresrüstung für die Fortführung der Operationen im nächsten Jahr notwendig.
Hierüber machte man sich in der Rüstungswirtschaftlichen Abteilung des WiRüAmtes in zunehmendem Maße Gedanken. Die Forderungen der Wehrmachtteile an das WiRüAmt nach – vor allem – Rohstoffen, nach Arbeitskräften und Kapazitäten für 1942 ließen deutlich werden, daß sie bei weitem über das für eine Aufteilung verfügbare Maß hinausgingen.
Die größten Schwierigkeiten waren bei der Heeresrüstung zu erwarten,

die seit Hitlers Richtlinien vom 14. Juli 1941 an letzter Stelle durchgeführt wurde. Das Heer forderte die Weiterfertigung der schweren Artillerie, die beschleunigte Produktion der 7,5-cm-Pak in möglichst großen Stückzahlen, die erneute deutliche Fertigungssteigerung bei verschiedenen Munitionsarten sowie als Schwerpunkt bei der Panzerproduktion diejenige des Panzers IV[194].
Über die Erfüllung derartig weitreichender Heeresforderungen konnte das WiRüAmt nicht entscheiden. Daher wurde Chef OKW bzw. durch ihn Hitler um Entscheid gebeten, ob sie durchgeführt werden sollten. Gleichzeitig wurde deutlich darauf hingewiesen, daß bejahendenfalls keine bedeutende Zahl an Arbeitskräften und Kapazitäten an Luftwaffe und Kriegsmarine abgegeben werden konnten. Jene sollten ihnen jedoch im Falle einer Alternativentscheidung, durch die die Verlagerung des Rüstungsschwerpunktes vom Heer weg anzuordnen war, »wie vorgesehen« zugewiesen werden. Diese Formulierung ließ klar erkennen, daß es gar nicht um sie ging, denn der Schwerpunkt der Rüstung hatte sich seit Mitte Juli 1941 zugunsten von Fertigungen für die beiden anderen Wehrmachtteile verlagert. Wenn er wirklich noch beim Heer, das vornehmlich das als besonders wichtig eingestufte Panzer- und Pak-Programm durchführte, gelegen hätte, hätte nicht um Genehmigung der (oben genannten) Heeresforderungen gebeten werden müssen. Die Bitte des WiRüAmtes, bei der Entscheidung für die zweite Möglichkeit in einem entsprechenden Befehl »darauf hinzuweisen, daß das Heer nach Erreichen der Ziele im Osten im weiteren Verlauf des Krieges nicht vor Aufgaben auch nur annähernd gleichen Ausmaßes wie West- und bisheriger Ostfeldzug gestellt wird«[195], zeigte den fiktiven Charakter des erbetenen Entscheides ebenso unmißverständlich. Mitte November 1941 ließ sich nicht mehr übersehen, daß das Unternehmen »Barbarossa« nicht mehr bis zum Jahresende erfolgreich beendet werden konnte. Der Versuch, zu einem späteren Zeitpunkt den Sieg an der Ostfront zu erringen, setzte eine erneute umfangreiche Heeresrüstung zwangsläufig voraus.
Daher war die Bitte um Entscheid über den Rüstungsschwerpunkt nicht aus inhaltlichen, sondern nur aus formalen Gründen alternativ gestellt worden. Schließlich war es nicht möglich, daß aus dem WiRüAmt als nachgeordneter Dienststelle dem Chef OKW als höherem Vorgesetzten oder gar dem Obersten Befehlshaber der Wehrmacht selbst nahegelegt wurde, wie er zu entscheiden hatte. Es gab jedoch eine formal korrekte Möglichkeit, eine für sachgerecht gehaltene Entscheidung zu erreichen. Der entsprechende Sachverhalt wurde so formuliert, daß nur eine Hälfte

situationsbedingt sinnvoll war und die Zustimmung in diesem Sinne nahelegte. Außerdem lag die Verantwortung bei dem Entscheidenden, der bei eventuell auftretenden ungünstigen Folgen aus seiner Entscheidung nicht den Vorwurf erheben konnte, schlecht beraten worden zu sein. – Zwei Tage nach Beginn der russischen Gegenoffensive, am 8. Dezember 1941, erließ Hitler die Weisung Nr. 39, in der er von der sofortigen »Einstellung aller Angriffsoperationen und zum Übergang zur Verteidigung« sprach. Hierfür machte er allein den »überraschend früh« hereingebrochenen strengen Winter und »die dadurch eingetretenen Versorgungsschwierigkeiten« verantwortlich. Die Verteidigung sollte so durchgeführt werden, daß durch sie »die Voraussetzungen größerer Angriffsoperationen im Jahre 1942« geschaffen wurden[196].

In einer vom 23. Dezember 1941 datierten Studie über die »Forderungen an die Rüstung unter Berücksichtigung der Lage im Dezember 1941« überprüfte das WiRüAmt die materiellen und personellen Gegebenheiten, die für die Kämpfe des Sommers 1942 von Bedeutung waren. Die Rohstoffe, die der deutschen Wirtschaft zur Verfügung standen, hatten sich inzwischen so verknappt, daß sie weder für eine vollständige noch für eine qualitätsmäßig einwandfreie Neuausrüstung des Ostheeres ausreichten. Daher waren die Fertigungen »rücksichtslos« auf Austauschstoffe umzustellen, die Konstruktionselemente und die Fertigungsmethoden zu vereinfachen und die Einsatzgewichte zu verringern. Sogar eine Umgliederung des Heeres in Angriffs- und in Normaldivisionen wurde für denkbar gehalten, um dessen Rüstung zu erleichtern. Wenn nur noch die »Angriffsdivisionen« mit allen Spezialeinheiten wie z. B. Nachrichtentruppen ausgerüstet werden sollten, so waren die »Normaldivisionen« – ausstattungsmäßig gesehen – von vornherein als zweitrangig und als eingeschränkt einsatzfähig zu betrachten. Die Zuweisung von Spezialtruppen aus der Heeresreserve zur Erfüllung besonderer Aufgaben wäre, wenn sie wirklich immer hätte erfolgen können, nur eine Behelfslösung geblieben.

Ebenso wie bei der materiellen Vorbereitung des Unternehmens »Barbarossa« machte sich bei derjenigen für den fortzusetzenden Ostkrieg der Faktor Zeit auf schwerwiegende Weise bemerkbar. Die wenigen Monate bis zum Beginn der Frühjahrs- und Sommeroperationen im Jahre 1942 reichten bei weitem nicht aus, um das benötigte schwere Gerät wie z. B. Artillerie herzustellen. Wurde außerdem in Betracht gezogen, daß die Produktion schweren Heeresgerätes z. T. weitgehend gedrosselt worden war und die für sie eingesetzten Arbeitskräfte, Kapazitäten und Rohstoffe für Fertigungen der anderen Wehrmachtteile verwendet wurden,

so wurde es besonders deutlich, daß das Ostheer noch unzulänglicher als bisher ausgerüstet sein würde. Um wenigstens den Bedarf an Rohstoffen für die erneute Heeresrüstung und deren zeitgerechte Verarbeitung sicherzustellen, wurden »Eingriffe in die bisherige Rüstungsplanung mit dem Ziel einer gewissen Verlagerung zum Heere« als unumgänglich bezeichnet[197].
Es wurde gedanklich überprüft, aus welchen Bereichen Rohstoffe für die Heeresrüstung abgezweigt werden konnten. Keine Kürzungen waren möglich beim Krauchplan und bei den Programmen der Generalbevollmächtigten für das Kraftfahrwesen, das Wehrmachtnachrichtenwesen und des Transportchefs. Der Krauch- oder Chemische Erzeugungsplan, der der Herstellung von Treibstoff, Buna und Aluminium diente, war »die Grundlage des weiteren operativ-beweglichen Einsatzes« der gesamten Wehrmacht und konnte daher nicht beschränkt werden. Die Situation auf dem Kfz- und Transportsektor war besonders schwierig. Der Mangel an Kraftfahrzeugen und Transportraum bildete ein Dauerproblem, das nicht noch verschärft werden konnte. Mit Nachrichtenmitteln wurde die Wehrmacht nicht im notwendigen Umfange versorgt, und es konnten daher auf diesem Gebiet nicht weitere Einschränkungen gemacht werden.
Übrig blieben – theoretisch – die Rohstoffkontingente der beiden anderen Wehrmachtteile. Die Luftwaffenrüstung konnte jedoch seit Mitte 1941 nicht mehr mit der angloamerikanischen Luftrüstung mithalten. Überdies war vorhersehbar, daß bei den für die Luftwaffe verfügbaren Rohstoffen, bezogen auf das Mangelmetall Kupfer, das Luftrüstungsprogramm höchstens zu 60% desjenigen Solls, das in der zweiten Jahreshälfte 1942 erreicht werden sollte, durchgeführt werden konnte. Das bedeutete, daß die Flugzeugfertigung in den Jahren 1942 und 1943 nur wenig höher als 1941 sein würde. Aber selbst diese unwesentliche Steigerung ließ sich nur durch erhebliche Kürzung des Flakprogramms ermöglichen. Da »die Luftwaffe spätestens im Jahre 1943 bei einer im Jahre 1942 endgültigen Niederringung des russischen Gegners *die* entscheidende Bedeutung erhält«, mußte ihr ihr Rohstoffkontingent belassen werden[198]. Die Schlußfolgerung war eindeutig: »Demnach bleibt für die Gewinnung weiterer Rohstoffe für das Heer lediglich die Kriegsmarine übrig«[199]. Für das Jahr 1942 wurde der U-Boot-Krieg nicht als ausschlaggebend für die Gesamtkriegführung bezeichnet. In einer neuen Führerweisung waren die Aufgaben der Marine »dahingehend einzuschränken, unter weitestgehendem Verzicht auf andere Absichten den Einsatz der verbleibenden Rohstoffe auf die Fertigung von U-Booten

zu konzentrieren«[200]. Auf diese Weise sollte die U-Boot-Rüstung, auch wenn sie z. Zt. nicht als kriegsentscheidend bewertet wurde, rohstoffmäßig nicht ebenso benachteiligt werden wie die Heeresrüstung in den zurückliegenden Monaten.

Betrachtet man die Rohstofflage Ende 1941 aufs Ganze, so läßt sich sagen, daß von ihr her gesehen die als kriegsentscheidend wichtig geltenden Rüstungsprogramme der Wehrmacht nicht mehr durchgeführt werden konnten. Berücksichtigt man außerdem die kritische Situation beim Arbeitskräfteeinsatz, wird dies noch deutlicher. Eine derartige Schlußfolgerung wurde jedoch nicht gezogen. Es wurde vielmehr eine neue Entscheidung Hitlers für notwendig gehalten, durch die die Wehrmachtteile angewiesen werden sollten, ihre weitere Rüstung »unter schärfster Konzentration auf die kriegsentscheidenden Aufgaben« durchzuführen. Durch eine »besondere Führerweisung an alle deutschen Führungsstellen einschl(ießlich) der Gliederungen von Partei und Wirtschaft« sollte darauf hingewirkt werden, daß durch den Zwang der Lage, in der sich Deutschland im dritten Kriegsjahr befand, alle Gedanken und Maßnahmen ausschließlich auf die Erringung des Sieges zu richten waren[201].

Neben der Kritik an der Wirtschaft stand – und das war neu! – Kritik an den Staats- und Parteidienststellen. Die Forderung nach einer besonderen Führerweisung ließ erkennen, daß die personellen und materiellen Kräfte, die in allen diesen Institutionen steckten, bisher weder der Wehrmacht noch der Wirtschaft nutzbar gemacht worden waren. Das Verlangen nach Änderung dieses Zustandes bedeutete eine herbe Rüge: Wenn die NSDAP für den Ausbruch des Krieges verantwortlich war, dann sollten die Angehörigen ihrer Organisationen (sowie die Staatsbediensteten) ihre Pflicht an der Front oder in der Wirtschaft tun.

In der Denkschrift des OKW vom 3. Januar 1942 und dem ihr folgenden Führerbefehl vom 10. Januar 1942 wurden die rüstungsmäßigen Konsequenzen aus dem Fehlschlagen des Unternehmens »Barbarossa« im Dezember 1941 gezogen[202]. Zwar blieben die Richtlinien vom 14. Juli 1941 insoweit in Kraft, als sie sich auf die Vereinfachung der Produktion und Ausstattung bezogen, doch wurde der Schwerpunkt der Rüstung von Luftwaffe und Marine zum Heer zurückverlagert. Daher spiegelten die einleitenden Ausführungen, daß der Ausbau der beiden erstgenannten Wehrmachtteile »zum Kampf gegen die angelsächsischen Mächte« unverändert die »*Zielsetzung auf weite Sicht*« bleibe[203], die grundsätzliche Absicht Hitlers wider, doch ließ sich diese wegen des Zwanges der Kriegsereignisse nicht mehr verwirklichen. Das Heer mußte bis zum

1. Mai 1942 einsatzbereit, und der notwendige Nachschub mußte für wenigstens vier Monate gesichert sein. Die Feststellungen hinsichtlich der Ausrüstung der Verbände und der Bevorratung an Munition[204] ließen erkennen, daß das Ostheer im Frühjahr 1942 mit einer noch unzulänglicheren Ausstattung in den Kampf gehen würde als im Jahr zuvor. Zu den ungelösten Problemen wie Mangel an Arbeitskräften, Rohstoffknappheit, zu geringe Fertigungskapazitäten und unzureichende Energieversorgung traten weitere grundlegende Schwierigkeiten: Die Zeit, innerhalb derer die Rüstung zugunsten der Heeresfertigung umgesteuert und außerdem auf einen zufriedenstellenden Ausstoß an Waffen, Munition und Gerät gebracht werden konnte, war viel zu kurz, als daß wirklich bedeutsame Erfolge auf dem Sektor der Heeresrüstung zu erreichen gewesen wären. Von dorther gesehen konnte von Anfang an bezweifelt werden, ob die Sommeroffensive 1942 den Endsieg an der Ostfront erbringen würde.

Die zu Beginn der Darstellung der Rüstungslage ab Juni 1940 gestellte Frage, ob durch sie die Stufenprogramm-Theorie Hillgrubers bestätigt werden kann oder nicht, muß eindeutig verneint werden. Erst nachdem das Unternehmen »Barbarossa« vor Moskau im Dezember 1941 fehlgeschlagen war, stellten sich Hitler und die ihm nachgeordnete deutsche Führung auch rüstungsmäßig auf einen lange dauernden Krieg zu Lande ein, für den in größerem Umfange gerüstet werden mußte als für die bisherigen Feldzüge. Dafür war die bisher praktizierte Methode, durch Umsteuerung der Rüstung das für vorrangig gehaltene neue Ziel zu erreichen, nicht länger geeignet. Daß sie bis zu diesem Zeitpunkt angewendet worden war, lag daran, daß es in Deutschland weder einen Kriegs- noch einen Gesamtrüstungsplan gab, der Hitler eine rüstungsmäßig abgesicherte Kriegführung gegen mehrere Gegner ermöglicht hätte.

Aus der Sicht des Stufenprogramm-Theoretikers stellt sich dies ganz anders dar: Nach Hillgrubers Meinung »waren der Aufbau der Wehrmacht und die deutsche Rüstung« auf die Konzeption abgestellt, die »für den großen Eroberungszug nach Osten notwendig erscheinende machtpolitisch-strategische Ausgangsposition in Mitteleuropa ohne ›großen‹ Krieg gegen mehrere Mächte, vielmehr allein durch ›kurze, entscheidende Schläge‹ zur Niederwerfung Frankreichs (und ... Polens) erkämpfen zu können, die in Form überfallartiger, streng lokalisierter ›Blitzfeldzüge‹ des Heeres« mit Luftwaffenunterstützung geführt werden sollten[205]. Daraus kann geschlossen werden, daß für die Verwirklichung

einer derartigen Konzeption – unter der Voraussetzung, daß sie existierte – Umsteuerungen der Rüstung genügten[206].
Die Behauptung, daß Hitler diese Konzeption gehabt haben soll, beruht auf der unkritischen Annahme eines Stufenprogramms und kann aus diesem Grunde nicht stimmen. Denn dieses angebliche Stufenprogramm Hitlers ist keine historische Realität gewesen, sondern es ist eine Fiktion, die, wie nachgewiesen werden wird, in sich unlogisch ist und deswegen keinen wissenschaftlichen Erklärungswert besitzt.

2. Kapitel:

Die Personal- und Materialverluste des Heeres während des Ostfeldzuges

2.1. Die Personalverluste und ihr Ersatz

Die Wehrmacht begann den Angriff auf die Sowjetunion am 22. Juni 1941 mit einer Personalstärke von 3,4 Millionen Mann, zu denen noch ca. eine halbe Million Mann verbündeter Truppen verschiedener Nationalität kamen[207]. Die personellen Verluste, die mit Beginn der Kampfhandlungen eintraten, wurden vom Generalquartiermeister im Oberkommando des Heeres (OKH) in 10 Tage- bzw. Monatsmeldungen zusammengestellt und vorgelegt[208]. Sie stimmten allerdings nur bis Ende September 1941[209].

Die Auswertung der personellen Lage innerhalb dieser Meldungen gab durchweg ein unzutreffendes Bild wieder, weil sie unvollständig waren und – vor allem – auf falschen Voraussetzungen beruhten. Als Vergleichsmaßstab für die Personalverluste war ein 6-Wochen-Zeitraum gewählt worden, weil der Frankreich-Feldzug solange gedauert hatte. Die Ausfälle wurden – mit Ausnahme des ersten berechneten 6-Wochen-Zeitraumes vom 10. Oktober bis 20. November 1941 – zu niedrig angegeben. Aber nicht dies war der entscheidende Fehler; dieser lag vielmehr darin, daß die Ausfälle innerhalb des jeweiligen 6-Wochen-Zeitraumes nur in Relation zur durchschnittlichen Gesamtstärke des Heeres gesetzt wurden. Die relativen Verlustzahlen wurden also nicht, wie es richtig gewesen wäre, in bezug zu den absoluten Verlustzahlen seit Feldzugsbeginn gesetzt. Durch jenes Verfahren kam es zu dem verblüffenden Ergebnis, daß die deutschen Verluste – je länger der Ostfeldzug dauerte – prozentual gesehen bis Ende November 1941 immer niedriger wurden! Seit Mitte Oktober 1941 waren überdies aufgrund dieser Berechnungen die Verluste, wieder prozentual gesehen, immer geringer als diejenigen im Frankreich-Feldzug – ein Faktum von nicht zu unterschätzender psychologischer Bedeutung, das seine Wirkung auf die oberste Wehrmachtführung und deren Beurteilung der Lage sicher nicht verfehlt hat.

Die großen personellen Verluste konnten meistens nicht ganz ausgeglichen werden. An acht von insgesamt elf Stichtagen war der Personalersatz geringer als die aufgetretenen Verluste. Als Konsequenz ergab sich, daß die Einheiten mit ständig sinkenden Kopfstärken kämpfen mußten. Insgesamt gesehen bedeutete dies, daß beim Ostheer am 31. Dezember 1941 bei einer Durchschnittsstärke von 3,2 Millionen Mann (bis November 1941: 3,4 Millionen Mann) einem Verlust von 824458 Mann ein Ersatz von ca. 509000 Mann[210] entgegenstand, d.h. daß das Ostheer mit ca. 315458 Mann, d.h. mit knapp 10% weniger kämpfen mußte als zu Beginn des Feldzuges ein halbes Jahr zuvor.

Die Ausfälle auf deutscher Seite waren beträchtlich, wenn auch nicht im entferntesten so hoch, wie es von Feindseite behauptet wurde. Während einer Rede zum 24. Jahrestag der Oktoberrevolution am 6. November

Personalverluste Heer im Osten ab 22. 6. 1941 insgesamt[1]

Zeitpunkt	im jeweiligen 10-Tages-Zeitraum			
	gefallen	verwundet	vermißt	Ausfälle insgesamt
1941				
22.–30. 06.	8362 (524)	28528 (966)	2657 (50)	39547 (1540) = 41087
01.–10. 07.	7410 (380)	24462 (1067)	2871 (36)	34743 (1483) = 36226
11.–20. 07.	11072 (472)	37173 (1147)	2968 (74)	51213 (1693) = 52906
21.–31. 07.	16433 (1037)	55408 (2178)	2592 (38)	74433 (3253) = 77686
01.–10. 08.	15201 (644)	53747 (1924)	3801 (70)	72749 (2638) = 75387
11.–20. 08.	13534 (475)	48111 (1429)	2781 (53)	64426 (1957) = 66383
21.–31. 08.	10721 (444)	40269 (1263)	1229 (29)	52219 (1736) = 53955
01.–10. 09.	10142 (390)	35972 (1045)	1948 (16)	48062 (1451) = 49513
11.–20. 09.	9307 (310)	36335 (999)	1033 (15)	46675 (1324) = 47999
21.–30. 09.	9050 (237)	31713 (762)	1763 (21)	42526 (1020) = 43546
[21.–30. 09.	9287 (237)	32475 (762)	1784 (21)	43546 (1020)] (2)
01.–10. 10.	10193 (420)	38717 (1051)	1746 (22)	50656 (1493)
11.–20. 10.	6595 (230)	20557 (597)	707 (11)	27859 (838)
21.–31. 10.	7268 (318)	27960 (929)	1130 (28)	36358 (1275)
01.–10. 11.	4214 (123)	15205 (456)	782 (12)	20201 (591)
11.–20. 11.	7477 (429)	26784 (1238)	1361 (22)	35622 (1689)
21.–30. 11.	6174 (309)	23977 (401)	1066 (98)	31217 (808)
01.–10. 12.	4026 (131)	16713 (417)	1293 (33)	22032 (581)
11.–20. 12.	4358 (130)	17096 (351)	1035 (41)	22489 (522)
21.–31. 12.	6565 (163)	24417 (445)	2354 (6)	33336 (614)
1942				
01.–10. 01.	7070 (217)	26581 (548)	3412 (55)	37063 (820)
	180085 (7383)	642505 (19213)	38931 (730)	861521 (27326)

1 Quelle: BA-MA, III W 805/5-7.

2 Die Reihe vom 21.–30. September 1941 wird wiederholt, um die ab Oktober 1941 gebräuchliche Führung der Verlustlisten zu verdeutlichen. Bis zum 30. September 1941 wurden die Verluste an Mannschaften und Offizieren gesondert ausgewiesen. Ab 1. 10. 1941 waren die Offizierverluste bereits in der jeweiligen Gesamtzahl enthalten.

1941 bezifferte Stalin die deutschen Verluste in den ersten vier Monaten des Ostkrieges jedoch mit 4,5 Millionen Mann. Diese Zahl lag über eine volle Million über der personellen Gesamtstärke des deutschen Ostheeres bei Angriffsbeginn. In Wirklichkeit hatte die deutsche Seite 659561 Mann = 19,39 % verloren. Die eigenen Verluste gab Stalin mit 350000 Toten, 378000 Vermißten und 1020000 Verwundeten = 1748000 Mann an[211]. Die maßlose Übertreibung der feindlichen Verluste dürfte der gleichen Untertreibung der eigenen die Waage halten, doch da die tatsächlichen Verlustzahlen auf sowjetrussischer Seite nicht zugänglich sind, sollen nur die von Stalin selbst genannten betrachtet werden. Zunächst fällt der hohe Prozentsatz an Vermißten auf, nämlich 21,62 % (im Vergleich dazu vermißten die Deutschen bis zum 31. Oktober 1941 27628 Mann = 4,18 %).
In den grenznahen Militärbezirken waren im Juni 1941 Einheiten des Heeres und der Flotte in Höhe von angeblich insgesamt 2,9 Millionen

Personalersatz Heer im Osten ab 10. September 1941[1]

Stichtag[2]	(Ersatz in Marsch gesetzt)	Feldersatzbataillone	Ersatzzuführung (ca.)	Zuführung Wiedergenesener	Zuführung insgesamt ca.
1941					
10. 09.	(170000)	66000	130000	–	
20. 09.	(141000)	66000	165000	–	231000
30. 09.	(103000)	66000	211000	–	277000
10. 10.	(81000)	66000	252000	4000	322000
20. 10.	(71000)	66000	274000	–	340000
31. 10.	(63000)	68000	287000	–	355000
10. 11.	(50000)	71000	307500	–	378500
20. 11.	(60000)	71000	317500	–	388500
30. 11.	(48000)	71000	339000	–	410000
10. 12.	(90000)	71000	347000	–	418000
20. 12.	(111000)	71000	353000	–	424000
31. 12.	–		356000 + 82000	–	
		71000	438000		509000
1942					
10. 01.	–		356000 + 100000	–	
		71000	456000		527000

1 Quelle: BA-MA, III W 8 05/6-7. Die Zahlenangaben stehen in der Auswertung der jeweiligen 10-Tage-Meldung, die stets um fünf Tage nach Ende des betreffenden 10 Tage-Zeitraumes erstellt worden ist.

2 Die »Auswertung der 10 Tage-Meldung« vom 15. September 1941 (zur Datierung s. die Bemerkung (1) enthält als erste Zahlen über Personenersatz.

Mann stationiert[212]. Mit Blick auf die von Stalin genannten Zahlen heißt das, daß er Anfang November 1941 60,28% seiner grenznahen Truppen verloren hatte. Berücksichtigt man außerdem die Zahl von über 3,5 Millionen russischer Kriegsgefangener bis zum 31. Oktober 1941[213] (diese Zahl liegt etwas über der gesamten Personalstärke des deutschen Ostheeres, ohne Verbündete, bei Angriffsbeginn!), so läßt sich sagen, daß Stalin die Personalstärke der eigenen Streitkräfte entweder zu niedrig angegeben oder daß er recht schnell einen beträchtlichen Teil seiner inzwischen mobilisierten Reserven verloren hat. Diese hohen Verluste stellten eine bedrohliche Schwächung der Abwehrkraft des von ihm geführten Staatswesens dar, das wohl nicht zuletzt deshalb erhalten blieb, weil Hitler wegen des von ihm als kriegsentscheidend angesehenen Kampfes gegen seinen Hauptgegner Großbritannien die materielle Ausstattung seines Heeres für den Ostfeldzug nicht so gründlich hatte herstellen lassen, wie es die Planungen als unumgänglich ausgewiesen hatten.

Deren Unzulänglichkeit wurde, soweit es sich z. B. um die – letztlich zu leichte – Bekleidung handelte, zunächst nicht bemerkt. Der Gesundheitszustand der Truppe während der ersten Monate des Feldzuges war im allgemeinen gut. Nur beim AOK 11 wurde Mitte Juli 1941 eine leicht bis mittelschwer verlaufene Ruhr gemeldet[214]. In der ersten Septemberhälfte wurde bei mehreren Armeen eine leichte Ruhr gemeldet, die jedoch bald wieder zurückging[215]. Ab Mitte Oktober wurde eine zunehmende Verlausung der Truppe festgestellt[216], doch traten die durch sie verursachten Fleckfiebererkrankungen vereinzelt erst in der ersten Novemberhälfte auf[217], und zwar überwiegend im Bereich der Heeresgruppe Mitte. Jahreszeitlich bedingt begannen Erkältungs- und Schmutzkrankheiten zuzunehmen; auch die Erfrierungen wurden häufiger[218]. Im 10-Tage-Zeitraum vom 1. bis 10. Dezember 1941 kam es zu 2185 Erfrierungen, darunter 103 Amputationen und 22 Todesfälle. Die Zahl der Fleckfiebererkrankten erhöhte sich auf über tausend, von denen jeder fünfte starb[219]. Für den 10-Tage-Zeitraum vom 21. bis 31. Dezember 1941 wurde die Zahl der Kälteschäden (Erfrierungen 1. bis 3. Grades), soweit sie schon hatten gemeldet werden können, mit 13015 angegeben[220]; wegen Meldeschwierigkeiten lagen sie vermutlich noch höher. In der ersten Hälfte des Januar 1942 wurden sogar 25890 Zugänge an Kälteschäden registriert[221]!

In den drei Wochen vom 21. Dezember 1941 bis zum 10. Januar 1942 beliefen sich die Verluste des Ostheeres auf 70399 Mann durch Feindeinwirkung und (mindestens) auf 38905 Ausfälle durch Kälteschäden.

Exkurs: Gefangene (Russen)[1]

10-Tage-Zeitraum	im 10-Tage-Zeitraum		Stichtag	Gefangene (2,4) vom 22. 6. 41 bis zum jeweiligen Stichtag	
1941					
22.–30. 06.	112784	(645)[3]			
01.–10. 07.	253588	(1324)	10. 07.	366372	(1969)
11.–20. 07.	234566	(405)	20. 07.	600738	(2374)
21.–31. 07.	213092	(648)	31. 07.	813830	(3022)
01.–10. 08.	271714	(1625)	10. 08.	1085544	(4647)
					(4649)[5]
11.–20. 08.	211225	(647)	20. 08.	1296769	(5294)
				1276769[5]	(5296)
21.–31. 08.	215641	(522)	31. 08.	1512410	(5846)
				1492310	(5848)
01.–10. 09.	203668	(749)	10. 09.	1716078	(6595)
				1695978	(6597)
11.–20. 09.	234574[6]	(605)	20. 09.[6]	1950652	(7200)
				1930552	(7202)
21.–30. 09.	550961	(1553)	30. 09.	2501613	(8753)
				2481513	(8755)
01.–10. 10.	288485	(861)	10. 10.	2790098	(9614)
				2778753	(9616)
11.–20. 10.	499476	(3392)	20. 10.	3289574	(13006)
				3278229	(13008)
21.–31. 10.	249817	(931)	31. 10.	3539391	(13937)
				3528046	(13939)
01.–10. 11.	152296	(742)	10. 11.	3691687	(14679)
				3680342	(14681)
11.–20. 11.	85786	(312)	20. 11.	3777473	(14991)
				3766128	(14993)
21.–30. 11.	53852	(64)	30. 11.	3831325	(15055)
				3819980	(15057)
01.–10. 12.	39596	(74)	10. 12.	3870921	(15129)
				3859576	(15131)
11.–20. 12.	19277		20. 12.	3890198	(15129)
				3350639	(15179)
21.–31. 12.	16567	(67)	31. 12.	3906765	(15196)
				3367206	(15246)
1942					
01.–10. 01.	11383	(25)	10. 01.	3918148	(15221)
				3378599[5]	(15271)[5]

1 Quelle: BA-MA, III W 805/5-7.
2 Zahl(en) teilweise geschätzt. Entlassene, gestorbene oder entflohene Kriegsgefangene sind in den Zahlen enthalten.
3 Einige Meldungen stehen noch aus; in Klammern: Offiziere.
4 Darunter auch Offiziere.
5 Eine zweite Zahl unter den Zahlenangaben am jeweiligen Stichtag bedeutet, daß sie, obwohl den Quellen entnommen, falsch ist (Additionsfehler).
6 Meldungen über Gefangene aus dem Kessel ostwärts von Kiew lagen erst teilweise vor.

Letztere bedeuteten den Verlust des Personalbestandes von über zweieinhalb Divisionen! Dies war die katastrophale Folge, die sich vor allem aus dem Fehlen von Winterbekleidung für die Truppe ergeben hatte. Nach dem Willen Hitlers hatte der Ostfeldzug im (Spät-)Herbst 1941 beendet sein sollen; dies ließ die Ausstattung des Ostheeres mit jener nicht dringlich erscheinen, verursachte jetzt aber ebenso unnötige wie vermeidbar gewesene Verluste.

2.2. Die Materiallage[222]

2.2.1. Waffen und Gerät

Die gemeldeten Ausfälle an Waffen und Gerät konnten zunächst durch die Versorgungsbezirke aus den Beständen der Parkgruppen voll ersetzt werden. Da die in der Heimat bei Chef H Rüst u. BdE gestellten Anforderungen »schnellstens zugewiesen« wurden, schien der notwendige Nachschub gesichert. Sie wurden täglich fernmündlich durchgegeben, und die entsprechende Zuweisung dauerte in den ersten Wochen des Feldzuges durchschnittlich nur zwei bis drei Tage.
Mitte Juli 1941 traten jedoch bereits erste kleinere Schwierigkeiten auf. Die ausgefallenen Nebelwerfer und Sturmgeschütze konnten nicht mehr aus den Beständen der Versorgungsbezirke gedeckt werden, sondern wurden aus denjenigen des BdE zugewiesen. Die raumgreifenden Operationen erforderten das Vorziehen der Parkgruppen. Eine von ihnen, aus dem Bereich des Versorgungsbezirkes Nord, wurde in den Raum um Riga vorverlegt, wohin auch das Mangel- und Sondergerätelager Königsberg vorgezogen wurde. Das entsprechende Lager Breslau kam nach Lemberg. Das Vorziehen der Parkgruppen bei den Versorgungsbezirken Mitte und Süd war wegen der angespannten Transportlage vorerst nicht möglich. Dies führte dazu, daß Truppen bzw. Parkstaffeln ihnen zugewiesenes Gerät oft nicht abholten, weil die Entfernung zwischen der Front und dem Park zu groß war. Da sich dieser Zustand aus dem eben genannten Grunde nicht änderte, die Front aber immer weiter nach Osten vorrückte, stieß das Abholen der zugewiesenen Waffen auf immer größere Schwierigkeiten. Der kleine Rest an Material zur Deckung aller Ausfälle, der nicht mehr in den Parken vorhanden war, wurde bei BdE angefordert und beschleunigt zugewiesen.
Anfang August 1941 mußte aber festgestellt werden, daß bereits nach vierzig Kampftagen – 42 Tage hatten die Kampfhandlungen während des

Frankreich-Feldzuges gedauert – bei einer Reihe von Kanonen, Geschützen und Granatwerfern der monatliche Ausfall größer als die Fertigung war[223], und zwar bei:

Waffe	Gesamtausfälle v. 22. 6.–31. 7. 1941	monatl. Ausfälle (durchschnittl.)	monatl. Fertigung Juli 1941	Bemerkungen
3,7 cm Pak	972	729	100	ab August Fertigung von 50 Stück
l.Gr.W. 36	555	417	300	
l.I.G. 18	167	123	115	ab August Fertigung von 90 Stück
l.F.H. 16 u. 18	164	123	100	ab August Fertigung fallend bis 27 Stück
s.F.H. 18	109	81	66	ab August Fertigung von 64 Stück
s. 10 cm K 18	23	18	13	Fertigung fallend bis 4 Stück

Die zu geringe Fertigung der 3,7 cm Pak konnte hingenommen werden, weil die 5 cm Pak 38 mit einer Stück-Fertigung von 220 im Juli 1941 um 137 über dem durchschnittlichen Ausfall von 93 lag; überdies sollte jene auf 300 steigen[224]. Bei der Geschützfertigung hingegen war die Lage bedrohlich. Zwar wurde dies von der kämpfenden Truppe noch nicht bemerkt, weil – wenn auch nicht immer in voller Höhe des Verlustes – neue Geschütze nachgeschoben wurden. So wurden bisher nicht erfüllte Anforderungen bei den Versorgungsbezirken durch Sonderzuweisung BdE von z. B. je fünfzig l. und s.F.H.18 (besp., Kzg.) und zwanzig 10 cm K.18 gedeckt. Außerdem wurden zur Deckung der Ausfälle im Osten aus den Parken des Oberquartiermeisters West u. a. 25 l.F.H.18 (besp.) herausgezogen[225]. Nach nur ungefähr eineinhalb Monaten hatte sich unübersehbar herausgestellt, wie mangelhaft die Rüstung für den Feldzug gegen die Sowjetunion teilweise war. Die aufgetretenen Verluste konnten regelmäßig nicht mehr nur aus der neuen Produktion, sondern sie mußten durch Sonderzuweisung und aus anderen Beständen, die dadurch entsprechend geschwächt wurden, ersetzt werden.

Am Beispiel der l.F.H.18 lassen sich klar – durch das Fehlen eines Kriegs- und damit auch eines Rüstungsplanes bedingt – die Konzeptionslosigkeit der Rüstung und ihre Auswirkungen im Kriegsalltag erkennen. Drei Wochen nach Beginn des Feldzuges gegen die Sowjetunion hatte Hitler am 14. Juli 1941 wieder eine Umsteuerung der Rüstung zugunsten der Luftwaffe befohlen. Die bisher für die Heeresrüstung tätigen, durch diese Umsteuerung aber freiwerdenden Arbeitskräfte, Rohstoffe und Fertigungskapazitäten sollten zugunsten der Luftrüstung als des neuen Rüstungsschwerpunktes eingesetzt werden[226]. Dies war eine logische Konsequenz aus dem Führerbefehl vom 11. Juni 1941, in dem es geheißen hatte, daß »die ›Belagerung Englands‹ nach Abschluß des Ostfeldzuges durch Kriegsmarine und Luftwaffe wieder in vollem Maße aufgenommen werden (muß). All diesem Zweck dienenden Rüstungsvorhaben haben damit innerhalb der Gesamtrüstung den Vorrang«[227]. Die Auswirkungen der befohlenen Rüstungsumsteuerung lassen sich z. B. deutlich am Produktionsausstoß an l.F.H.18 ablesen. Der durchschnittliche monatliche Ausfall an diesen Geschützen lag um 20 % über der Neufertigung im Juli 1941, und für August 1941 wurde mit einem Absinken der Produktion auf einen Stand gerechnet, mit dem nur noch etwas mehr als die Hälfte der Ausfälle im Monatsdurchschnitt gedeckt werden konnte. Daher konnte den Anforderungen für die l.F.H.18 (und auch für das l.I.G. 18 [Kzg.]) nur noch durch Sonderzuweisungen von Neufertigungen entsprochen werden.

Das Vorverlegen der Parke war und blieb wegen Transportschwierigkeiten ein Dauerproblem. In der zweiten Augusthälfte schuf der Versorgungsbezirk Mitte dadurch Abhilfe, daß er sechs Gerätezüge nach Orša vorzog, während im Versorgungsbezirk Süd vorgezogene Sammelgeräteparke in Zitomir und Zmerinka eingerichtet wurden. Trotzdem blieb die Nachschublage wegen der weiten Entfernungen und der schlechten Straßen von der Truppe zu den Parken gespannt. Zwar konnten die Anforderungen der Truppe zum größten Teil gedeckt werden, doch entstanden Schwierigkeiten, weil das Gerät wegen der langen Nachschubwege nicht schnell genug zu ihr kam. Konnten schon in der zweiten Hälfte des August 1941 einzelne Waffen wie die schwere Panzerbüchse (s.Pz.B.) 41 und das s.I.G. 33 (Kzg.) wegen Mangels an Beständen nicht mehr voll zugewiesen werden[228], so verschärfte sich die Lage bei der Artillerie zu Ende dieses Monats noch mehr. Infolge der – bereits erwähnten – Umsteuerung der Rüstung nach Beginn des Rußland-Feldzuges waren die Fülleistungen der Munitionsanstalten für großkalibrige Artilleriemunition zurückgegangen. Daher hingen der Nachschub für fast alle Arten dieser Munition von der Leistung der Munitionsanstalten sowie von der Zuteilung von Sprengstoff und Pulver ab. Besonders dringend war die Erhöhung der Fülleistungen durch Sprengstoffzuteilung bei – in der Reihenfolge der Dringlichkeit – s.F.H.18, l.I.G.18, l.F.H.18 und s.I.G.33.

Waren es Anfang August ein halbes Dutzend Waffen – meist Kanonen und Geschütze – gewesen, bei denen der Ausfall die Neuproduktion überstieg, so hatte sich diese Zahl nun um zwei weitere erhöht[229]:

Waffe	Ausfälle im Aug. '41 (22. 6. – 31. 8. 1941)	monatl. Fertigung im Aug. '41	Produktions-Defizit zum Ausfall im Aug. '41
M.G. 34	6186 (11050)	5500	686 = 11,08 %
3,7 cm Pak	817 (1789)	50	767 = 90,38 %
l.Gr.W. 36	1012 (1567)	300	712 = 70,35 %
s.Gr.W. 34	548 (854)	250	298 = 54,37 %
l.I.G. 18	256 (423)	90	166 = 64,84 %
l.F.H. 18	182 (338)	95	87 = 47,8 %
s.10 K 18	11 (34)	5	6 = 54,54 %
s.F.H. 18	101 (210)	50	61 = 60,39 %

Besonders bedenklich waren die außerordentlich hohen Produktions-Defizite im August 1941 bei den Flach- und Steilfeuerwaffen, die – wenn auch nur in Zahlen, nicht in Prozentsätzen ausgedrückt – Schlimmes befürchten lassen mußten. Denn sogar eine vollständige Umsteuerung der Rüstung nun wieder zugunsten des Heeres hätte selbst dann, wenn sie sofort erfolgt wäre, nicht unmittelbar die Lücken schließen können, weil die Fertigungszeit gerade für die schweren Waffen erheblich war[230].

Überdies scheint – da »der für die Ausfälle angeforderte Ersatz an Waffen und Gerät«, wie es in den 10-Tage-Meldungen hieß, »aus Parkbeständen oder durch Nachschub aus dem Heimatgebiet laufend geliefert werden« konnte[231] – das ganze Ausmaß der katastrophalen Lage bei jenen gar nicht erkannt worden zu sein. Dazu hätte ein Vergleich des Gesamtverlustes ab Feldzugsbeginn bis Ende August 1941 beitragen können, weil sich die Neufertigung in diesem Monat dann als noch unzureichender herausgestellt hätte als sie es im Monatsvergleich selbst ohnehin schon war. Was nützte außerdem die Feststellung, daß die Ausfälle in den Berichtzeiten der letzten 10-Tage-Meldungen allgemein kleiner geworden waren, wenn die Neuproduktion nicht einmal diese kleiner gewordenen Verluste auszugleichen vermochte!

Mitte September 1941 wurden die Nachschubschwierigkeiten hinsichtlich der Transportlage dadurch verringert, daß die Versorgungsbezirke weiter nach vorn verlegten: Die Versorgungsbezirke Süd und Nord zogen je einen Gerätepark nach Berdičev bzw. nach Riga vor, und der Versorgungsbezirk Mitte verlegte eine Parkgruppe (von Warschau) sowie einen Gerätepark nach Smolensk. Der Schwerpunkt des Gerätenachschubs verlagerte sich Ende September noch stärker als bisher zum Versorgungsbezirk Mitte und Dnepr, weil die – bereits zu ihr gehörenden oder neu hinzugetretenen – Divisionen der Heeresgruppe Mitte vor dem Beginn der neuen Offensive auf Moskau am 2. Oktober 1941 materiell entsprechend aufgefüllt wurden. 8 von 10 Zügen mit Waffen und Gerät trafen daher in Smolensk ein. Zur Deckung erster erwarteter Ausfälle erhielt der Versorgungsbezirk Mitte vorsorglich »eine Sonderzuweisung an ganzen Waffen in Höhe eines Gerätezuges.« Die bevorstehende »Offensive schien bei planmäßigem Verbrauch und sorgfältigem Disponieren versorgungsmäßig einigermaßen abgestützt zu sein«[232]

Infolge Transportschwierigkeiten trat im Oktober 1941 der Nachschub an Waffen und Gerät gegenüber den sonstigen Versorgungsgütern stark zurück, gefährdete jedoch nicht den Ablauf der Operationen; denn die Truppe wurde waffen- und gerätemäßig aus den Geräteparken versorgt, die, wie erwähnt, bei allen drei Heeresgruppen vorgezogen worden waren. Der Nachschub an Waffen und Gerät beschränkte sich jedoch auf die Zuführung von Ersatzteilen und auf die Auslieferung des bereits zugewiesenen Geräts, weil weiterer Ersatz für Ausfälle von denjenigen Divisionen kommen sollte, die zurückgeführt und aufgelöst werden sollten. Eine derartige Maßnahme erschien in absehbarer Zeit als vertretbar, hatte doch der Feind in die großen Schlachten bei Vjaz'ma und Brjansk in knapp 20 Tagen über eine dreiviertel Million Mann (787 961, davon 4253 Offiziere) allein durch Gefangennahme verloren[233]. (Die – vermutlich ebenfalls – hohen Verluste an Gefallenen und Verwundeten waren der deutschen Seite natürlich nicht bekannt.) Hinzu kamen als Materialverluste u. a. 1146 Panzer, 3099 Geschütze aller Art, 905 Granatwerfer, 3440 Maschinengewehre aller Art, 30 860 Gewehre (einschließlich automatischer) und 5041 Kraftfahrzeuge[234].

Die Transportsperre Ende Oktober 1941, aufgrund derer weder Waffen noch Gerät an die nach Osten vorgeschobenen Parkgruppen gelangt war, wurde Anfang November für die Versorgungsbezirke Nord und Mitte gelockert. Dies ermöglichte das Nachschieben wichtiger Einzelsendungen, insbesondere Ersatzteile. Die Parkgruppen des Versorgungsbezirks Mitte aus Ostpreußen und aus dem Raum Bromberg-Kakel wurden bis nach Smolensk vorgezogen, damit sie von der Befehlsstelle Mitte als Auffangstellen für dasjenige Gerät eingesetzt werden konnten, das von zurückzuführenden Truppen abgegeben würde. So wurde Mitte November 1941 die Auflösung je einer Infanterie-Division bei AOK 6 (239. Div.) und AOK 7 (298. Div.) befohlen, mit deren freiwerdenden Waffen und Gerät die AOK Fehlstellen ausfüllen konnten.
Die genauen Meldungen über Waffenverluste, wie sie in der ersten Zeit des Feldzuges gemacht worden waren, waren in der Auswertung der jeweiligen 10-Tage-Meldung meistens so allgemeinen Angaben gewichen[235], daß aus ihnen keine Rückschlüsse mehr auf das Verhältnis Verlust: Ersatz gezogen werden konnten. Es war nur eine Aufstellung der »Verluste an Waffen im Osten« beigegeben, die die Verluste für den 10-Tage-Zeitraum und den Gesamtverlust ab Feldzugsbeginn enthielt. Einfluß auf die Nachschubgestaltung zur Behebung wenigstens der größten Fehlstellen scheint sie nicht gehabt zu haben.
Im Dezember 1941 war der deutsche Angriff auf Moskau endgültig liegengeblieben, was sich natürlich auch und gerade bei der Nachschublage bemerkbar machte. An die im Vormonat eingeleitete Auflösung weiterer Divisionen und daran, mit den durch jene freigewordenen Waffen Fehlbestände aufzufüllen, war nicht mehr zu denken. Da im November Nachschub an ganzen Waffen aus der Heimat nicht durchgeführt worden war, wurden die Verluste aus den Parken der Heeresgruppen Nord und Mitte gedeckt, deren Bestände nun »fast restlos aufgebraucht« waren, während die Vorratslage bei der Heeresgruppe Süd »verhältnismäßig günstig« war. Eine Entspannung der Lage bei der Heeresgruppe Mitte trat Anfang Dezember durch das Einlaufen eines Gerätezuges in Smolensk ein. Dieser Vorgang beleuchtete aber grell die außerordentlich schwierige Transportlage im Osten: Dieser Gerätezug war bereits im Oktober bereitgestellt worden[236]! Daher war abzusehen, daß die Zuführung ganzer Waffen, die jetzt aus der Heimat angefordert wurden, nicht schnell und reibungslos vor sich gehen würde – sofern sie überhaupt vorhanden waren und geliefert werden konnten.
Der Nachschub ganzer Waffen aus der Heimat war, von aufs Ganze gesehen unwesentlichen Ausnahmen abgesehen, ungefähr sechs

Wochen eingestellt gewesen. Die Gründe hierfür lagen erstens in der Annahme, mit, wie erwähnt, den Waffen der aufzulösenden Divisionen Fehlbestände bei den anderen Divisionen in beträchtlichem Umfange beseitigen zu können und zweitens in den geringen Beständen in der Heimat[237]. An dieser Tatsache läßt sich deutlich erkennen, daß die – mit Blick auf die Durchführung des Ostfeldzuges: verfehlte – Rüstungspolitik, deren Schwerpunkte auch noch nach seinem Beginn auf der Bereitstellung des Materials im Kampf gegen Großbritannien lagen und, wie sie Hitler bekannt und von ihm gebilligt worden war, ihren bedeutsamen Anteil am Mißlingen des Feldzuges sowie außerdem an unnötigen Verlusten bei der kämpfenden Truppe hatte. Wie dringend diese neue Waffen benötigte, zeigte sich nicht nur in z. T. ungewöhnlich hohen Ausfallquoten – ein halbes Dutzend Divisionen hatte »den Verlust von mehr als der Hälfte ihrer schweren Waffen gemeldet« (!) –, sondern auch in dem Versuch, sie wenigstens in einigen Bereichen so schnell wie möglich auszugleichen: Daher wurden für die Heeresgruppe Mitte außer zwei Waffenzügen, mit deren Eintreffen in den ersten Tagen des Januar 1942 gerechnet wurde, weitere Waffen, nämlich 900 MG 34 und 15 l. Gr. W 36 bereitgestellt, die im letzten Drittel des Dezembers 1941 durch Lufttransport zur Truppe gebracht wurden. Die besonders schwer betroffenen Divisionen konnten allerdings nicht mehr aus den Beständen materialmäßig aufgefüllt werden, die im Osten für den Nachschub verfügbar waren.

Die Ausfälle an schweren Infanterie-Waffen und Geschützen waren sehr hoch. In den zehn Tagen vom 11. bis 20. Dezember 1941 fielen z. B. 263 l.F.H. aus (zum Vergleich: in den achteinhalb Wochen vom 22. 6. bis 20. August 1941 waren es nur vier Geschütze mehr)[238] und konnten nicht mehr voll ersetzt werden. Als Ausgleich wurden l.F.H. 16 aus den Artillerieeinheiten der im Westen stationierten Divisionen entnommen, die sich mit F.K. 16 n.A. und mit Beutegeschützen begnügen mußten[239].

Als weiteres Problem kam der Materialverschleiß hinzu; bedingt durch die bisherigen großen Marsch- und Schußleistungen war, wie es ungenau hieß, »ein großer Prozentsatz« der noch eingesetzten Geschütze überholungsbedürftig. Für die Dauer der Überholung wären diese natürlich nicht verfügbar gewesen und hätten deswegen eine weitere Schwächung der Feuerkraft der deutschen Verbände bewirkt.

Bis zum Ende des Jahres 1941 waren u. a. folgende Waffenverluste aufgetreten[240]:

Waffen	22. 6.–30. 11.	01.–31. 12.	22. 6.–31. 12. 41
Gewehre	54422	6310	60732
MG aller Art	18019	3486	21505
MPi	18909	3403	22312
Pi	36406	3652	40058
Granatwerfer aller Art	4141	997	5138
Geschütze aller Art[241]	5252	1845	7096

Die Ausfälle bei den schweren Infanteriewaffen und Artilleriegeschützen konnten auch im Januar 1942 nicht durch laufenden Nachschub aus der Heimat gedeckt werden, »da BdE z. Zt. über Nachschubbestände nicht verfügt«. Daher wurden z. B. folgende Ausfälle nicht ersetzt[242]: 116 – 3,7 cm Pak, 136 – l.Gr.W., 95 – s.Gr.W., 43 – l.I.G. 18, 52 – l.F.H. 18, 24 – s.F.H. 18.

Was bedeutet diesen nicht gleich ersetzbaren Verlusten gegenüber die Feststellung, daß die Ausfälle von 1. bis 10. Januar 1942 gegenüber denjenigen im Vormonat *»wesentlich zurückgegangen«* waren und, durchschnittlich gesehen, unter denen für die Gesamtzeit des Ostfeldzuges lagen! Derartige Ausführungen konnten nicht darüber hinwegtäuschen, daß die waffen- und gerätemäßige Ausrüstung des Ostheeres, die z. T. von Anfang an unter den Sollzahlen gelegen hatte, die die Planer für eine erfolgreiche Durchführung des Feldzuges für erforderlich gehalten hatten, auf wichtigen Gebieten (z. B. unzulängliche Ausstattung mit Artillerie) ungenügend gewesen und geblieben war (siehe dazu Tabellen nächste Seiten).

Verluste an Waffen im Osten (Quelle: BA-MA, III W 805, 5–7)

Zeitraum	Seiten-gewehre	Pi 08 (und 38)	Pi (sonst.)	M.Pi.	Gewehre	M.G.13[243]	M.G.34	Pz.Bü.	s.Pz.Bü	3,7 cm Pak
1941										
22.–30.06.	342	372	36	368	579	–	342	42	–	135
01.–10.07.	3112	1492	322	1415	4229	52	1242	114	1	305
11.–20.07.	3203	4354	339	1925	6344	4	1588	181	2	271
21.–31.07.	3724	3680	–	1479	5457	139	1692	165	–	261
01.–10.08.	7823	4971	34	2524	9029	43	2562	258	4	313
11.–20.08.	6879	4876	38	2521	7863	8	2151	299	5	308
21.–31.08.	2882	1996	26	1425	3574	4	1473	182	1	196
01.–10.09.	3210	1488	–	1342	4001	6	1213	134	2	127
11.–20.09.	2427	2587	8	1310	2611	10	1085	145	3	191
21.–30.09.	1196	1731	41	662	1300	13	509	81	1	73
01.–10.10.	1388	1603	11	908	1515	–	846	73	2	129
11.–20. 10.	906	1359	35	727	1349	–	566	78	3	86
21.–31.10.[246]	1771	1911	49	850	2112	10	653	57	7	84
01.–10.11.	577	703	19	448	712	3	369	38	–	73
11.–20.11.	1600	1321	8	508	2245	–	475	74	3	60
21.–30.11.[246]	1198	938	4	498	1502	6	955	57	3	13
01.–10.12.	1656	1542	–	694	1174	–	544	60	–	89
11.–20.12.	743	1038	–	1466	2107	–	1131	75	–	267
21.–31.12.[246]	1885	1072	–	1243	3029	66	1745	170	–	295
1942										
01.–10.01.	1048	604	–	624	1804	–	704	48	2	116
	47570	39638	924	22936	62536	364	21502	2330	31	3392

Verluste an Waffen im Osten

Zeitraum	2cm KwK	3,7cm KwK	4,7cm KwK	5cm KwK	7,5cm KwK	l.F.H. 16	l.F.H.18 (besp.)	l.F.H.18 Kzg	s.F.H.18 (besp.)	s.F.H.18 Kzg	s.10cm K18	21cm Mrs.18	SturmG. (7,5cm)
1941													
22.–30.06.	1	–	–	3	1	–	12	13	9	10	4	–	2
01.–10.07.	26	18	–	20	19	–	14	31	4	9	3	–	4
11.–20.07.	16	8	–	21	4	4	25	20	8	31	6	2	11
21.–31.07.	37	33	3	27	6	4	27	14	14	24	10	–	3
01.–10.08.	21	12	–	9	6	6	30	6	13	15	5	6	(50+)[245] 5
11.–20.08.	4	3	–	1	1	–	55	20	26	14	3	5	5
21.–31.08.	–	–	–	2	–	2	39	32	14	19	3	2	5
01.–10.09.	1	2	1	1	1	1	23	15	11	4	2	1	2
11.–20.09.	2	1	1	1	1	15	22	9	2	8	7	1	2
21.–30.09.	–	–	–	–	–	–	21	11	7	10	3	1	–
01.–10.10.	1	–	–	–	–	4	26	3	6	12	5	4	
11.–20.10.	2	–	–	–	–	2	22	5	10	7	6	1	
21.–31.10.	3	–	–	–	–	–	30	11	10	13	8	1	
01.–10.11.	–	–	–	–	–	6	24	7	10	–	–	–	
11.–20.11.	2	–	–	–	–	2	18	11	4	13	5	–	
21.–30.11.	1	–	–	1	–	4	45	10	13	4	5	1	
01.–10.12.	1	–	–	–	–	–	28	6	15	13	12	3	
11.–20.12.	–	–	–	–	–	–	158	105	24	77	5	5	
21.–31.12.	–	7	–	1	7	–	91	64	32	39	16	10	
1942													
01.–10.01.	–	1	–	–	–	–	18	34	20	4	–	4	
	118	85	5	87	46	50	728	427	252	326	108	47	39

Verluste an Waffen im Osten

Zeitraum	4,7cm Pak(t)	5cm Pak38	l.Gr.W. 36	s.Gr.W. 34	l.I.G.18 (besp.)	l.I.G.18 (Kzg)	s.I.G.33 (besp.)	s.I.G.33 (Kzg)	2cm Flak	3,7cm Flak	8,8cm Flak
1941											
22.–30.06.	(24+)[244] 2	17	34	37	9	3	2	2	2	–	1
01.–10.07.	20	38	148	76	11	11	6	3	8	–	–
11.–20.07.	13	41	208	79	38	32	11	3	18	–	3
21.–31.07.	14	28	165	114	48	15	10	11	9	5	5
01.–10.08.	8	17	392	217	62	27	15	4	16	3	1
11.–20.08.	9	26	366	197	92	11	12	1	9	–	–
21.–31.08.	13	27	254	134	52	12	16	2	6	–	–
01.–10.09.	5	14	193	108	35	12	9	8	12	–	1
11.–20.09.	3	11	184	114	46	16	11	5	3	2	–
21.–30.09.	2	6	96	50	19	5	9	3	7	1	–
01.–10.10.	5	29	144	82	21	5	12	5	5	–	–
11.–20.10.	8	8	94	47	27	4	13	6	2	–	1
21.–31.10.	6	12	10	60	27	–	17	–	4	–	–
01.–10.11.	4	7	53	47	–	7	3	3	4	–	–
11.–20.11.	2	–	93	51	12	8	5	5	–	–	–
21.–30.11.	3	10	114	90	3	13	13	3	4	1	–
01.–10.12.	–	28	101	70	25	12	15	4	13	3	1
11.–20.12.	–	59	178	198	64[247]		22[248]		29	–	–
21.–31.12.	14	48	245	205	97		33		18	2	4
1942											
01.–10.01.	4	28	136	95	43	–	13		6	–	–
	135	454	3298	2071	943	193	315	68	175	17	17

2.2.2. *Munition*

Zu denjenigen besonders wichtigen Munitionsarten, bei denen bereits während der materiellen Planungen des Ostfeldzuges ein hohes Fertigungsdefizit als sicher angenommen wurde, gehörte die 5-cm-Panzergranate (Pz.gr.), die sowohl von der 5cm KwK (Kampfwagenkanone) des Panzers III, Typ M als auch der 5cm Pak verschossen wurde. Das Fehl allein an Panzergranaten für die 5cm KwK wurde mit 1,5 Millionen Schuß = 34,6% der für notwendig erachteten Bevorratung gegen Ende des Fertigungszeitraumes am 1. April 1941 berechnet[249]. Bei der sechs Wochen vor dessen Ablauf erstellten Übersicht über die voraussichtliche Bevorratung an Munition stellte sich folgerichtig heraus, daß die 5cm Pz.gr. für die entsprechende KwK wohl nur für 5 7/10 und die Pz.gr. für die 5cm Pak nur für 8 ¾ Kampfmonate bevorratet war. Mit Blick auf die angestrebte bzw. befohlene Bevorratung von 12 Kampfmonaten gehörte die 5cm Panzergranate zur Mangelmunition[250]. Diese Tatsache hatte auch nicht durch das neue Fertigungsprogramm Heer 1941, das z.T. beträchtliche Produktionssteigerungen bei der Munition für 5cm KwK und 5cm Pak vorsah[251], geändert werden können, das nach Ablauf der materiellen Vorbereitungen für den Rußland-Feldzug in Kraft trat.

Diese Mangellage machte sich sofort nach Feldzugsbeginn bemerkbar. Bereits nach der ersten (!) Woche der Kampfhandlungen im Osten konnten die 5cm Pz.gr. (und auch die Pz.gr. 40) »nicht in dem angeforderten Umfange nachgeschoben werden«. »Entscheidende Schwierigkeiten« waren nur wegen der bei den Versorgungsbezirken und Armeen *noch* vorhandenen Vorräte vorerst nicht zu erwarten. Ob die vom Chef H Rüst eingeleiteten »Maßnahmen zur Erhöhung des schußfertigen Nachschubvorrates« ausreichten[252], blieb abzuwarten.

Die Hauptverantwortung für die gleich nach Feldzugsbeginn teilweise bedenklich gewordene Munitionslage lag bei Hitler. Aufgrund »von ihm persönlich angestellter Überlegungen bzw. Berechnungen« hatte er hinsichtlich der Vorratslage festgestellt: »Munitionierung des Heeres kann als gesichert gelten für alle noch möglichen Operationen im weiteren Verlauf dieses Krieges«. Diese Fehlbeurteilung hatten allerdings Generale mitzuverantworten. Obwohl Hitlers Berechnungen von den Verbrauchssätzen und Unterlagen des OKW bzw. des WiRü Amtes, wie Keitel am 3. März 1941 Thomas mitteilte, völlig abwichen, betonte Chef OKW, daß die »programmatischen Darlegungen des Führers an den getroffenen Einzelentscheidungen nichts ändern«[253]. Zwar wird man davon ausgehen können, daß entsprechende Warnungen Hitler wohl nicht von seiner Beurteilung der Munitionslage abgebracht hätten, doch bleibt andererseits festzuhalten, daß Chef OKW und Chef WiRü Amt offenbar gar nicht versucht haben, ihrem Obersten Befehlshaber die wirkliche Situation auf dem entscheidend wichtigen Gebiet der Munitionsbevorratung klarzumachen.

Nach dem ersten Kampfmonat (Juli 1941) wurden die Gesamtverbrauchszahlen für Munition als »immer noch erheblich niedriger als der geschätzte Verbrauch« bezeichnet. Zwar war der Munitionsverbrauch höher als im Polen- und im Frankreich-Feldzug, doch war er im Verhältnis zum Gesamtbestand gering. Besonders hoch war der Verbrauch an Artilleriemunition und hier wiederum der für die schwere Artillerie. Daß der zunächst hohe Verbrauch von 5cm Munition »etwas«, dann »wesentlich« nachgelassen hatte, war nicht weiter verwunderlich: Denn nachdem in den ersten beiden 10-Tage-Zeiträumen 3324 bzw. 3490 russische Panzer ausgeschaltet worden waren, waren es im dritten 10-Tage-Zeitraum vom 11. bis 20. Juli 1941 nur noch 795 und im darauffolgenden 580[254].

Bereits Anfang August 1941 ließ sich wegen des starken Verbrauchs an Artilleriemunition ein Engpaß beim Nachschub für die s.F.H. 18 absehen. Wegen des Mangels an Rohstoffen und Fertigungskapazitäten war der Rücklauf von beschossenen Munitionsteilen zu den Munitionsfabriken (Wiederfüllung von Hülsen) notwendig geworden, hatte sich jedoch noch nicht auf die Munitionslage ausgewirkt. Für ungefähr Anfang Oktober 1941 wurde der Munitionsnachschub für die s.F.H. als vom Rücklauf und von der Neufertigung von Kartuschhülsen abhängig bezeichnet[255].
Die Munitionslage wurde jedoch sehr viel schneller kritisch, und zwar nicht nur bei einer Munitionsart: Noch vor Mitte August 1941 war der Munitionsverbrauch insgesamt »so angestiegen, daß zur Ergänzung und für die erste Bevorratung zur Fortführung der Operationen bei mehreren Munitionsarten (auch l.F.H. und s.F.H.) auf fast den gesamten schußfertigen Nachschubvorrat FzIn [Feldzeuginspektionen] zurückgegriffen werden muß«. Weiterer Nachschub hing in erster Linie von der Arbeitsleistung der Heeresmunitionsanstalten, also »unmittelbar von der Fertigung« ab[256]! Das galt nicht nur für 15cm K.FKC. 28 Mörserlafette, deren Bestände auf siebenhundert Schuß zusammengeschmolzen waren, sondern auch für 21cm K 39 und 24cm H 39.
Diese katastrophale Entwicklung war keine Überraschung; im Gegen-

teil, bereits bei den vorbereitenden Planungen für das »Unternehmen Barbarossa« Mitte September 1940 hatte Generaloberst Fromm, als Chef der Heeresrüstung einer der Hauptverantwortlichen, selbst den Fall einer unzulänglichen Munitionsausstattung als nicht besorgniserregend bezeichnet[257] und von eben der Möglichkeit des unmittelbaren Munitionsnachschubs aus der Fabrik an die Front gesprochen, wie er dann während des Feldzuges tatsächlich durchgeführt werden mußte. Weder General Thomas als Chef des WiRü Amtes noch Keitel haben, soweit ersichtlich, gegen eine derartig dilettantische und unverantwortliche Auffassung irgendwelche Einwände erhoben[258]. So realistisch einerseits in den Planungsarbeiten zum Ausdruck kam, daß das Material nicht vollständig und nicht immer rechtzeitig verfügbar sein würde, so leichtfertig waren andererseits Ausführungen der Verantwortlichen, mit denen sie sich einbildeten, schwierige Situationen großen Ausmaßes überwinden zu können.

Seit Mitte August 1941 enthielten die 10 Tage-Meldungen immer wieder den gleichlautenden Satz: »Nachschub bei fast allen Art.Mun.Arten ist abhängig von der Leistung der Munitionsanstalten und Zuteilung von Sprengstoff und Pulver«. Zu wiederholten Malen wurden anschließend die Geschütztypen genannt, bei denen die Erhöhung der Fülleistung durch Sprengstoffzuteilung »besonders dringend« war, so z. B. – in der Reihenfolge der Dringlichkeit – bei s.F.H. 18, l.I.G. 18, l.F.H. 18 und s.I.G. 33.
Ebenso wie im September hielt auch im Oktober der hohe Munitionsverbrauch an (Operationen bei Vjaz'ma und Brjansk). Zwar beeinträchtigte der deswegen bei fast allen Munitionsarten erheblich angestiegene Verbrauch die Nachschublage nicht wesentlich, weil »der hohe Verschuß nur wenige Tage angehalten« hatte und durch den beträchtlich geringeren Verbrauch der darauffolgenden Tage wieder ausgeglichen wurde, doch war die Nachschublage (Neufertigung und Vorschieben zur Front) insgesamt so unzulänglich, daß Chef H Rüst den Munitionsbedarf nur noch durch Rückgriff auf Bestände im Westen bis – gleichen (nicht höheren!) Verbrauch wie bisher vorausgesetzt – Ende November 1941 decken konnte.

Mit fortschreitender Jahreszeit wurde es schwieriger, ein zutreffendes Bild über den tatsächlichen Munitionsverbrauch zu erhalten: »Die Truppe war bei den herrschenden Witterungsverhältnissen nicht in der Lage, auch nur einigermaßen vollständige Meldungen abzugeben. Im Gesamten kann aber der Verbrauch überschlägig als besonders niedrig beurteilt werden«[259]. Diese in der 10-Tage-Meldung vom 15. November 1941 getroffene Feststellung wurde bereits in der darauffolgenden vom 25. November 1941 durch den Hinweis eingeschränkt, daß die Nachmeldungen ebenso hoch waren wie die Meldungen selbst über den Munitionsverbrauch im jeweiligen 10-Tage-Zeitraum. Daher »muß also diesmal mit einem erheblich höheren Verbrauch gerechnet werden«.

Die krisenhaften Zustände bei der Munitionslage hatten sich auch Ende November 1941 noch nicht grundlegend gebessert. So hieß es, daß die Munitionsvorräte »für die nächste Zeit im allgemeinen« zwar ausreichten, es jedoch auf das immer genügende Vorhandensein von Pulver und Sprengstoff ankam, um denjenigen Vorrat an Nachschub, der nicht schußfertig war, ständig aufarbeiten zu können.

Hinter diesen Worten verbarg sich ein ernstes Problem. Die Munitionsfertigungsprogramme zerfielen nämlich in einen mechanischen und in einen chemischen Teil. Die gefertigten Mäntel für die Geschosse (Granaten) mußten mit Sprengstoff, die Hülsen bzw. Kartuschen mit Pulver gefüllt werden. Außerdem mußte bei den großkalibrigen Munitionsarten z.B. die die Treibladung enthaltende Kartusche mit der Granate zu einem ganzen Schuß zusammengesetzt werden, der dann verwendet werden konnte.

Die Erfüllung des mechanischen Teils der Munitionsfertigung wirkte sich erst dann aus, wenn genügend Pulver und Sprengstoff vorhanden waren bzw. verfüllt wurden. Dies war keineswegs immer der Fall, wie die Munitionskrise schon im Polenfeldzug 1939 gezeigt hatte. (Eine ihrer Folgewirkungen war die Einsetzung Todts als Reichsminister für Bewaffnung und Munition gewesen).

Wie begrenzt die Produktionskapazitäten waren, zeigte sich in folgendem: Zwar war eine erhöhte Fertigung von Munition für l. und s.F.H., l. und s.I.G. und 21 cm Mrs. 19 genehmigt worden, doch würde der Munitionsbestand für diese Kaliber, der für die Operationen im Frühjahr 1942 vorgesehen war, nur unter der Voraussetzung günstig beeinflußt werden, daß der Verbrauch während der Wintermonate sank. Damit war, wenn auch in verklausulierter Form, festgestellt worden, daß mit einer hinreichenden Munitionsausstattung zu Beginn der Frühjahrsoperationen nicht sicher zu rechnen war. Spannungen in der Munitionslage bei den übrigen Kalibern (Mangelmunitionsarten) wurden für den Fall nicht rechtzeitig erfolgter Fertigungssteigerungen vorausgesagt[260]. Eine ausreichende Bevorratung für die geplanten Operationen im Frühjahr

1942 war allenfalls bedingt zu erwarten, denn der »gleichbleibend hohe Munitionsverbrauch im Osten läßt keine Vorratsbildung im Heimatbestand an *schußfertiger* Munition der gängigsten Arten« (s.Gr.W. 34, l.I.G. 18, l.F.H.) zu[261].

2.2.3.1. Kraftfahrzeuge – Panzer

Der Angriff gegen die Sowjetunion am 22. Juni 1941 wurde mit rund 3481 Panzern und 250 Sturmgeschützen durchgeführt[262]. Die Verluste wurden nur zu einem geringen Teil ausgeglichen. Daher war die Einsatzbereitschaft der Panzerverbände bereits fünf Wochen nach Feldzugsbeginn, am 31. Juli 1941, nur noch zu 60% bis 70% gewährleistet.
Seit Anfang August 1941 hieß es in den 10 Tage-Meldungen immer wieder, daß die Ausfälle an Panzern ständig zunahmen und durch Beute nicht ergänzt werden konnten. Der Nachschub, der zwei bis drei Wochen bis zu den Einsatzräumen unterwegs war, war »bei dem außerordentlich hohen Verschleiß unzureichend« und konnte nur einen kleinen Prozentsatz der Totalausfälle decken[263].
Der Versuch, Mitte August 1941 einen Überblick über die Panzerlage zu geben, war wenig ergiebig. Bezüglich der Panzergruppe (Pz.Gr.) 1 hieß es: »Übersicht kann erst nach Abschluß der Kämpfe gewonnen werden«, und Pz.Gr. 4 war bei Feldzugsbeginn mit »etwa 75 % bis 80 % einsatzfähiger Panzer angetreten«. Nur die Panzergruppen 2 und 3 waren mit der Angabe genauer, daß bei ihnen nach einer Instandsetzungsaktion mit etwa 65 % einsatzfähiger Panzer zu rechnen war. Bei der Fortsetzung der Operationen wurde »mit größeren Ausfällen als bisher« gerechnet, weil die Masse der Panzer wegen einer nur feldmäßig erfolgten Instandsetzung für nicht mehr so widerstandsfähig eingeschätzt wurde wie zu Beginn der Operationen[264].
Die durch die ungewöhnlich großen Anfangserfolge mitbedingte Erwartung Hitlers und der Wehrmachtführung, der Ostfeldzug werde im Spätsommer 1941 siegreich beendet sein, erfüllte sich nicht[265]. Daher mußte das Ostheer für die neuen Operationen im Herbst 1941, durch die der endgültige Erfolg noch 1941 errungen werden sollte, personell aufgefrischt[266] und materiell ergänzt werden. Mitte September wurde darauf hingewiesen, daß für die Fortführung der Operationen weitere Panzerfahrzeuge durch Chef H Rüst und BdE zugewiesen werden müßten, weil dessen bisherige Zuweisungen sowie der geringe Anfall an Beute die bisherigen Ausfälle in keiner Weise decken würden[267]. Den

Infanterie-Divisionen und den Divisionen der Pz.Gr. 1 konnten deswegen weder gepanzerte noch ungepanzerte Fahrzeuge zugewiesen werden. So stellte sich die Panzerlage Ende September 1941, also unmittelbar vor Beginn der Operationen in Richtung Moskau über Vjaz'ma und Brjansk, wie folgt dar:

'p	Bestand[1] am 22. 6. 1941	Abgang[2] vom 22. 6.	Zugang bis 30. 9. 41	Fehl am 30. 9. 41 gegenüber Bestand am 22. 6. 1941	Neuproduktion im 3. Quartal 1941[3]	Neuproduktion über (+) bzw. (–) unter Fehl im 3. Quartal 41
z I	(4)	271	–	271		
II	746	233	6	227 = – 27,74 %	71	– 156; – 68,72 %
III	965	331	51	280 = – 29,01 %	484	+ 204; + 72,85 %
3 III (t)	772	385	36	349 = – 45,2 %	205	– 144; – 41,26 %
IV	439	187	17	170 = – 38,72 %	128	– 42; – 24,11 %
'uG	250	49	4	45 = – 18,0 %	122	+ 77; + 171,11 %
ef.Pz	230	46	2	44 = – 19,12 %	13	– 31; – 70,45 %

Nach Müller-Hillebrand, Heer II, Tabelle 24, S. 106.
Nach Tabelle Kfz-Lage (gepanzert), S. 91
Es ließ sich nicht feststellen, ob der Zugang bis 30. September 1941 (in Sp. 2) aus der Neuproduktion stammte. Falls ja, wäre zwar das Fehl größer, doch ändert dies nichts an der prinzipiellen Richtigkeit der Schlußfolgerung.
Nach Müller-Hillebrand, Heer II, Tabelle 25, S. 107. Er gibt – vgl. (1) – rd. 180 Panzer I an. Da jedoch – bei einer Ersatzzuführung von 12 Stück – der Ausfall vom 22. Juni – 31. Dezember 1941 341 Pz I betrug, muß die Bestandzahl um 149 höher liegen.

Der Bestand an Panzerfahrzeugen hatte sich bis zum 30. September 1941 je nach Typ zwischen knapp einem Fünftel bis knapp über die Hälfte des Ausgangsbestandes verringert. Die vor Beginn der Oktober-Operationen zugewiesenen Panzerfahrzeuge wurden zwar erst in den 10-Tage-Meldungen vom 25. Oktober und 5. November 1941 aufgeführt, doch zeigte sich sogleich, daß sie bei manchen Typen »nicht einmal die inzwischen neu eingetretenen Ausfälle« deckten. Noch bedenklicher als der außerordentlich geringe Zugang an Panzerfahrzeugen – er betrug weniger als ein Zehntel der Abgänge – war also die bei einigen Typen viel zu kleine Neuproduktion, die nur beim Panzer III und beim Sturmgeschütz zufriedenstellend war.
Stereotyp sprachen die 10-Tage-Meldungen vom weiteren Ansteigen der Ausfälle und Fehlbestände bei den Panzerfahrzeugen. Die Behauptung – »Weiterer Nachschub steht nicht mehr zur Verfügung«[268] – trifft jedoch nicht zu. Ein Vergleich der Zahlenangaben über Abgang und Neuproduktion im 3. Quartal 1941 läßt deutlich erkennen, daß der Ostfront in diesem Zeitraum sehr viel weniger Ersatz (von 1023 Neufertigungen waren es nur 116) zugeführt worden ist, als es möglich gewesen wäre, selbst wenn man berücksichtigt, daß der Transport von der

Fertigungsstätte in den Einsatzraum zwei bis drei Wochen dauerte. – Die Schlechtwetterperiode erschwerte die Bewegungen auch der gepanzerten Fahrzeuge in zunehmendem Maße und machte sie schließlich unmöglich, bis der harte Winter zwar eine bedingte Beweglichkeit zuließ, aber durch extreme Witterungsbedingungen das übrig gebliebene Material noch weiter verschliß. Daher ergab sich am Stichtag 31. Dezember 1941 folgende Panzerlage:

Typ	Abgang v. 1. 10.	Zugang – 31. 12. 41	Fehl am 31. 12. 41	Neuproduktion im 4. Quartal 41	Neuprod. über (+) bzw. unter (–) Fehl im 4. Quartal
Pz II	165	17	148	113	– 35 = – 30,97 %
Pz III	306	226	80	541	+ 461 = + 85,21 %
Pz 38 III (t)	336	72	264	153	– 111 = – 72,54 %
Pz IV	133	63	70	164	+ 94 = + 57,31 %
StuG	52	8	44	163	+ 119 = + 73,0 %
Bef.Pz	32	5	27	18	– 9 = – 50,6 %

Mit Ausnahme des Panzers III und des Sturmgeschützes, bei denen die Gesamtneufertigungen aber immer noch höher waren als die Ausfälle, waren bei den gepanzerten Fahrzeugtypen zum Teil zwar relativ erhebliche Produktionssteigerungen zu verzeichnen, doch wurde dadurch in dem einen oder anderen Falle nur das Defizit spürbar verringert. Obwohl die Produktion von Panzern durch die Umsteuerung der Rüstung nach dem Ende des Frankreich-Feldzuges nicht betroffen war, stieg sie nicht sprunghaft an. Die Fertigungsmöglichkeiten ließen nur eine allmähliche, auf mehrere Jahre geplante Umgliederung des Heeres zu[269]. Dies erschien zum damaligen Zeitpunkt als unproblematisch, weil das (Panzer-)Material für keinen bald erwarteten Landkrieg produziert wurde. Die Gesamtpanzerlage von Feldzugsbeginn bis zum Jahresende 1941 zeigte folgendes Bild:

Typ	Bestand[270] am 22. 6. 41	Abgang[271] 22. 6. – 31. 12. 41	Zugang[272] 22. 6. – 31. 12. 41	Fehl am 31. 12. 41 gegenüber Bestand am 22. 6. 41
Pz I	. . .[273]	341	12	329
II	746	398	23	375 = 50,26 %
III	965	637	277	360 = 37,3 %
38 III (t)	772	721	108	613 = 79,4 %
IV	439	320	80	240 = 54,66 %
StuG	250	101	12	89 = 35,6 %
Bef.Pz	230	78	7	71 = 30,86 %
Zg.Kw.	. . .[274]	270	28	242
l.Pz.Sp.w.		315	50	265
s.Pz.Sp.w.		78	6	72
PanhardSp.w.		89	22	67
Sfl		41	2	39

Kfz.-Lage (gepanzert)

Zeitraum 1941	Panzer I	Panzer II	Panzer III	Panzer III (t)	Panzer IV	Sturmgeschütz
22.06.–31.07.[1]	93 / –	97 / –	153 / 45	140 / 27	96 / 15	11 / 4
25.07.–05.08.[2]	145 / –	59 / –	43 / –	125 / –	43 / –	1 / –
10.–20.08.	11 / –	13 / –	8 / –	19 / –	6 / –	7 / –
21.–31.08.	15 / –	32 / 1	23 / –	39 / 8	19 / –	18 / –
01.–10.09.	3 / –	14 / 4	78 / 3	21 / 1	7 / 1	2 / –
11.–20.09.	1 / –	15 / 1	17 / 1	41 / –	15 / 1	2 / –
21.–30.09.	3 / –	3 / –	9 / 2	– / –	1 / –	8 / –
01.–10.10.	7 / –	13 / –	2 / –	28 / –	5 / –	2 / 7
11.–20.10.	10 / –	15 / –	37 / –	5 / –	17 / –	15 / –
21.–31.10.	1 / –	37 / 1	38 / 187	52 / 72	33 / 56	6 / –
01.–10.11.	17 / 12	20 / 6	93 / 24	51 / –	19 / 7	3 / –
11.–20.11.	4 / –	3 / –	10 / –	26 / –	9 / –	5 / –
21.–30.11.	12 / –	7 / 10	13 / 15	72 / –	10 / –	2 / –
01.–10.12.	2 / –	32 / –	66 / –	48 / –	25 / –	9 / 1
11.–20. 12.	17 / –	22 / –	26 / –	54 / –	12 / –	2 / –
21.–31.12.[3]	– / –	16 / –	21 / –	– / –	3 / –	8 / –
22.06.–31.12.	341 / 12	398 / 23	637 / 277	721 / 108	320 / 80	101 / 12

1 Die Quelle – BA-MA, III W 805/5-7 – enthält für den 2. und 4. 10 Tage-Zeitraum keine Angaben, weil keine Meldungen vorgelegen haben; im 3. 10 Tage-Zeitraum hatten nur das AOK Norwegen und die Panzergruppe 3 ihre Verluste gemeldet. – Die lückenhaften Meldungen in den Anfangswochen des Feldzuges erklären sich ohne weiteres aus dem schnellen Vormarsch, der wenig »Schreibarbeit« zuließ. – Eine Zahlenangabe in der rechten Hälfte der jeweiligen Kolumne gibt den zugeführten Ersatz an.

2 So im Original; es ließ sich nicht mehr feststellen, ob Panzer bzw. gepanzerte Fahrzeuge, die vom 25.–31. Juli 1941 verlorengegangen waren, doppelt gezählt wurden oder nicht. – Da andererseits zu berücksichtigen ist, daß vom 6.–10. August 1941 keine Verlustzahlen genannt wurden, ist anzunehmen, daß es sich bei der Datumsangabe um einen Schreibfehler handelt und daß in Wirklichkeit der 10 Tage-Zeitraum vom 1.–10. August 1941 gemeint ist.

3 In der 10 Tage-Meldung vom 15. Januar 1942 wurde für den Zeitraum vom 1.–10. Januar 1942 nur die Kfz-Lage ohne Panzer aufgeführt.

Kfz.-Lage (gepanzert)

Zeitraum 1941	Zugkraftwagen (gep.)	Panzerbefehlswagen	lei. Panzerspähwagen	schw. Panzerspähwagen	Panhard-Spähwagen	Selbstfahrlafetten
22.06.–31.07.	10 / 5	17 / –	74 / 14	36 / –	7 / 7	
25.07.–05.08.	62 / –	3 / –	21 / –	4 / –	56 / –	
10.–20.08.	15 / –	2 / –	15 / –	3 / –	– / –	
21.–31.08.	18 / 3	7 / 2	11 / 12	2 / –	1 / –	
01.–10.09.	10 / 1	11 / –	45 / 1	12 / –	– / 15	
11.–20.09.	7 / –	6 / –	14 / –	5 / –	– / –	
21.–30.09.	4 / –	– / –	9 / –	– / –	– / –	
01.–10.10.	3 / –	1 / –	5 / –	1 / –	– / –	
11.–20.10.	16 / –	7 / –	23 / –	5 / –	1 / –	
21.–31.10.	4 / –	6 / –	13 / 1	1 / 1	3 / –	
01.–10.11.	7 / 19	3 / 4	36 / 22	3 / 5	2 / –	25 / 1
11.–20.11.	7 / –	1 / –	1 / –	2 / –	– / –	– / –
21.–30.11.	63 / –	2 / 1	29 / –	2 / –	8 / –	2 / –
01.–10.12.	26 / –	6 / –	13 / –	1 / –	5 / –	1 / –
11.–20.12.	4 / –	2 / –	6 / –	1 / –	5 / –	12 / 1
21.–31.12.	14 / –	4 / –	1 / –	– / –	1 / –	1 / –
22.06.–31.12.	270 / 28	78 / 7	315 / 50	78 / 6	89 / 22	41 / 2

Wegen des unzureichenden Nachschubs war das absolute Fehl bei sämtlichen ermittelten gepanzerten Fahrzeugtypen bis 31. Dezember 1941 ständig weiter gestiegen und betrug gegen Ende diesen Jahres immer mindestens ein Drittel des Ausgangsbestandes. Um über die Hälfte an Pz I-IV einschließlich StuG und Pz.Bef.wagen hatte sich der Bestand des deutschen Heeres trotz Ersatz insgesamt vermindert. Es bedurfte großer Anstrengungen, dieses Defizit wenigstens einigermaßen auszugleichen und neu ausgerüstete Panzer-Divisionen für die Kämpfe im Jahre 1942 bereitzustellen.

2.2.3.2. Kraftfahrzeuge – ungepanzert

Die Lage bei den ungepanzerten Kraftfahrzeugen (Kfz) des Ostheeres war noch weniger zufriedenstellend als bei den Panzerfahrzeugen. Schon in der ersten 10-Tage-Meldung vom 5. Juli 1941 wurde der Nachschub für ausgefallene heeresübliche Kfz als »dringend erforderlich« bezeichnet. Insgesamt gesehen, war die Einsatzbereitschaft *vorläufig* gesichert[275]. Zum Teil konnten die ausgefallenen Kfz durch Beute-Kfz ersetzt werden; doch da deren größerer Teil nicht fahrfähig war, hielt sich dieser »Ersatz« in Grenzen.
Bei den ständig zunehmenden Ausfällen an Kfz und durch den »außerordentlich hohen Verschleiß« war der Nachschub unzureichend. Dies zeigte sich bereits während der Anfangsphase des Ostfeldzuges. Für die Zeit vom 22. Juni bis zum 31. Juli ergab sich[276]:

Typ	Abgang	Zugang + (Beute)	Fehl	Angabe lt. 10 Tg.-Mldg. – zu wenig gemeldet + zu viel gemeldet
Kräder	9110	446 + (160)	8504	8078 = – 426 (– 5,0 %)
Pkw	4772	337 + (92)	4343	4833 = + 490 (+ 11,28 %)
Lkw	6927	1403 + (525)	4999	5840 = + 841 (+ 16,82 %)
Anhänger	548	63 + (17)	468	909 = + 441 (+ 94,23 %)

Das Fehl bei den einzelnen Typen war außerordentlich hoch und würde sich, nach dem bisherigen unzulänglichen Zugang zu schließen, ständig vergrößern. Bedenklich war, daß bis zu einem Viertel des Zuganges aus der Beute stammte, also aus einem Bestand, mit dessen Erhalt oder gar Vergrößerung nicht sicher gerechnet werden konnte. War die Transportlage schon dadurch erschwert, daß die Nachschubwege bei Fortschreiten der Operationen immer länger wurden, so wurde sie noch komplizierter

durch den fehlenden, aber viel zu wenig ersetzten Transportraum. Unzutreffende Meldungen über die Höhe des Fehls – in der Mehrzahl der Fälle wurde es zu hoch angegeben (bei den Anhängern z.B. fast doppelt soviel [94,23%] wie das tatsächliche Fehl) – machten eine zutreffende Beurteilung der Transportraumsituation besonders im Anfangsstadium des Ostfeldzuges unmöglich. Nur die ungenügende Ausstattung des Ostheeres mit ungepanzerten Kfz selbst war rasch deutlich sichtbar – und spürbar! – geworden.
Die schlechten Straßenverhältnisse führten zur Überbeanspruchung des – z.T. überalterten – Kfz-Bestandes und ließen die Ausfälle ständig weiter steigen, die nur, soweit es sich um Totalausfälle handelte, wie oben erwähnt, zu einem kleinen Prozentsatz gedeckt werden konnten. Die Zuführung des Ersatzes dauerte etwa zwei bis drei Wochen. Die Reparatur schadhafter Kfz dauerte nicht so lange – falls die entsprechenden Ersatzteile vorhanden waren, an denen erheblicher Mangel herrschte. Dieser ließ das Fehl an Kfz zeitweilig noch höher sein als es durch die Totalausfälle ohnehin schon war.
Die 10 Tage-Meldung vom 25. August 1941 legte offen die katastrophale Situation auf dem Kfz-Gebiet mit der Feststellung dar, daß die Ausfälle »höher als die möglichen Zuweisungen« waren. Außerdem wurde die Nachschublage für Ersatzteile und Bereifung, bei dieser insbesondere für die Großtransportraum-Fahrzeuge, »immer angespannter«[277].

Die für »dringend erforderlich« gehaltene Fertigung von Großreifen war keineswegs einfach zu bewerkstelligen. Da die Transitwege, auf denen der gesamte für deutsche Zwecke bestimmte Naturkautschuk durch die Sowjetunion nach Deutschland gelangte, mit Beginn der Kampfhandlungen blockiert waren, unterblieb die notwendige Zufuhr. Dadurch begann sich jenes erhebliche Gefahrenmoment, von dem die vom 13. Februar 1941 datierte Studie des WiRüAmtes gesprochen hatte[278], auf die Versorgung der Wehrmacht mit Kautschuk auszuwirken: Die Vorräte reichten nicht aus, um jene sicherzustellen. Dies führte im praktischen Bereich z.B. dazu, daß nicht mehr genügend Reifen für die Großraumtransporter hergestellt werden konnten. So deckte z.B. die einmalige Zuweisung von 1600 Großreifen nur ungefähr 10% des tatsächlichen Bedarfs, und die weitere Fertigung von Großreifen blieb eine Forderung, deren Erfüllung immer dringender wurde. Denn der Reifenmangel beeinträchtigte die Beweglichkeit der Transportkolonnen erheblich, was sich entsprechend ungünstig auf den Nach- bzw. Abschub von (Versorgungs-)Gütern auswirkte.

Der Forderung an Chef H Rüst und BdE, zur Führung der im Oktober 1941 geplanten Operationen der Truppe weitere Kraftfahrzeuge zuzuweisen, wurde von diesem entsprochen, allerdings nur auf dem Gebiet der Lastkraftwagen[279]:

	Abgang	Zugang Beute + Nachschub	
01.–10. 10. 1941	997	299 + 846	+ 148
11.–20. 10. 1941	899	936 + 1352	+ 1389

Bei den übrigen ungepanzerten Kfz blieb der Zugang in den allermeisten Fällen hinter dem Abgang zurück. Die wenigen Male, in denen die Situation umgekehrt war, verbesserten wegen zu geringer Mehrzuweisungen die Lage nicht grundlegend. Im Gegenteil, sie verschlechterte sich fortwährend: In der zweiten Oktoberhälfte 1941 hieß es nach der üblichen Feststellung, daß die Zuweisungen nur einen kleinen Prozentsatz an Ausfällen und Fehlstellen deckten, erstmalig, daß weiterer Nachschub nicht mehr zur Verfügung stand, was umso schlimmer war, als die zugewiesenen Kfz »nicht einmal die inzwischen neu eingetretenen Ausfälle« deckten[280].
Mitte November 1941 wurde gemeldet, daß die »Masse des Winterzubehörs für Kfz« der Front zugeführt worden war, doch blieb die Kfz-Lage zusätzlich zu den witterungsbedingten Erschwernissen, vor allem wegen der angespannten Situation auf dem Reifensektor sehr schwierig. Um das drückende Fehl an Großreifen beim Groß-Transportraum wirkungsvoll zu verringern, war »die Zuweisung eines Kautschuk-Sonderkontingents zur Herstellung von 12000 Großreifen unbedingt erforderlich«[281]. So berechtigt diese Forderung war – sie konnte aus Rohstoffmangel nicht erfüllt werden. Auch der Nachschub von Ersatzteilen in die Frontlager blieb wegen der Transportlage »weiter angespannt«.
Einmal mehr mußte die Truppe unter den Folgen des nicht sorgfältig genug vorbereiteten Feldzuges leiden. Dies beweisen auch die Angaben über das Fehl bei den einzelnen ungepanzerten Kraftfahrzeugtypen:[282]

Verlust und Ersatz an ungepanzerten Kfz vom 22. 6. 1941 – 10. 01. 1942

Kfz.-Typ	Abgang	Zugang (Beute) + Nachschub	Fehl	+ zuviel, – zuwenig gemeldete Abgänge[283]
Kräder	38601	(573) + 3073	34955	– 204
Pkw	21559	(873) + 3089	17597	+ 929
Lkw	36189	(4913) + 12139	19137	+ 3761
Zugkraftwagen (ZgKw.)	2577	(13) + 276	2288	+ 101
Kraftomnibusse (Kom.)	357	(24) + 108	225	+ 67
Schlepper	138	(18) + 12	108	+ 244
Anhänger	2208	(56) + 287	1865	+ 464
Sonderkraftfahrzeuge (Sd.Kfz)	825	(18) + 122	685	+ 158
Krankenkraftwagen (Kr.Kw.)	1250	(32) + 360	858	+ 276

Bemerkenswert sind in diesem Zusammenhang die bei mehreren Kfz.-Typen sehr hohen Falschmeldungen. Eine den Tatsachen entsprechende Materialplanung und -produktion, die der Vorbereitung der Offensive im Frühjahr 1942 diente, war deswegen kaum noch möglich.

Kfz.-Lage (ungepanzert)

Zeitraum	Kräder			Pkw			Lkw		
1941	Abgang	Zugang (Beute)	+ Nachschub	Abgang	Zugang (Beute)	+ Nachschub	Abgang	Zugang (Beute)	+ Nachschub
22.06.–31.07.	9110	(160)	446	4772	(92)	337	6927	(525)	1403
01.–10.08.	3694	(49)	212	1937	(107)	222	2888	(563)	1112
11.–20.08.	4248	(18)	239	3676	(58)	204	3255	(433)	1457
21.–31.08.	1896	(47)	173	1004	(102)	212	1512	(542)	1164
01.–10.09.	1823	(72)	182	956	(140)	263	1445	(390)	779
11.–20.09.	1352	(23)	169	1049	(7)	232	1425	(126)	494
21.–30.09.	2151	(45)	264	1738	(88)	276	2073	(401)	745
01.–10.10.	1051	(24)	168	661	(33)	231	997	(299)	846
11.–20.10.	752	(33)	233	583	(130)	204	899	(936)	1352
21.–31.10.	1160	(34)	201	872	(49)	199	1288	(192)	505
01.–10.11.	1686	(21)	122	1286	(22)	94	1806	(96)	538
11.–20.11.	1420	(2)	136	796	(4)	117	1311	(72)	299
21.–30.11.	2683	(34)	100	1952	(22)	129	2879	(210)	511
01.–10.12.	941	(2)	360	829	(4)	193	1168	(30)	509
11.–20.12.	1853	(5)	28	1427	(5)	62	3159	(90)	194
21.–31.12.	1224	(4)	32	603	(6)	45	865	(8)	152
1942									
01.–10.01.	1557	(–)	18	1380	(4)	69	2292	(–)	79
	38601	(573) +	3073	21559	(873) +	3089	36189	(4913) +	12139

Kfz.-Lage (ungepanzert)

Zeitraum 1941	ZugKw. Abgang	Zugang (Beute)	+ Nachschub	Kom. Abgang	Zugang (Beute)	+ Nachschub	Schlepper Abgang	Zugang (Beute)	+ Nachschub
22.06.–31.07.	505	(3)	32	79	(4)	27	78	(6)	–
01.–10.08.	182	(5)	28	40	(1)	5	17	(1)	2
11.–20.08.	195	(–)	71	34	(2)	8	7	(–)	2
21.–31.08.	96	(3)	19	24	(4)	8	9	(2)	2
01.–10.09.	131	(1)	9	14	(6)	1	1	(1)	1
11.–20.09.	62	(–)	12	13	(–)	7	4	(1)	–
21.–30.09.	144	(–)	13	24	(–)	10	4	(3)	–
01.–10.10.	43	(–)	8	12	(–)	5	–	(–)	–
11.–20.10.	35	(1)	6	14	(2)	13	9	(3)	3
21.–31.10.	62	(–)	14	14	(1)	5	3	(–)	–
01.–10.11.	172	(–)	5	16	(–)	–	–	(–)	–
11.–20.11.	114	(–)	8	8	(–)	3	–	(–)	–
21.–30.11.	235	(–)	19	26	(2)	4	1	(–)	–
01.–10.12.	82	(–)	17	7	(–)	4	–	(–)	–
11.–20.12.	195	(–)	4	13	(2)	3	4	(1)	1
12.–31.12.	114	(–)	10	6	(–)	4	–	(–)	–
1942									
01.–10.01.	210	(–)	1	13	(–)	1	1	(–)	1
	2577	(13)	+ 276	357	(24)	+ 108	138	(18)	+ 12

Kfz.-Lage (ungepanzert)

Zeitraum 1941	Anhänger Abgang	Zugang (Beute)	+ Nachschub	Sd.Kfz. Abgang	Zugang (Beute)	+ Nachschub	Kr.Kw. Abgang	Zugang (Beute)	+ Nachschub
22.06.–31.07.	548	(17)	63	336	(8)	15	223	(3)	27
01.–10.08.	247	(3)	24	98	(1)	32	104	(1)	15
11.–20.08.	456	(7)	35	61	(–)	3	94	(–)	6
21.–31.08.	219	(1)	10	118	(2)	17	48	(–)	23
01.–10.09.	52	(1)	57	46	(–)	21	50	(10)	5
11.–20.09.	113	(4)	6	53	(–)	2	83	(2)	3
21.–30.09.	61	(8)	18	22	(–)	1	55	(4)	51
01.–10.10.	73	(–)	6	21	(5)	6	38	(1)	25
11.–20.10.	42	(–)	10	15	(2)	12	31	(1)	21
21.–31.10.	43	(–)	23	4	(–)	5	48	(5)	24
01.–10.11.	50	(3)	11	8	(–)	7	119	(4)	53
11.–20.11.	60	(–)	6	12	(–)	–	112	(–)	13
21.–30.11.	64	(10)	12	11	(–)	–	61	(–)	1
01.–10.12.	52	(–)	2	9	(–)	–	81	(1)	60
11.–20.12.	53	(–)	–	5	(–)	1	32	(–)	9
21.–31.12.	51	(1)	3	–	(–)	–	41	(–)	19
1942									
01.–10.01.	24	(1)	1	6	(–)	–	30	(–)	5
	2208	(56)	+ 287	825	(18)	+ 122	1250	(32)	+ 360

2.2.4. *Pferdelage*

Bedingt durch die wenigen Aufbaujahre und die begrenzte Leistungsfähigkeit der deutschen Industrie war die Wehrmacht zu Beginn des Krieges nur teilweise motorisiert. Für die Beweglichkeit der Truppe spielte deshalb die Verwendung von Pferden eine wichtige Rolle[284], und zwar nicht nur für Nachschubeinheiten, sondern auch für kämpfende Truppenteile wie pferdebespannte schwere Artillerie.

Im Juni 1941 betrug die Pferde-Iststärke 817158 Tiere[285], von denen in der Anfangswoche des Unternehmens »Barbarossa« vom 22.–30. Juni 1941 557368 im Osten eingesetzt waren[286]. Somit befanden sich 68,2 % oder gut zwei Drittel des gesamten Pferdebestandes der Wehrmacht an der Ostfront.

Ein Gesamtüberblick über die Pferdelage während des Ostfeldzuges[287] ergibt folgendes Bild:

	Pferde tot	Pferde krank oder verwundet an Veterinärdienste abgegeben	Ersatz	+	Beute
22.6.41–20.1.42	169172	166416	47801		89725

Von denjenigen Pferden, die am 22. Juni 1941 eingesetzt waren, waren sieben Monate später, am Stichtag 20. Januar 1942, ein knappes Drittel (30,35 %) tot. Der Ersatz für die toten Pferde betrug nur 28,22 %; hinzu kamen allerdings die Beutepferde (53,03 %), so daß der Gesamtersatz rein rechnerisch 83,38 % betrug. Dabei ist allerdings zu berücksichtigen, daß es sich bei den Beutetieren meist um Panje-Pferde handelte, die trotz unbestrittener Vorzüge auch eine Reihe von Nachteilen aufwiesen, die sie für den Kriegseinsatz als »wenig leistungsfähige« und »nur bedingt verwendbare« Tiere kein vollwertiger Ersatz sein ließen[288].

Pferdelage

	Pferde tot	Pferde krank oder verwundet an Veterinärdienste abgegeben	Ersatz	Beute
22.–30. 06.	3021	6441	1212	2744
01.–10. 07.	2839	9442	1500[5]	5088
11.–20. 07.	4442	15734	1920	4916
21.–31. 07.	8304[1]	19662	2370	1641
01.–10. 08.	9847	13043	4989	1442
11.–20. 08.	8427	10054	460	2342
21.–31. 08.	6472	8473	3958[6]	10008
01.–10. 09.	7690	8365	3320	3582
11.–20. 09.	7506	8601	2443[7]	4507
21.–30. 09.	8404[2]	10303[4]	5320	8716
01.–10. 10.	6686	9905	2760	8178
11.–20. 10.	7620	7545	600	9756
21.–31. 10.	6904	6591	2870	5027
01.–10. 11.	11605[3]	7991	1700	5116
11.–20. 11.	10065	5339	3650[8]	–
21.–30. 11.	10662	5508	383[9]	10255
01.–10. 12.	7787	4073	8305[10]	4298
11.–20. 12.	7479	3415	41[11]	2109
21.–31. 12.	7743	2860	–	2421
1942				
01.–10. 01.	14118	3071	–	
11.–20. 01.	11551			

1 Die Angabe bei BA-MA, III W 805/5/II, 82 gibt die Zahl der toten Pferde mit 8244 an. Dabei ist zu berücksichtigen, daß sie sich auf den 10 Tage-Zeitraum vom 21.–31. Juli 1941 bezieht, während die andere Angabe (ebd., Bl. 81) die zweite Hälfte des Monats Juni 1941 umfaßt.
2 Einschließlich 9 toter Pferde bei der 1. Kav. Div.
3 Einschließl. 3 toter Pferde bei OQu Schwarzes Meer.
4 Einschließl. von 291 Pferden der 1. Kav. Div.
5 Einschließlich der 54 Pferde für die 93. Div.
6 Das rückwärtige Heeresgebiet Süd erhielt für die 213. Div. 100 Pferde.
7 Einschließl. der 300 Pferde für die spanische Div.
8 Dazu kamen noch 330 Maultiere für das XXXXIX. (Geb.) A.K.
9 Einschließl. von 23 Pferden als Ersatz für den Versorgungsbezirk Dnepr.
10 Einschließl. von 210 Pferden für M.i.G. (für Marschbataillone); 5235 kamen aus Marschbataillonen, und 2250 (einschließl. der 250 Pferde für PzAOK 2) Pferde kamen von der 1. Kav. Div.
11 Diese 41 Pferde wurden dem Befehlshaber rückwärtiges Heeresgebiet zugewiesen.

2.2.5. *Beute*

Der schnelle Vormarsch der deutschen Truppen ließ ihnen bereits in der Anfangsphase des Feldzuges erhebliches Material des Feindes in die Hände fallen[289]. Besonders auffällig ist, daß in den ersten beiden 10 Tage-Zeiträumen weit mehr Waffen, Gerät und Pferde erbeutet wurden als in den drei darauffolgenden:

Zeitraum	Gewehre (versch.)	Gewehre (automat.)	l.M.G.	s.M.G.	Geschütze aller Art	Panzer	Pferde
22.–30. 6.	15441	14441	–	–	1983	3324	2744
01.–10. 7.	21079	1400	792	409	3241	3490	5088
11.–20. 7.	8106	434	158	238	628	795	5916
21.–31. 7.	9824	18	163	206	1503	580	1641
01.–10. 8.	10209	4	129	87	3397	1183	1442

Daraus ergibt sich, daß die Sowjetunion im unmittelbaren Grenzbereich stärkere Truppenverbände konzentriert hatte als weiter hinten und daß diese – mit Blick auf die gute Bewaffnung – nicht nur besser ausgerüstet, sondern wohl auch besser ausgebildet waren als andere Einheiten. Andernfalls fällt es schwer zu erklären, warum die Truppen mit moderner Bewaffnung ganz vorn lagen. Sehr deutlich wird dies bei einem Vergleich der Beuteangaben über Gewehre (verschiedene Modelle) und automatischen Gewehren. Auch die Panzermassierungen in Grenznähe belegen dies. Bemerkenswert ist, daß die deutschen Truppen in den ersten fünfeinhalb Wochen des Ostfeldzuges – bei 994 eigenen Verlusten an Panzern I – IV – 9372 Feindpanzer, also nahezu die zehnfache Anzahl, vernichteten. Während der gesamten zweiten Jahreshälfte 1941 waren die Beutemengen beträchtlich, auch wenn sie im Dezember dieses Jahres wegen des russischen Gegenangriffes, der am 6. Dezember 1941 begann, weniger hoch als in den Monaten zuvor waren. Im ersten Halbjahr des Krieges erbeuteten die deutschen Truppen u. a.:

	22. 06. – 30. 11. 41	01. 12. – 31. 12. 41	22. 06. – 31. 12. 41
Gewehre	207985	5639	213624
MG aller Art	28596	728	29324
MPi	1171	18	1189
Pistolen	567	2	569
Granatwerfer aller Art	4323	219	4542
Geschütze aller Art (einschl. Pak u. Flak)	25367	263	25630
Kfz verschied.	52161	86	52247
Kräder	318	1	319
Pz.-Kampfwagen	13283	122	13405
Pz.-Spähwagen	386	1	387
Pferde	83318	8828	92146

Die deutschen Truppen vernichteten bzw. erbeuteten vom 22. Juni bis 31. Dezember 1941 dreieinhalb Mal mehr Panzer und Geschütze aller Art, als sie selbst bei Angriffsbeginn eingesetzt hatten. Trotz ihrer großen Überlegenheit bei diesen Waffen gelang es der Sowjetunion in mehr als fünf Monaten nicht, dem deutschen Angriff standzuhalten[290]. Außer Material erbeuteten die deutschen Truppen auch Vieh, Lebensmittel sowie Futtermittel, die sie weitgehend zur Aufbesserung ihrer eigenen Verpflegung verbrauchten[291].

Beute

Zeitraum	Gewehre verschied.	Gewehre automat.	l.M.G.	s.M.G.	M.G. verschied.	M.P.	Pi	l.Gr.W.	s.Gr.W.
1941									
22.–30.06.	15441	14922	–	–	2028	578	–	–	–
01.–10.07.	21079	1400	792	409	2141	46	4	–	–
11.–20.07.	8106	434	158	238	281	38	–	–	–
21.–31.07.	9824	18	163	206	2226	–	–	–	–
01.–10.08.	10209	4	129	87	1719	234	112	–	–
11.–20.08.	19704	154	132	137	2400	10	–	–	–
21.–31.08.	13140	108	295	196	3933	46	60	10	17
01.–10.09.	10233	655	252	191	843	64	–	46	46
11.–20.09.	18407	524	191	244	1260	24	14	41	35
21.–30.09.	9911	880	376	180	818	54	20	39	11
01.–10.10.	22167[1]	486	142	167	1501	6	349	28	68
11.–20.10.	7862	345	123	223	1284	18	–	96	32
21.–31.10.	7432	240	118	115	962	17	4	34	24
01.–10.11.	6485	217	76	152	543	13	4	2	18
11.–20.11.	2680[2]	216	106	119	364	8	–	53	7
21.–30.11.	4073	629	184	168	224	15	–	89	28
01.–10.12.	1341	–	17	42	213	8	–	–	–
11.–20.12.	3023	10	32	29	74	7	2	26	18
21.–31.12.	1140	125	128	103	90	3	–	50	21
	192257	21367	3414	3006	22904	1189	569	514	325

1 Außerdem wurden 50 Jagdgewehre erbeutet.
2 Außerdem wurden 15 Jagdgewehre erbeutet.

Die Konzentration der Masse der sowjetischen Landstreitkräfte und der entsprechenden Materialmengen an der Grenze zum Deutschen Reich läßt immer wieder die Frage aufkommen, ob Hitler nicht einem Angriff Stalins zuvorgekommen sei, d.h. einen Präventivkrieg geführt habe. Diese Truppenmassierungen ermöglichten es Stalin, eine Doppelstrategie zu verfolgen. Er konnte sowohl seine bisherige Politik fortsetzen, »sich sorgfältig aus dem Krieg herauszuhalten und massiv aufzurüsten, zunächst aber nur begrenzte Erfolge zu suchen und erst gegen Ende als entscheidender Faktor auf die Szene zu treten«[292] oder er griff das Deutsche Reich in der sicheren Überzeugung an, es zu besiegen. Wenn auch aus vielen Anhaltspunkten hervorgeht, daß »der sowjetische Aufmarsch in letzter Absicht eine Großoffensive – mit oder ohne vorherigen deutschen Angriff – ermöglichen sollte,«[293] wird sich die

Frage endgültig erst dann klären lassen, wenn die sowjetrussischen Archive für die Forschung frei zugänglich sein werden.

Auch ohne abschließende Klärung der Frage, welche der beiden Möglichkeiten wirklich zutrifft, ist folgendes festzuhalten: Die – hier als Hypothese verstandene – Absicht Stalins, das Deutsche Reich anzugreifen, ist für den Entschluß Hitlers, seinerseits die Sowjetunion anzugreifen, nicht ausschlaggebend gewesen. Wenn diese Hypothese verifiziert werden kann, wäre Hitler objektiv einem Präventivkrieg Stalins zuvorgekommen, nicht aber subjektiv. Hitler hat – bei dadurch ermöglichter Vernichtung des »jüdischen Bolschewismus« – die Sowjetunion angegriffen, weil er durch den Sieg im Osten die Voraussetzungen (Rückenfreiheit im Osten, blockadefester Großraum) schaffen wollte, mit denen er den Westen in die Knie zwingen konnte.

Beute

Zeitraum	Gr.W. verschied.	Minenwerfer	Geschütze aller Art (einschl.) Pak u. Flak)[3]	Mun.-wagen	Mun.-Protzen	Panjewagen	Feldküche	Kfz. verschied.	Kräder
1941									
22.–30.06.	146	–	1983	4	3	536[4]	156	1638	–
01.–10.07.	98	16	3241	–	102	198	104	3196	72
11.–20.07.	93	7	628	30	25	119	14	587	2
21.–31.07.	405	1	1503	28	28	1384	25	1857	28
01.–10.08.	132	–	3397	21	46	413	29	8285	5
11.–20.08.	371	–	2163	4	115	2571	256	5240	112
21.–31.08.	686	8	3139	35	91	1351	93	2241	5
01.–10.09.	71	2	707	7	40	458	113	1847	42
11.–20.09.	219	1	1598	18	44	747	67	2805	–
21.–30.09.	152	65	1647	7	107	5337	189	17249	2
01.–10.10.	357	1	1485	3	101	278	14	544	–
11.–20.10.	324	2	1614	20	70	1915	52	4497	8
21.–31.10.	142	–	1189	–	7	185	7	1381	10
01.–10.11.	200	–	453	3	17	274	26	331	5
11.–20.11.	149	–	308	2	10	756	21	153	3
21.–30.11.	54	–	312	3	11	511	11	310	24
01.–10.12.	46	–	133	–	10	18	1	65	1
11.–20.12.	30	–	48	1	–	4	1	4	–
21.–31.12.	28	–	82	–	4	–	2	17	–
	3703	308	25630	186	831	17055	1181	52247	319

3 In den Gesamtzahlen für Geschütze aller Art waren bis zum 31. Juli 1941 die Zahlen für Granat- und Minenwerfer enthalten. In dieser Tabelle sind sie von Anfang an gesondert und daher nicht – wie in den Quellen – bei »Geschütze aller Art« aufgeführt.

Beute

Zeitraum	Pak Mun. (Schuß)	Flak Mun. (Schuß)	Handgranaten (Stück)	Minen (Stück)	Pferde[6]
1941					
22.–30. 06.	–	–	–	–	
01.–10. 07.	–	–	–	–	
11.–20. 07.	–	–	–	–	
21.–31. 07.	2000	1800	2000	10150	
01.–10. 08.	1720	–	4000	–	
11.–20. 08.	34868	5172	9624	6000	
21.–31. 08.	4670	–	16520	–	
01.–10. 09.	3316	138	1668	–	
11.–20. 09.	100	–	–	6714	
21.–30. 09.	–	–	9285	300	
01.–10. 10.	47	–	327	993	
11.–20. 10.	3000	–	4030	–	
21.–31. 10.	2200	2000	–	–	
01.–10. 11.	260	–	–	–	
11.–20. 11.	700	50000	–	50	
21.–30. 11.	705	300	4050	10844	
01.–10. 12.	–	–	58	545	
11.–20. 12.	6000	–	–	–	
21.–31. 12.	–	–	–	–	
	59586	59410	51562	34596	

6 s. Pferdelage – Beute

Beute

(22. 6. 1941 – 10. 01. 1942)
(Quelle: BA-MA, III W 805, 5–7)

Getreide	440212,5	to	Mais	2686	to
Mehl	88979,3	to	Maismehl	726	to
Zucker	24111	to	Gewürze	44,15	to
Hülsenfrüchte	20597	to	Speiseöl	120341	ltr.
Fleischwaren	6587,7	to	Leinsamen	988	to
Schweine (lebend)	5681	Stück	Sonnenblumenöl	518330	ltr.
Schafe	1183	Stück	Sonnenblumenkerne	14053	to
Kälber	650	Stück	Wein	313000	ltr.
Rinder	2204	Stück	Eier	459053	Stück
Fett	356,05	to	Sojabohnen	7964	to
Salz	16304,7	to	Hafer	126928	to
Hirse	19998	to	Heu	55495,5	to
Graupen	1663,5	to	Kleie	2158	to
Teigwaren	247	to	Futterkonserven	3945	to
Grütze	4266	to	Getreideschrot	7321	to
Reis	149	to	Spiritus	285100	ltr.
Buchweizen	17768	to	Fisch	378	to
Grieß	0,6	to			

Beute

Zeitraum	Schlepper	Panzer	Pz.-Spähwagen	Betriebsstoff (cbm)	Inf.-Mun. (Schuß)	Gr.Mun. (Schuß)
1941						
22.–30.06.	119	3324	18	54996	–	–
01.–10.07.	121	3490	18	2590	1200	–
11.–20.07.	546	795	5	11705	2605360	11724
21.–31.07.	330	580	46	15416	168100	4000
01.–10.08.	135	1183	37	6802	60720	1824
11.–20.08.	510	661	59	100	2112403	11353
21.–31.08.	146	571	8	8294	1352000 [+172Kisten,+1to]	–
01.–10.09.	303	264	23	630	1404230	–
11.–20.09.	102	363	52	2964	35000 [+ 50 Kisten]	2500
21.–30.09.	530	333	46	–	1342200 [+ 14 Kisten]	2830
01.–10.10.	40	649	20	450	60000 [+ 76 K. + 320 to]	183 [+80Kisten]
11.–20.10.	271	497	18	2935	44000 [+ 100 K. + 5 to]	–
21.–31.10.	69	295	5	35	2700000	736
01.–10.11.	225	58	5	–	740000 [+ 21 K. + 13 to]	112
11.–20.11.	17	63	4	–	414500	940
21.–30.11.	52	157	22	–	58600	1684
01.–10.12.	16	79	1	32	2500	–
11.–20.12.	2	20	–	–	1600000	–
21.–31.12.	–	23	–	–	–	–
	3534	13405	387	106949	14700813	37886

4 Gummibereifte Panje-Wagen, von denen vom 22.–30. Juni 1941 elf erbeutet wurden, wurden in den folgenden 10 Tage-Meldungen nicht mehr aufgeführt.

Teil II:

Auseinandersetzung mit Andreas Hillgruber

3. Kapitel:

Hitlers »Stufenprogramm« zur Weltmacht – eine Fiktion

Zu den Versuchen, Wesen, Struktur und Politik des Dritten Reiches und seiner führenden Vertreter zu erklären, gehört derjenige Hillgrubers, die Frage nach den Zielen Hitlers weiterzuverfolgen[294]. Hillgruber erwähnt in der Regel allerdings nicht, daß die Diskussion um sie von den Programmatikern, zu denen er selbst gehört, und den Pragmatikern geführt wird. Der Unterschied ihrer Auffassungen ist durch die Bewertung von Äußerungen Hitlers in »Mein Kampf«[295] und in seinem »Zweiten Buch«[296] bedingt. Die Pragmatiker teilen nicht die Überzeugung der Programmatiker, daß Hitler, wie Hillgruber seit Publikation seiner Arbeit über »Hitlers Strategie«[297] vor mehr als zwanzig Jahren kontinuierlich meint, »trotz aller taktisch bedingten Verschleierungen und Wendungen in konsequenter Verfolgung der beiden entscheidenden Ziele: Gewinnung von ›Lebensraum‹ im Osten und Ausrottung der Juden in Europa« gedacht und gehandelt hat.[298]
In der älteren wissenschaftlichen Literatur wird die Ansicht vertreten, daß Hitler nach dem Sieg über Frankreich im Juni 1940 versucht habe, die letzte Hoffnung des friedensunwilligen britischen Gegners »– nicht wie er war, sondern wie er ihn sich dachte –«[299] zu zerschlagen.[300] Dieser Auffassung hat Hillgruber (in Übereinstimmung mit Seraphim) widersprochen: »Hitlers Entschluß zum Angriff auf die Sowjetunion ist doch nicht so sehr eine militärische als vielmehr eine politische Entscheidung.«[301] Später hat Hillgruber im (rassen-)ideologischen Motiv den eigentlichen Beweggrund gesehen, der Hitler zu diesem Entschluß veranlaßt hat;[302] an dieser Stelle ist es bedeutsam festzustellen, daß er nicht nur mit militärstrategischen, sondern auch mit politischen Erwägungen, also nicht mehr monokausal, erklärt wird. Seitdem dreht sich die Diskussion um diesen Entschluß Hitlers um das Gewicht, welches die einzelnen Motive für seine diesbezügliche Willensbildung besessen haben und, daraus folgend, welche von ihnen ausschlaggebend gewesen sind.

Seit Ende der 1950er Jahre haben die von Hitler in seinen beiden Büchern entwickelten politischen und ideologischen Gedankengänge ein vermehrtes Interesse gefunden (Trevor-Roper,[303] Moltmann,[304]

Dickmann[305]). Auf die Darstellung dieser Autoren, die in Hitler übereinstimmend einen ideologisch motiviert Handelnden sehen, bezieht sich Hillgruber in seiner Arbeit über »Hitlers Strategie« vielfach, insbesondere auch in seiner Schlußbetrachtung über den historischen Ort des Unternehmens »Barbarossa«.[306]
Die von Hillgruber entwickelte Stufenprogramm-Theorie wurde von Stegemann intensiv kritisiert[307]. Er hält, entsprechend begründet, die Frage für »berechtigt, ob Hitlers Vorstellungen – über bestimmte Grundtendenzen hinausgehend – zu einem mehr oder weniger fest umrissenen Programm verdichtet waren und wieweit ein ›Stufenplan‹ wirklich dem Stand der langfristigen politischen und militärischen Planungen bei Hitler entspricht«,[308] und äußert erhebliche Zweifel an der Tragfähigkeit und dem Erklärungswert dieser Theorie.[309]
Die von Stegemann in einem weiteren Beitrag vertretene Auffassung[310] erfuhr die wiederholte Gegenkritik Hillgrubers.[311] Auch die sich daran anschließende Auseinandersetzung zwischen beiden brachte keine Annäherung der Standpunkte.[312] Der Begriff Stufenplan ist nach wie vor umstritten. Dies ist wohl der Grund dafür, daß die auf ihm basierende Theorie bis zu ihrer – hier erfolgenden – Widerlegung als so wenig gesichert gegolten hat, daß sie in ihren Ergebnissen (zu recht!) nicht in historische Standardwerke aufgenommen worden ist. So meint K. D. Erdmann: Der Begriff Stufenplan »suggeriert eine Systematik, von der es bisweilen zweifelhaft ist, ob mit ihr die Visionen und Improvisationen Hitlers zutreffend bezeichnet werden.«[313] Aus diesen Zweifeln heraus erklärt er den Entschluß Hitlers zum Angriff auf die Sowjetunion mit »der politisch-strategischen Überlegung, sich von dem Druck Stalins zu befreien und das unbezwungene England durch die Niederwerfung der Sowjetunion zum Nachgeben zu veranlassen«.[314]
Die gleiche Auffassung vertritt K. E. Born: »Nach der Besetzung Frankreichs war Großbritannien der Hauptgegner.« Hitler »glaubte, durch Eroberung des europäischen Kontinents seine Position gegenüber der Seemacht England zu verbessern. So beschloß er den Angriff auf Rußland, um sich für einen späteren Angriff auf England durch Ausschaltung der russischen Militärmacht Rückenfreiheit zu sichern.«[315]
Mit seiner Stufenprogramm-Theorie will Hillgruber die Ziele Hitlers nachweisen. Dieser habe Ziele angesteuert, die weit über die Eroberung von »Lebensraum« im Osten und die Ausrottung der Juden in Europa hinausgegangen seien. Ausgehend von seinem Programm, das seit den zwanziger Jahren festgelegen habe, habe Hitler stufenweise ein Konti-

nentalimperium in Europa – durch Niederwerfung Frankreichs und Eroberung der europäischen Teile der Sowjetunion – errichten und dann eine deutsche Weltmacht-Stellung »mit Kolonialbesitz in Afrika, ozeanischen Stützpunkten und starker Seemacht« schaffen wollen, »die in der auf ihn, Hitler, folgenden Generation die Basis für einen Entscheidungskampf zwischen der ›Weltmacht‹ Deutschland und der ›Weltmacht‹ USA abgeben sollte« (S. 717).

Für den Betrachter der Quellen, auf die er seine Theorie aufbaut, ergibt sich Erstaunliches: Hillgruber benutzt so gut wie gar nicht die als programmatisch eingestuften Bücher Hitlers aus den zwanziger Jahren.[316] Des weiteren: dem außerordentlich umfangreichen Quellenmaterial zur Geschichte des Dritten Reiches steht »nur eine sehr eng begrenzte Zahl von – zudem vielfach fragmentarischen – Quellen zu dem innersten Führungskreis um Hitler« gegenüber (S. 595). Mit diesen Quellenzeugnissen, insbesondere mit Äußerungen Hitlers selbst, kann Hillgruber seine Theorie nicht beweisen. Dafür fehlen ihm, um einen der Kernpunkte der bisherigen Kritik an ihr zu nennen, die *zeitgleichen Belege,* mit denen er »die direkte Verbindung von Programm und praktischer Politik« Hitlers von der Jahresmitte 1940 bis zum Anfang 1941 nachweisen könnte.[317]

Die Zweifel an Hillgrubers Theorie sind mit Blick auf die von ihm wiederholt gewählte Art der Argumentation berechtigt. So meint er hinsichtlich des *nach* Kriegsende geplanten Baues einer gewaltigen Flotte, dem Z-Plan, daß sie quellenmäßig nicht zu belegen (!), sondern für den Zeitraum Anfang 1939 »nur aus den Grundtendenzen der Politik Hitlers« zu erschließen ist (S. 37). – Diese Argumentation besitzt keine Beweiskraft, weil die Wahrscheinlichkeit dieser von Hillgruber angenommenen These immer nur eine mögliche, keinesfalls aber eine hinreichend bewiesene und deswegen überzeugende Erklärung für einen bestimmten Sachverhalt ist. Im übrigen: ganz abgesehen davon, daß der Beleg (von Mitte 1940) für die Annahme (von Anfang 1939) alles andere als zeitgleich ist, geht sie unreflektiert von der Annahme aus, »daß die Theorie vom Stufenplan richtig sein muß, daß Hitler nicht von seinem Programm abweichen konnte«[318].

Durch die Art seiner Gedankenführung über den dokumentarischen Wert selbst programmatischer Äußerungen Hitlers verstärkt Hillgruber die Zweifel an seiner Argumentation, wie seine Darstellung des Wandels in der Haltung Hitlers vom »mit« über »ohne« zum »gegen« Großbritannien zeigt[319]. In ein und demselben Buch spricht Hitler demnach zwar von einem Bündnis mit Großbritannien als Voraussetzung für die Verwirklichung seines angeblichen Programmes, läßt aber gleichzeitig erkennen, daß es doch keine absolute Voraussetzung für sie sei und macht dann in der Praxis genau das Gegenteil, indem er sein angebliches Programm *gegen* Großbritannien zu verwirklichen versucht. Die theoretischen programmatischen Äußerungen Hitlers stehen hier in einem derartigen Widerspruch zu der wirklich von ihm betriebenen Politik, daß sie nicht als Beleg für seine Handlungen dienen können.

Vermag sich Hillgruber hier noch auf Äußerungen Hitlers zu berufen, die er in seine Argumentation – wenn auch für andere nicht überzeugend – einbauen kann, so ist nicht einmal dies immer möglich. In einem direkten und zeitgleichen Quellenzeugnis, in seiner Studie vom 22. August 1941, ging Hitler selbst nochmals auf das Grundsätzliche des Ostfeldzuges ein und bezeichnete es als dessen Ziel, »Rußland als verbündete kontinentale Macht Großbritanniens endgültig auszuschalten und England damit jede Hoffnung zu nehmen, mit Hilfe der letzten noch vorhandenen Großmacht das Schicksal wenden zu können.«[320] Es folgt eine ins einzelne gehende Begründung politischer, militärischer und wirtschaftlicher Art. Berücksichtigt man, daß diese eindeutige Aussage keinerlei ideologische Motivation enthält, dann wird die Quellenferne der folgenden Behauptung deutlich: In dieser Studie ginge Hitler »ausschließlich auf die ›funktionale‹ Bedeutung des Ostkrieges für den Gesamtkrieg ein, ohne sein machtpolitisch-ideologisches Ziel, den Aufbau des Ost-Imperiums, um dessentwillen der Gesamtkrieg – von ihm aus betrachtet – ja vor allem geführt wurde, zu erwähnen« (S. 547f.). In seiner Studie ging es Hitler nicht um die Einordnung des Ostfeldzuges in den Gesamtkrieg, sondern, wie er selbst sagt, um das Grundsätzliche dieses Feldzuges selbst. Dennoch bringt Hillgruber wieder einmal Hitlers angebliches programmatisches Ziel ins Spiel. Da er es aus Hitlers Darlegungen nicht einmal ansatzweise herausinterpretieren kann, hebt er es auf die methodisch fragwürdige Weise hervor, es durch seine – gar nicht in den Zusammenhang passende – Erwähnung (repetere, semper aliquid haeret!) zu suggerieren, so, als ob es Hitlers Endziel gewesen sei, wovon dieser hier nur nicht gesprochen habe.
Wie seine Arbeit über »Hitlers Strategie« ausweist, stellen die Kriegstagebücher Generaloberst Halders und des Oberkommandos der Wehrmacht (OKW) zwei Hauptquellen für ihn dar. Bei den Notizen des Kriegstagebuchs (KTB) des OKW handelt es sich »weitgehend nur um indirekte, auf die Belange des Wehrmachtführungsstabes hin ›gefilterte‹ Zeugnisse der Bekundungen Hitlers« (S. 596). Und in seinem Tagebuch

hat Halder, worauf Hillgruber durch ein ausführliches Zitat verweist, nicht alle Gedanken notiert, die von Hitler damals in seinem Beisein geäußert worden sind. Er beansprucht deswegen nicht, die Ausführungen seines obersten Kriegsherrn vollständig wiedergegeben zu haben.[321] Eine Frage, ob Hitler seine ideologische Motivation in Bemerkungen zu erkennen gegeben hat, die Halber *nicht* notiert hat, ist so spekulativ, daß sie keiner ernsthaften Beantwortung bedarf.

Auch für die Niederschriften, in denen Großadmiral Raeder seine Lagevorträge und Unterredungen bei Hitler aufgezeichnet hat, gilt ein Vorbehalt, weil er »oft die Ausführungen Hitlers systematisierte«; außerdem erscheinen sie (auf Grund möglicher Vergleiche mit dem Halder-KTB) als gekürzt, weil Raeder aus den Gedankengängen Hitlers vieles von dem fortgelassen hat, was die Marine nicht betraf (S. 597). Obwohl die von Hillgruber selbst geübte Quellenkritik den problematischen Wert dieser Zeugnisse deutlich erkennen läßt, weil sie Äußerungen Hitlers meistens nur mittelbar, verkürzt und rubriziert, also unvollständig und der jeweils eigenen Sicht entsprechend geordnet wiedergeben, dienen vor allem sie ihm als »Belege« für seine Theorie!

Zu den Arbeitsmethoden des Historikers gehört es, seine Arbeit an den Quellen zu orientieren und auf sie seine Darstellung aufzubauen. Mit Blick auf denjenigen Abschnitt in Hitlers politischem Testament, in dem er sich rückblickend zur Vorgeschichte des Unternehmens »Barbarossa« äußert, ergibt sich für Hillgruber anhand seiner eigenen Darstellung, »daß Hitler einen Teil seiner Motive zutreffend wiedergibt und daß die Argumente z. T. auch stichhaltig sind. Er verschweigt jedoch völlig seine eigenen politischen Ziele...« (Anm. 45, S. 360f.). – Das hier artikulierte Quellenverständnis steht in einem unüberbrückbaren Gegensatz zur historischen Methode. Denn es werden nicht etwa die Äußerungen Hitlers über die eigene Motivation hinsichtlich eines bestimmten Vorganges als das Quellenzeugnis gewertet, das sie sind, sondern die Wiedergabe der Motive wird deswegen als richtig bezeichnet, weil sie der sie beurteilende Historiker dafür hält. Wenn spätere Aussagen Hitlers seinen – nachgewiesenen – Überlegungen und Maßnahmen während der Vorbereitungszeit dieses Unternehmens widersprechen, können sie anhand von Quellenbelegen widerlegt werden. Ein Teil der von Hitler angegebenen Motive ist jedoch nicht deswegen unzutreffend oder nicht stichhaltig, weil sie nicht in eine von Hillgruber entwickelte Theorie passen. Schließlich gewinnt sie ihre Beweiskraft nicht dadurch, daß sie Quellenaussagen als richtig bestätigt, sondern im Gegenteil dadurch, daß letztere die entsprechenden Aussagen dieser Theorie hinreichend begründen und deshalb als überzeugend wirken lassen.

Bei seinen Darlegungen über die von ihm benutzten Quellen meint Hillgruber, der Historiker müsse sich »der Gefahr bewußt sein, in Abhängigkeit von der zufälligen Dichte der Überlieferung zu geraten und quellenmäßig gut belegte Vorgänge ... überzubewerten und Wesentliches, aber schlechter aus den Quellen zu Eruierendes, dahinter zurücktreten zu lassen« (S. 602). Diese Meinung leuchtet nur scheinbar ein. Zunächst wäre von Hillgruber zu begründen gewesen, warum bei einem bestimmten Thema eine »Dichte der Überlieferung« zufällig (äußere Einflüsse wie z. B. Vernichtung von Quellenbeständen, die für andere Themen oder für Teilbereiche eines einzigen Themas wichtig sind, bleiben hier außer Betracht) und nicht wegen der sachlichen Bedeutung des Gegenstandes gegeben ist. Die Behauptung, ein Sachverhalt, der sich aus den Quellen schlechter als andere feststellen läßt, sei wesentlich, ja sogar wesentlicher als gut belegte Sachverhalte, ist nicht objektiv, sondern aus dem persönlichen Erkenntnisinteresse des einzelnen Historikers heraus, also subjektiv begründet. Im übrigen ist es offen, ob quellenmäßig schlechter zu Eruierendes in größerem Umfang überhaupt existiert oder nicht.

Die Diskrepanz zwischen »der Überfülle an Dokumentenmaterial einerseits, der Lückenhaftigkeit der schriftlichen Überlieferung oft gerade für die wichtigsten Vorgänge und vor allem für die Motive Hitlers bei seinen großen Entscheidungen andererseits« (S. 602) kann Hillgruber weder auf die von ihm angegebene noch auf eine andere Weise lösen, weil die dokumentarischen, d. h. schriftlichen Belege nicht vorhanden sind, ohne die der Erwerb genauer inhaltlicher Kenntnisse z. B. der Motive Hitlers nicht möglich ist.
Es ist zweifellos eine Aufgabe des Historikers, bei der Bearbeitung seines Themas »Bedeutsames von Sekundärem zu trennen«; nur: was innerhalb des jeweiligen Themas bedeutsam und was weniger wichtig ist, richtet sich nach der Fragestellung, unter dem es der Autor abhandelt, also letztlich wieder nach seinem Erkenntnisinteresse, d. h. nach etwas Subjektivem. Hier wird nicht etwa einer Relativierung das Wort geredet; es geht vielmehr darum, daß sich der Historiker reflektierend der »nur bruchstückhaft erfaßbare(n) Vergangenheit« annähert und »bestenfalls der Fachkritik die Wahrscheinlichkeit der schließlich angebotenen ›Lösung‹ einsichtig« macht.[322] Diese besteht bei Hillgruber u. a. in der Aussage, daß der Entschluß Hitlers zum Angriff auf die Sowjetunion final

ideologisch motiviert gewesen ist. Diese Lösung hinsichtlich des für ihn Wesentlichen ist aus den Quellen aber weder mit zeitgleichen noch mit unmittelbaren Äußerungen Hitlers zu belegen.

Es trifft zweifelsohne zu, daß Vergangenheit lediglich teilweise erfaßt werden kann. Das zur Bearbeitung ausgewählte Thema, Vorverständnis, Erkenntnisinteresse, Sichtung, Auswertung, Kritik und Interpretation der Quellen sind an das Erkenntnisvermögen des einzelnen gebunden, sind – im erkenntnistheoretischen Sinne – subjektiv. Damit nun die vom erkennenden Subjekt gegebene Deutung auch für andere überzeugend wirken, ja Gültigkeit gewinnen kann, ist es notwendig, daß sich seine Sichtweise an den fachspezifischen Methoden orientiert. Im geschichtswissenschaftlichen Bereich z. B. werden Arbeitshypothesen aufgestellt, die durch das entsprechende Quellenstudium solange überprüft werden, bis sie entweder falsifiziert und ausgesondert oder bis sie als nicht mehr falsifizierbar erscheinen und dann eine in sich geschlossene, gedanklich widerspruchsfreie und damit tragfähige Theorie bilden. Zweifelhaft wird dieser Vorgang dann, wenn an die Stelle der Hypothesen Axiome treten und wenn, dadurch bedingt, die Theorie zum Dogma erstarrt. Dieser Fall ist bei Hillgrubers Stufenprogramm-Theorie eingetreten. Bevor dies im einzelnen dargelegt wird, wird auf die eben genannten Begriffe eingegangen.

Unter Arbeitshypothese wird die einen bestimmten Wahrscheinlichkeitsgehalt besitzende *versuchsweise* »Annahme von Gründen, Ursachen, Kräften, Gesetzen, Beziehungen« zur Lösung eines Problems verstanden.[323] Da diese Annahme zwar eine, aber nicht die einzige Möglichkeit ist, mit der ein Sachverhalt erklärt werden kann, ist sie z. B. durch Quellenbelege entweder zu verifizieren oder zu falsifizieren. Im letzteren Falle wird die bisherige Arbeitshypothese durch eine andere ersetzt, die demselben Verfahren unterworfen wird, bis es zur Bildung einer Theorie kommt.

Die Theorie besitzt einen umfassenderen Charakter als die Hypothese. Die Theorie, die »immer einen Überblick in der Beschreibung und eine Einsicht durch Erklärung« will, ist »die durch Denken gewonnene Erkenntnis, die wissenschaftliche Erklärung bestimmter Erscheinungen aus einem Prinzip und die Zusammenfassung der Einzelerkenntnisse unter allgemeine Gesetze sowie ihre Ordnung nach Prinzipien, aus denen sich alle Gesetzmäßigkeiten und Einzelfälle ableiten lassen.«[324]

In dieser Definition von Theorie werden die Schwierigkeiten deutlich, die der Geschichtswissenschaft bei ihrem Arbeiten an ihrem immer nur partiell aufhellbaren Gegenstand entstehen. Wenn die Summe der gewonnenen Einzelerkenntnisse über einen Phänomenkomplex nach Prinzipien geordnet wird, die die Ableitung aller Gesetzmäßigkeiten und Einzelfälle in diesem Bereich ermöglichen, dann können als gesichert geltende Theorien z. B. nach Aufarbeitung erstmals zugänglich gewordener archivalischer Bestände oder auf Grund neuer Denkansätze wieder fragwürdig werden. Denn eine auf induktivem Wege gebildete Theorie kann nur solange gelten, bis sie durch gesicherte neue Erkenntnisse ihre Beweis- und Überzeugungskraft einbüßt.

Die Möglichkeit, gegebenenfalls seine Geltung zu verlieren, ist für ein Axiom nicht gegeben. Ist es doch (in der Logik und Mathematik) »ein Grundsatz, dessen Wahrheit unmittelbar einleuchtet, der eines Beweisgrundes weder bedürftig noch fähig ist und als Grundlage der Beweise für weitere Sätze gilt: der Ausgangspunkt eines deduktiven Systems, der selber nicht deduzierbar ist.«[325] – Um die Begriffe beisammen zu haben, mit denen im folgenden gearbeitet wird, ist noch das Dogma zu nennen, »das für gut oder wahr Gehaltene, die Lehrmeinung.« Dogma ist (in der Philosophie) »der Lehrsatz, der für unumstößlich gehaltene Grundsatz eines Philosophen oder einer Philosophenschule, der für den Aufbau des betr(effenden) Systems wesentlich oder charakteristisch ist.«[326]

Das Erklärungsmodell Hillgrubers besitzt den Charakter eines Dogmas.

Daß der Kampf gegen den »jüdischen Bolschewismus« und seine Vernichtung sowie die Eroberung von »Lebensraum« im Osten zentrale Anliegen des Ideologen Hitler gewesen sind, hat die historische Erfahrung gezeigt. In diesem Zusammenhang ist es von grundlegender Bedeutung zu klären, welche Qualität die Aussage besitzt: Hitler hat seine diesbezüglichen Vorstellungen auf Grund eines Programmes und konsequent nach einem Stufenplan verfolgt. – Gegen sie ist nichts einzuwenden, wenn sie als Arbeitshypothese gemeint ist. Diese Aussage ist jedoch geschichtsmethodisch *nicht* zulässig, wenn sie als Axiom verstanden wird. Da ein Axiom per definitionem nicht bewiesen (und deswegen auch nicht widerlegt) werden kann, kann es weder verifiziert noch falsifiziert werden. Dennoch *gilt* es als der Ursprung eines *deduktiven* Systems, der es ist, als Grundlage zum Beweis weiterer Sätze. Hier liegt der entscheidende Punkt: Die geschichtswissenschaftliche Forschung arbeitet *induktiv*. Die Theoriebildung in ihrem Bereich erfolgt unter dem hier behandelten Aspekt so, daß aus bewährten Arbeitshypothesen allmählich eine Theorie entsteht.[327] Die Arbeit mit einem Modell hingegen, das auf einem Axiomensystem beruht, geschieht auf *deduktivem* Wege und ist deswegen als geschichtswissenschaftliche Arbeitsme-

thode nicht angemessen. Der Erklärungsgehalt eines solchen Modells ist zu gering, als daß es jemanden überzeugen könnte, der nicht ohnehin schon zu seinen Verfechtern gehört.
Die Quellenarbeit auf der Basis eines vorgegebenen Axiomensystems kann nicht mehr unvoreingenommen durchgeführt werden. Im Gegenteil, sie geschieht von vornherein aus der Perspektive, die durch dieses Axiomensystem zwingend festgelegt ist. Geschieht es, daß Quellen Aussagen enthalten, die sich zu widersprechen scheinen, so ist dies *hier* allerdings nicht weiter problematisch: Diejenigen Aussagen, die die axiomatisch festliegende Sicht des Gesamtzusammenhanges bestätigen, werden als wichtig und richtig erklärt, die anderen als nur sekundär relevant. Besitzt ein Erklärungsmodell axiomatischen Charakter, dann lassen seine Verfechter weder sich noch es auch durch eine noch so umfassende und wohlbegründete Einzelkritik nicht erschüttern.

Bestimmte historische Tatsachen und Ereignisse konnten nur deswegen in einer bestimmten Weise interpretiert werden, weil Hitlers angebliches *Stufenprogramm* zur Weltmacht *als richtig vorausgesetzt* wurde. Möglich war dieses Verfahren, weil für programmatisch gehaltene Äußerungen aus »Mein Kampf« nicht, in Arbeitshypothesen gefaßt, zur Überprüfung ihrer Kongruenz mit der später von Hitler tatsächlich betriebenen Politik dienten, sondern weil sie zu deren Bestätigung dogmatisch herangezogen wurden. Die Stufenprogramm-Theorie Hillgrubers ist axiomatisch-deduktiver Natur und kann deswegen keine hinreichende Begründung für den von ihr nur scheinbar erklärten Sachverhalt erbringen. Ja, mehr noch: Die Stufenprogramm-Theoie kann aus logischen Gründen nicht richtig sein, weil sich Hillgruber, wie nachgewiesen werden wird, zu wiederholten Male widerspricht. Diese Widersprüche ergeben sich daraus, daß er zum einen Geschehnis-orientiert, zum anderen Theoriefixiert argumentiert.

Als Ausgangspunkt für seine methodischen Überlegungen zu »Hitlers Strategie« bezeichnet Hillgruber »die Erkenntnis, daß zwischen der ideologisch-politischen ›Programmatik‹ und den konkreten außenpolitischen Handlungen sowie den strategischen Entschlüssen Hitlers ein – allerdings vielfach komplizierter – Zusammenhang besteht« (S. 20). Diese dogmatische Grundtendenz drückt sich noch stärker in folgender Überzeugung hinsichtlich Hitlers und des Rußland-Problems aus: »Ausgangspunkt jeder Betrachtung zu diesem Thema, zugleich Schlüssel zum Verständnis des ganzen Krieges aus dem Gesichtswinkel Hitlers, muß (!) die ... Einsicht sein, daß das axiomatisch festliegende und bei aller taktischen Wendigkeit mit Energie und Konsequenz angestrebte Ziel der Gesamtpolitik Hitlers seit seiner ›Machtergreifung‹ 1933 die Verwirklichung der Hauptetappe seines in den zwanziger Jahren entwickelten ›Programms‹, eines deutschen Kriegszuges zur Eroberung von ›Lebensraum‹ im Osten«, war (S. 207).

Zwar ist diese Beurteilung für das gestellte Thema besonders bedeutungsvoll, doch läßt sie sich nicht historisch einwandfrei durchführen, weil ihre Prämisse methodisch nicht angemessen ist. Eine sich aus dem Quellenstudium ergebende Antwort auf die hypothetische Frage nach einem Zusammenhang zwischen Handlungen und Programm hätte *als Ergebnis* zu der Erkenntnis geführt, daß es ihn entweder gegeben hat oder nicht.[328] Diesen Zusammenhang aber als Erkenntnis a priori vorauszusetzen, führt zu einer Petitio principii, einem logischen Beweisfehler: Bei dem Nachweis des Zusammenhanges zwischen Programm und Handlungen wird er, obwohl er erst zu beweisen ist, bereits als Prämisse verwendet. Denn Hillgruber geht, wie zitiert, davon aus, daß es ihn gibt.[329] Eine Erklärung dafür, wie er zu der ihn bestimmenden »Erkenntnis« oder »Einsicht« gelangt ist, gibt er nicht. Dadurch wird die dogmatische Tendenz seiner Stufenprogramm-Theorie ebenso deutlich wie in seinem Vorwort zur zweiten Auflage von »Hitlers Strategie«, die »als unveränderter Nachdruck, als gleichbleibende Ausgangsbasis für weitere Studien, wieder allgemein zugänglich« gemacht werden sollte. Obwohl 17 Jahre seit dem ersten Erscheinen vergangen sind, hätte die »Einarbeitung der Ergebnisse der Detailforschung ... an den Grundzügen und entscheidenden Aussagen« der Arbeit »nichts geändert« (S. 7). – Klarer als hier kann es kaum noch ausgedrückt werden, daß die Stufenprogramm-Theorie zum Dogma erstarrt ist. Denn die Meinung, die einmal aufgestellte Theorie brauche späterhin nur noch ergänzt, differenziert und modifiziert zu werden, setzt unausgesprochen voraus, daß der eigentliche Sachgehalt dieser – deduktiv abgeleiteten – Theorie richtig ist und bleibt. Wenn überhaupt, sind aber vollständige Deduktionen allein im Bereich der Naturwissenschaften möglich. Vollständigkeit ist unabdingbare Voraussetzung für die Richtigkeit einer jeden Deduktion, also etwas, was im Bereich der Geschichts- als einer Geisteswissenschaft nicht erreichbar ist, weil Vergangenheit immer nur bruchstückhaft, d. h. teilweise erfaßt werden kann. Als Konsequenz ergibt sich, daß eine unvollständige Deduktion wie das Stufenprogramm-Dogma weder allgemeingültig noch allgemeinverbindlich sein kann. Im Gegenteil, es kann inhaltlich relativiert, ja gänzlich in Frage gestellt werden. Es besitzt keine axiomatisch festliegende, jeglicher grundsätzlichen Sachkritik

entzogene Richtigkeit, sondern es wird eben dieser Kritik unterworfen. Dadurch ist die Möglichkeit gegeben, es zu falsifizieren.
In der Abwehr von Kritik an der Stufenprogramm-Theorie hat Hillgruber ausgeführt, ernstzunehmende Gegenpositionen müßten »in gründlicher, reflektierender Auseinandersetzung mit dem zuletzt erreichten Forschungsstand und in Kenntnis der vollen Breite des verfügbaren Quellenmaterials verfaßt werden, sonst muß solchen Beiträgen ... ein Rückfall in frühe Stadien der Diskussion attestiert werden, die seit fast zwanzig Jahren als überwunden gelten konnten.«[330] Hätte Hillgruber seine Meinung selbst in die Tat umgesetzt, wären von ihm vor der Wiederauflage von »Hitlers Strategie« die umfangreichen Bestände an Rüstungsakten themenbezogen durchzuarbeiten gewesen, die inzwischen der Forschung frei zugänglich sind.[331] Denn die Zusammenhänge zwischen politischen, strategischen und rüstungsmäßigen Überlegungen lassen sich aus den umfangreichen Aktenbeständen des Wehrwirtschafts- und Rüstungsamtes (WiRüAmt) im OKW deutlich herausarbeiten, wenn die Quellenbasis entsprechend breit ist. Die nur sieben Faszikel dieser Provenienz, die Hillgruber in seinem Quellenverzeichnis angibt (S. 612), sind allerdings viel zu wenig, als daß er aus ihnen zu umfassenden neuen Erkenntnissen hätte gelangen können. – Kritik an der Stufenprogramm-Theorie oder gar ihre Falsifizierung sind deswegen kein »Rückfall« in Frühstadien der Diskussion, weil sie nicht allgemein, sondern *nur von den Vertretern des Stufenprogramm-Dogmas* für überwunden gehalten werden. Und auf Grund des Interpretationspluralismus, der nun einmal zur Wissenschaft gehört, kann keine Einheitlichkeit der Auffassung erzwungen werden.

Zu den wichtigsten Prämissen, von denen Hillgruber ausgeht, gehört seine Überzeugung, daß Hitler ein – stets in Anführungszeichen gesetztes – Programm besessen hat. Er definiert es »als Ausdruck für Hitlers Zielsetzung im großen (Errichtung eines Kontinentalimperiums in Europa, Aufbau einer deutschen ›Weltmacht‹-Stellung)« (Anm. 15, S. 21).

Zunächst zum Begriff *Programm:* Unter ihm wird im folgenden die schriftliche, zeitlich unbegrenzte Festlegung von Prinzipien politischer, ideologischer, wirtschaftlicher, sozialer u. a. Natur verstanden. Ob Hitler in diesem Sinne ein – ihn steuerndes – Programm besessen hat oder ob ihn nur »bestimmte Grundtendenzen« (Stegemann) gelegentlich beeinflußt haben, läßt sich klären durch Aufstellen und Überprüfen diesbezüglicher Hypothesen. Die hypothetische Annahme eines Programms läßt

sich durch den Nachweis entsprechender Pläne und ihrer (versuchten) Durchführung entweder verifizieren oder falsifizieren.
Zu den zentralen Aussagen Hitlers werden weithin diejenigen über den »Lebensraum« gerechnet. Sie gelten als einer der Kernpunkte seiner Weltanschauung. Aber selbst hier widersprechen sich Theorie und Praxis. Mit seinem unmißverständlich propagierten Verzicht auf Südtirol, d.h. auf das Abschreiben von »Lebensraum«, noch dazu von Deutschen bewohnt, setzte sich Hitler heftigster Angriffe gerade der ihm politisch am nächsten Stehenden aus. »Denn natürlich warf man ihm nun Verrat an dem Heiligsten vor, das die völkische Weltanschauung kannte, dem deutschen Volkstum.«[332] Außer seinen beiden »nicht primär propagandistisch gemeinten« Büchern hat sich Hitler in einer selbständigen Schrift 1926 zum Südtirol-Problem geäußert. *»Schon hier* zeigt sich wie später noch so oft sein zynischer *Opportunismus in der bedenkenlosen Preisgabe von Prinzipien,* die er sonst nicht feierlich genug betonen konnte«.[333] Wenn Hitler sogar in für ihn wichtigsten Weltanschauungsfragen Opportunist gewesen ist, kann er wohl nicht mehr als letztlich programmatisch Handelnder eingestuft werden, *zumal auch kein von ihm entwickelter (Stufen-)Plan zur Erlangung einer Weltmacht-Stellung nachweisbar ist.*
Unter dem Begriff *Plan* wird hier ein Entwurf verstanden, der die gedankliche Vorwegnahme eines Zieles und seiner Verwirklichung beinhaltet, das »möglichst sicher und ohne Umwege« erreicht werden soll.[334] Bei der Unterscheidung zwischen Plan im weiteren und im strengen Sinne[335] genügt in dem hier erörterten Zusammenhang schon die erste Definitionsvariante: Ein Plan liegt »bereits vor, wenn die Hauptstadien des Verlaufs oder die Grundzüge einer Ordnung vorweggedacht werden, statt sie dem Zufall, dem unmittelbaren Gefühl oder dem glücklichen Einfall zu überlassen.«[336] – Einen Plan zur Verwirklichung seiner angeblichen Weltmacht-Ziele, der die Überprüfung dieser Behauptung ermöglicht hätte, hat Hitler nicht entwickelt. Aus diesem Grunde konnte er auch nicht nach ihm handeln. Dies stellt auch Hillgruber, vermutlich ungewollt, fest: Selbst »bei einem in seinem Kern so fest umrissenen ›Programm‹ wie dem Hitlers« sei politisches Handeln »wohl auf ein langfristig vorher bestimmtes großes *Ziel* hin möglich, nicht aber nach einem sich über einen längeren Zeitraum hin erstreckenden *Plan,* da jeder politisch Handelnde sich stets auf neue, oft nicht vorhergesehene oder vorauszusehende Situationen einstellen und auf die Züge seiner Gegenspieler reagieren muß« (S. 15).
Diese Begründung ist nicht stichhaltig. Sachgehalt und Sinn eines Planes

bestehen ja gerade darin, daß der Handelnde *vor* seinem Tätigwerden die gewollten und auch die ungewollten Folgen seines Tuns gegeneinander abwägt[337] und dabei möglich erscheinende Reaktionen seiner Gegenspieler sowie Situationen, die sich aus seinem Vorgehen ergeben könnten, mitbedenkt. Das Problem, ob der Handelnde in der Praxis seinen Plan so *ausführen* kann, wie er ihn vorher durchdacht hat, ist ein anderes als das, überhaupt sinnvoll und mit Aussicht auf Erfolg zu planen. Die Schwierigkeiten, die sich bei diesem Versuch ergeben, können natürlich dadurch umgangen werden, daß überhaupt nicht geplant wird. In diesem Falle aber kann niemand mehr aus eigener Initiative handeln, um etwas Selbstgewolltes zu erreichen, weil er sie den anderen überlassen hat. – Mit der Behauptung, langfristig geplantes Handeln sei nicht möglich, enthebt sich Hillgruber der Last nachzuweisen, daß Hitler mittels eines langfristig zu verwirklichenden Planes sein angebliches Stufenprogramm in die Tat umsetzen wollte. Damit entfällt zwar einerseits die Möglichkeit, die Richtigkeit bzw. überhaupt die Existenz eines derartigen Programmes nachzuweisen bzw. zu widerlegen, womit sich die ganze Frage der wissenschaftlichen Beurteilung entzieht und zur Spekulation wird; andererseits aber wird damit Hitler als Opportunist dargestellt, »der, ohne große, langfristig anvisierte eigene Ziele zu verfolgen, sich gleichsam treiben ließ und schließlich zum Getriebenen wurde.«[338] Dadurch zerstört Hillgruber das von ihm gezeichnete Bild Hitlers als Programmatiker.

Seine Behauptung von der angeblichen Unmöglichkeit, langfristig planvoll zu handeln, widerlegt Hillgruber selbst durch seine Ausführungen über »Rainbow 1–5«, wie »umfassende Studien für militärische Eventualfälle« genannt wurden, bei denen davon ausgegangen wurde, »daß die USA in einen Zwei-Ozean-Krieg gegen mehrere Großmächte gerieten« (S. 92). Die Studie »Rainbow 5« – die Kriegsentscheidung sollte zunächst nicht gegen Japan, sondern gegen Deutschland gesucht werden – war bereits in der ersten Hälfte des Jahres 1939 skizziert worden. Ungefähr zwei Jahre später, im April 1941, wurde sie ausformuliert »offiziell zum amerikanischen Kriegsplan. Er blieb in seinen Grundzügen den ganzen Krieg über gültig« (S. 407). Gleiches gilt für Großbritannien, das nach einem schon früher erstellten »provisorischen« Kriegsplan (S. 51) am 9. September 1939 einen »Grundkriegsplan« billigte, der auf der Annahme eines drei Jahre dauernden Krieges basierte (S. 54). Die USA und Großbritannien konnten langfristig planvoll handeln, weil sie zuvor die entsprechenden Pläne entwickelt hatten. Aus der Tatsache, daß Hitler vergleichbares unterlassen hat,

kann nicht abgeleitet werden, er habe überhaupt nicht auf diese Weise handeln können.
Hitler hat aber weder einen politischen noch einen ideologisch motivierten Gesamtplan entwickelt, anhand dessen er hätte versuchen können, seine angeblichen programmatischen Ziele zu verwirklichen, noch hat er einen Kriegsplan besessen. Im Herbst 1939 schien ein Feldzugsplan zu genügen, weil er wegen des Paktes mit Stalin überzeugt gewesen war, Polen politisch so isoliert zu haben, daß es mit keinerlei ausländischem Beistand mehr rechnen konnte.
Weit umfassender als ein Feldzugsplan ist der Kriegsplan, der nach Clausewitz die – sinnvollerweise vor Beginn eines Krieges vollzogene – gedankliche Klärung über Zweck und Ziel eben dieses Krieges ist.[339] Für dessen erfolgreichen Ausgang ist der Kriegsplan von überragender Bedeutung; denn er »umfaßt das Kriegsgeschehen in allen seinen Sachgebieten und auf allen Kriegsschauplätzen. Er bildet die geistige Grundlage des Krieges«, und aus ihm ergeben sich der bzw. die Feldzugspläne.[340] Zu deren Durchführung ist der militärischen Führung ein ausreichender Spielraum einzuräumen, innerhalb dessen sie das vorher im Kriegsplan deutlich herausgestellte und festgelegte Ziel zu verwirklichen sucht.
Ohne den Begriff (Kriegs-)Plan kommt auch Hillgruber nicht aus, und er verwendet ihn deshalb oft in seiner Darstellung über »Hitlers Strategie«, wenn auch in unterschiedlicher Form[341] und, dem Inhalt nach, widersprüchlich. Er spricht nämlich wiederholt vom »improvisierten Kriegsplan« Hitlers. Während jeder Plan – und damit auch der Kriegsplan – einen vor dem Handeln durchdachten Entwurf darstellt, der auf das Erreichen eines im voraus bestimmten Zieles gerichtet ist, besagt das Adjektiv improvisiert, daß etwas *nicht* planvoll begonnen worden ist, sondern daß es, vorher kaum oder gar nicht durchdacht, spontan erfolgt. Dadurch wird der behelfsmäßige Zug im Sinngehalt dieses Ausdrucks deutlich. Da das entsprechende Verb improvisieren unvorbereitet handeln bedeutet, steht es in inhaltlichem Gegensatz zu planvollem = wohlvorbereitetem Handeln. Ein »improvisierter Plan« ist eine contradictio in adiecto und kann deswegen nicht sinnvoll verwendet werden. – Der Gebrauch dieses unlogisch zusammengesetzten Begriffes innerhalb seiner Theorie-fixierten Darstellung erweist sich für Hillgruber aber als zweckmäßig zur Deutung der Reaktionen Hitlers beim angeblichen Versuch zum Erreichen seiner – behaupteten – programmatischen Ziele. Bestimmte Handlungen Hitlers, mit denen dieser denjenigen seiner Gegner zu begegnen versuchte, stellt Hillgruber als Folge von

Plänen dar, die er jedoch mit dem Adjektiv improvisiert einschränkt. Dadurch vermeidet er es zwar, mit seiner an anderer Stelle geäußerten Auffassung in Konflikt zu geraten, daß langfristig geplantes Handeln nicht möglich ist (S. 15), verwickelt sich aber deswegen in den bereits genannten Widerspruch, den der Begriff des improvisierten Planes logisch enthält.

Nun hat es auch noch *nach* Beginn des Feldzuges gegen Polen »in der Tat auf deutscher Seite keinen Kriegsplan« gegeben.[342] Polen sollte angegriffen und geschlagen werden – aber einen Kriegsplan, in dem die Beteiligung Großbritanniens und Frankreichs am Krieg auf der Seite Polens angenommen und hieraus die möglichen Konsequenzen für die deutsche Kriegführung auf politischem, militärstrategischem, (wehr-) und rüstungswirtschaftlichem Gebiet zumindest gedanklich gezogen wurden, gab es nicht. Als die Westmächte Hitler am 3. September 1939 den Krieg erklärten, hatte er nichts planen oder gar materiell vorbereiten lassen, was ihm einen erfolgreichen Kampf gegen den Hauptgegner Großbritannien ermöglicht hätte. Daher mußte die materielle Kriegführung gegen Großbritannien, die er am 29. November 1939 befohlen hatte, fehlschlagen, also gerade gegen den Staat, in dem er den »Träger des Kampfwillens und die führende Macht der Feinde« erblickte, dessen Niederringung er als »die Voraussetzung für den Endsieg« über die Westmächte betrachtete.[343]

Die von Hitler befohlene materielle Kriegführung gegen Großbritannien war keine Folge eines Planes, sondern eine *improvisierte Maßnahme*, mit der er auf die britische Kriegserklärung reagierte. Erfolg konnte ihr nicht beschieden sein, weil er weder über eine Fernbomberflotte (die Eindringtiefe der deutschen Bomber war zu gering, um das englische kriegswirtschaftliche Potential nachhaltig oder gar entscheidend treffen zu können) noch über genügend Über- bzw. Unterwasserstreitkräfte verfügte, um eine wirkungsvolle Blockade der britischen Insel durchführen zu können. Ebenso improvisiert waren Hitlers Gedanke und die daraufhin von ihm angeordnete Vorbereitung einer Invasion (Unternehmen »Seelöwe«) als Folge aus der Erkenntnis, daß Großbritannien entgegen allen seinen Erwartungen auch nach der Niederlage Frankreichs zu keinem Friedensschluß bereit war.

Der nun gegebene längere Krieg mit Großbritannien erforderte eine »strategische Gesamtkonzeption« (S. 162), die die deutsche Seite allerdings – im Sinne eines Kriegsplanes – weder früher entwickelt hatte noch jetzt entwarf. Den strategischen Luftkrieg gegen Großbritanniens Wirtschafts- und Rüstungspotential vom Oktober 1940 bis Mitte Mai 1941 bezeichnet Hillgruber als »Verlegenheitslösung« (S. 164), weil Hitler

Ende Juli 1940 eine neue »Gesamtkriegskonzeption« entwickelt habe (S. 172, 197), die »durch den Vorrang der militärischen Ost-Lösung« gekennzeichnet gewesen sei. Kurz darauf habe »Hitler durch die veränderte Beurteilung der USA ab Mitte August erneut seine politisch-strategische Gesamtkonzeption« geändert (S. 173). Im Herbst 1940 habe Hitler militärische Aktivitäten Japans »in seine Konzeption noch nicht mit einbezogen, so daß es sich bei dieser um keinen umfassenden globalen Kriegsplan unter Berücksichtigung der Intentionen aller Großmächte handelte, sondern um einen strategischen Plan zur Fortsetzung des duellartig aufgefaßten Krieges zwischen Deutschland und Großbritannien« (S. 191).

»Hitlers improvisierter Gesamtkriegsplan vom Herbst 1940« habe vollständig auf dem Gelingen des Ostfeldzuges beruht. Durch es sollte »der Weg zu den vorgesehenen weiträumigen Vorstößen in den Nahen und Mittleren Osten sowie über Spanien nach Nordafrika frei sein«, damit für Deutschland die Voraussetzungen für den Aufbau einer Weltmacht-Position geschaffen werden konnten, auf Grund derer es nach Hitlers Überzeugung jeder politisch-strategischen Situation einschließlich – gegebenenfalls – eines lange dauernden Weltkrieges gewachsen sein würde (S. 536). Die Situation im Herbst 1940 sei deutlich von derjenigen im Winter 1940/41 zu unterscheiden, als »Hitler sich bereits auf die militärische Ost-Lösung als Kern eines umfassenden improvisierten Kriegsplans festgelegt hatte« (S. 191).

Hiermit sind die Meinungen Hillgrubers zum Thema Kriegsplan noch nicht erschöpft: »Hitlers improvisierter Gesamtkriegsplan vom Winter 1940/41 sah zwar den Aufbau einer deutschen ›Weltmacht‹-Stellung mit einer nordafrikanischen Bastion mit Blick auf die USA vor, doch sollte die beherrschende Position Deutschlands (und Japans) in der ›östlichen Hemisphäre‹ nach Möglichkeit gerade einen Kriegseintritt der USA verhindern« (S. 497; vgl. 574). Mit der Niederlage vor Moskau im Dezember 1941 sei Hitlers »Gesamtkriegsplan« jedoch gescheitert (S. 552).

Aus den vorstehenden Äußerungen Hillgrubers wird deutlich, daß Hitler keinen Kriegsplan besessen hat. Die verschiedenen von ihm entwickelten Konzeptionen, wie man diese Einzelpläne inhaltlich gleichlautend auch bezeichnen kann, zeigen ihn als einen nur begrenzt Handelnden, der weit hinter der vergleichbaren Tätigkeit der Gegenseite zurückgeblieben ist. Diese Einzelpläne dienten dazu, Großbritannien zu besiegen, um es zum Frieden zwingen zu können. Nach Hillgrubers Darstellung sind sie alle jedoch letztlich darauf gerichtet gewesen, dem Diktator das Erreichen seiner angeblichen programmatischen Ziele zu ermöglichen, obwohl weder ein diesbezügliches Programm noch der entsprechende Plan nachgewiesen worden ist. Die bloße Behauptung der fiktiven politisch-ideologischen Endziele Hitlers trägt zur Verwirrung in der Sache ebenso bei wie die Unschärfe der Begriffe im formalen Bereich. Die Funktion bestimmter historischer Ereignisse wie das Unternehmen »Barbarossa« kann dadurch beliebig, d.h. ohne Berücksichtigung des historischen Geschehens, gedeutet werden.

In der neueren wissenschaftlichen Literatur wird von einem Bündel von Motiven ausgegangen, mit denen Hitlers Entschluß zum Angriff auf die Sowjetunion erklärt wird. Von ihnen lassen sich das politisch-militärstrategische und das (wehr-)wirtschaftliche, nicht hingegen das ideologische Motiv nachweisen. Die Situation, in die Hitler in der Jahresmitte 1940 durch die Entschlossenheit Großbritanniens zur Fortsetzung des Krieges geraten war, versuchte er zunächst durch den direkten Angriff auf die britische Insel zu bewältigen. Als die erfolgreiche Durchführung einer Invasion (Unternehmen »Seelöwe«) zunehmend zweifelhafter wurde,[344] beschäftigte sich Hitler mit dem Gedanken eines Ostfeldzuges (Unternehmen »Barbarossa«), um London über Moskau zu schlagen.[345] Die erste operative Studie lag bereits am 5. August 1940 vor.[346] Die Rüstungsfertigungen für das Unternehmen »Barbarossa«, die seit Anfang dieses Monats geplant wurden, wurden am 28. September 1940 befohlen.[347] Anfang November 1940 wurde mit den Vorbereitungen zur wirtschaftlichen Nutzung der zu erobernden Gebiete der Sowjetunion begonnen.[348] Erst Ende März 1941 setzte die »eigentliche ideologisch-politische Planung des Ostkrieges« ein, also lange, nachdem die »Grundentscheidung für die militärische Ost-Lösung« gefallen war (S. 393). Dennoch sieht Hillgruber in der ideologischen Fixierung Hitlers »denjenigen Kausalfaktor, den man sich unter keinen Umständen wegdenken kann, wenn man das eingetretene Ereignis erklären will.«[349]

Es gehört zu den Grundvoraussetzungen eines jeden wissenschaftlichen Textes, daß er in sich schlüssig ist. Hiermit wird auf das wohl wichtigste Problem hingewiesen, nämlich die Widersprüchlichkeit der Argumentation Hillgrubers. Sie ergibt sich aus seinem Versuch, dem historischen Geschehen seine Stufenprogramm-Theorie, mit der er die – seiner Meinung nach – eigentlichen Motive und Ziele Hitlers deuten will, aufzupfropfen, obwohl sie mit den damaligen Ereignissen und Tatsachen nicht vereinbar ist. Dies geschieht der Form nach so, daß er mehrfach dieselben historischen Vorgänge sowohl Geschehnis-orientiert als auch Theorie-fixiert interpretiert.

Obwohl der Krieg gegen Polen im September 1939 bis zum Frühjahr dieses Jahres »völlig außerhalb« Hitlers Programms gelegen habe, sei er durch die Ablehnung dieses Landes, »sich in die von Hitler angestrebte Abhängigkeit von ihm zu begeben, aber seiner Auffassung nach im Hinblick auf das Fernziel notwendig geworden« (S. 28). Hält man diese Aussage neben die weitere, daß Hitler den Angriff auf Polen »im Zuge der etappenweisen Verwirklichung seines ›Programms‹« (S. 534) befohlen habe, so wird deutlich, daß der Begriff Programm entweder zwei Bedeutungen hat oder widersprüchlich ist. Im ersteren Fall könnte neben der eigentlichen Bedeutung dieses Begriffes Planung und Ausführung des Angriffs gemeint sein. Anderenfalls ist die Äußerung über einen Angriff, der außerhalb eines bestimmten Programmes liegt, aber bei der Verwirklichung eben dieses Programmes durchgeführt wird, unlogisch. Der Erklärungsversuch, der Angriff sei erst später in das Programm aufgenommen worden (was in diesem Fall ein halbes Jahr bedeuten würde), überzeugt nicht, weil er der behaupteten Langfristigkeit der angeblichen programmatischen Ziele Hitlers zuwiderläuft. Hitler konnte Polen jedoch nicht isoliert schlagen, weil sich seine Erwartungen und Hoffnungen, durch den Pakt mit Stalin vom 23. 8. 1939 Großbritannien und Frankreich aus dem Krieg herausgehalten zu haben, als Illusion erwiesen.

Gesetzt den Fall, dieser Pakt hätte den Zweck, den ihm Hitler zugedacht hatte, erfüllt: Hätte Hitler zu einem späteren Zeitpunkt die Sowjetunion angegriffen, obwohl die Westmächte unbekriegt und unbesiegt waren? Oder hätte Hitler trotz Westwall einen denkbaren Angriff der Westmächte für so bedrohlich gehalten, daß er sie von sich aus angegriffen hätte, um sich wenigstens zu Lande den Rücken freizukämpfen?

Diese Fragen lassen sich nicht überzeugend beantworten, weil sich die Ereignisse seit dem September 1939 anders entwickelt haben. Überdies: Die Westmächte haben Hitler den Krieg erklärt, nicht er ihnen. Konnte sich Hitler über Verlauf und Ausgang eines Landkrieges im Westen sicher sein, den das deutsche Heer nur zwei Jahrzehnte zuvor nach vierjährigem Kampf nicht gewonnen hatte? Wäre – bei einem für Hitler siegreichen Ausgang – die Wehrmacht binnen kurzem personell und materiell in der Lage gewesen, in einem weiteren Krieg, diesmal im Osten, erfolgreich zu sein? Auch diese Fragen lassen sich nicht schlüssig beantworten, und eine Argumentation, der Westfeldzug 1940 habe nur sechs Wochen gedauert, weswegen letztere Frage eine Fiktion sei, könnte nicht ernsthaft vorgetragen werden. Denn hier wäre der untaugliche Versuch, Früheres aus Späterem zu erklären, zu offenkundig, um überzeugen zu können.

Als einen der Gründe für die Kriegserklärung Großbritanniens aus der Sicht Hitlers nennt Hillgruber dessen Auffassung, daß Großbritannien dies getan habe, weil ihm mit Polen und Frankreich zwei »Festlandsdegen« zur Verfügung gestanden hätten. Die Schlußfolgerung ist offenkundig: die Niederwerfung Frankreichs würde Großbritannien isolieren, zur Kampfaufgabe veranlassen, weil es allein nicht weiterkämpfen könne, und zum Arrangement mit Hitler zwingen (S. 43 f.). Das würde die Entscheidung des gesamten Krieges im Westen, d. h. das Ende des Krieges überhaupt bedeuten (S. 59).

Neben dieser Geschehnis-orientierten Argumentation trägt Hillgruber eine Theorie-fixierte vor, die sich von der ersten deutlich unterscheidet: Aus seinen Weltkriegserfahrungen habe Hitler mit Blick auf die »Unterlegenheit des deutschen Wehrwirtschaftspotentials« gefolgert, daß »seine Ziele mit der schrittweisen Ausweitung des deutschen Raumes zunächst durch ›friedliche‹ Mittel und, wenn diese erschöpft waren, durch lokalisierte ›Feldzüge‹, jeweils gegen nur einen einzigen Gegner, etappenweise erreicht und die wehrwirtschaftliche Basis Deutschlands auf diese Weise so lange verbreitert werden mußten, bis der deutschbeherrschte ›Großraum‹ auch einem neuen ›Weltkrieg‹ gewachsen sein würde« (S. 34, vgl. S. 593 f.). Mit dieser Art von Feldzügen habe Hitler die politische und strategische Ausgangslage »für einen von ihm für eine spätere Zeit (etwa 1943–1945) in Aussicht genommen (bisher jedoch im generalstabsmäßigen Sinne noch nicht exakt ›geplanten‹) ›raumgreifenden‹ Krieg nach Osten zur Aufrichtung eines deutschen Kontinentalimperiums« schaffen wollen (S. 28).

Wenn Hitler dies wirklich gewollt hat, hat er – entgegen der Meinung Hillgrubers – doch einen Plan entwickelt gehabt, nach dem er sein angebliches Programm durchführen wollte. Allerdings gibt Hillgruber weder den Zeitpunkt an, wann Hitler dies alles entworfen haben soll noch belegt er seine Darstellung in irgendeiner Weise. Jeder Sachverhalt aber, der nicht nur von einem einzelnen persönlich für zutreffend gehalten, sondern mit dem Anspruch auf allgemeine Richtigkeit behauptet wird, muß nachprüfbar sein, wenn er akzeptiert werden will.

Den Ausführungen Hillgrubers zufolge sollte nach Polen Frankreich in einem weiteren kleinen lokalisierten Krieg geschlagen werden, weil Hitler mit dem Erkämpfen der Rückenfreiheit die entscheidende Voraussetzung zur Führung des Krieges im Osten habe schaffen wollen (S. 29). Durch den Sieg über Frankreich im Juni 1940 sei die erste Phase des Krieges beendet gewesen (S. 117). In den Wochen danach rechnete Hitler mit dessen Beendigung im Westen.

Das Problem der Rückenfreiheit macht Hillgruber zu schaffen. Seine Auffassung, der siegreiche Angriff im Westen habe die Rückenfreiheit für Hitlers Wendung nach Osten bedeutet (S. 207), schränkte er dahingehend ein, daß Hitler durch den Sieg über Frankreich nur die kontinentale Rückenfreiheit gewonnen habe. Vollständig habe Hitler sie durch den Ausgleich mit Großbritannien erlangen wollen, aber nicht erreicht (S. 724). Obwohl sie zunächst als Voraussetzung zur Vermeidung eines Zweifrontenkrieges als besonders wichtig erschien, wurde ihre Bedeutung später entscheidend abgeschwächt, indem sie nur noch als wünschenswert bezeichnet wurde (ebd.). Hitler führte den Krieg im Osten entgegen der *nicht* verwirklichten Voraussetzung der völligen Rückenfreiheit im Westen.
Eine – nach Hillgrubers Meinung – weitere Voraussetzung für die Führung des Ostfeldzuges war ebenso wenig erfüllt worden: »So, wie es sich Hitler immer vorgestellt hatte, (sollte) eine ›Pause‹ von unbestimmter Länge zur Vorbereitung des für ihn entscheidenden Kampfes nach der Niederwerfung Frankreichs eingelegt werden« (Anm. 6, S. 146). Die einzelnen Feldzüge hätten jedoch »zur Unzeit« in einem einzigen großen Krieg (S. 207) geführt werden müssen. Hier wird wieder einmal der Widerspruch zwischen der Theorie Hillgrubers und der praktischen Politik Hitlers deutlich: Hätte er wirklich die »vollkommene Rückenfreiheit« und die unbestimmt lange Pause als Grundvoraussetzung für einen erfolgreichen Ostfeldzug gehalten und zu erreichen versucht, hätte er ihn wegen ihres Fehlens nicht führen können. Dieses künstliche, durch die theoretisierende Perspektive Hillgrubers geschaffene Problem stellte sich aber in Wirklichkeit gar nicht, weil nach dem Unternehmen »Barbarossa« als Maßnahme im Kampf gegen Großbritannien ein Ausgleich mit den Briten weder nötig noch möglich war; sie sollten ja besiegt werden, nachdem sich Hitler endgültig über ihre kompromißlose Kampfentschlossenheit klar geworden war.
Die Gedankenfolge, mit der Hillgruber seine Theorie entwickelt, ist eine Kette von Widersprüchen. Nach den sich untereinander ausschließenden Mehrdeutungen über den Entschluß Hitlers, Polen anzugreifen, ergibt sich der nächste Widerspruch aus den Meinungen Hillgrubers, die Niederlage Frankreichs bedeute das *Ende* des gesamten Krieges (S. 59) bzw. mit ihr sei nur seine *erste Phase* beendet worden (S. 171).
Unbeschadet dieses Widerspruchs herrscht die allgemeine, auch von Hillgruber geteilte Meinung vor, daß Hitler nach dem Sieg im Westen zunächst davon überzeugt gewesen ist, mit Großbritannien zu einem Ausgleich oder Frieden zu gelangen (S. 144 u.ö.). Nachdem sich diese

Überzeugung als irrig herausgestellt hatte, plante Hitler eine Invasion, um es durch deren erfolgreiche Durchführung zum Frieden zwingen zu können. Hinsichtlich dieses Verhaltens stellt Hillgruber Geschehnis-orientiert fest, »daß weder die Situation im Osten (›Bedrohung‹ durch die Sowjetunion) noch der Vorrang der Ost-Planungen Hitlers (mit möglicherweise darin liegenden militärischen Konsequenzen) bei der Absage des Unternehmens ›Seelöwe‹ bestimmend waren. Dies ist gegenüber zahlreichen Fehldeutungen festzuhalten« (Anm. 166, S. 177).

Obwohl diese Aussagen eindeutig sind, argumentiert Hillgruber Theorie-fixiert in einer ihnen widersprechenden Weise: Bereits *vor* dem Angriff auf Polen im Herbst 1939 habe bei Hitler die Wendung gegen die Sowjetunion festgestanden. Die nach dem Sieg über Frankreich im Juni 1940 errungene kontinentale Rückenfreiheit habe er vollständig durch ein Arrangement mit Großbritannien »für die ›programm‹-gemäß jetzt fällige Wendung gegen die Sowjetunion zu erreichen« versucht. Der geplante Krieg im Osten sei keine Folge dessen, daß Großbritannien den Krieg fortgesetzt habe. »Das England-Problem erscheint vielmehr als zweitrangig.«[350]

Die Zurückhaltung Hitlers bei der Verkündung seiner rassenideologisch motivierten Kolonial- und Siedlungspläne erklärt Hillgruber mit taktischen Rücksichtnahmen des Diktators bis zum Sieg über Frankreich. Durch ihn »und dem von Hitler erwarteten Einlenken Großbritanniens schien der Weg ins Freie offen, somit für ihn der Zeitpunkt gekommen, in allen wesentlichen Fragen der Außenpolitik den allmählichen Übergang vom taktischen Lavieren zur grundsätzlichen Haltung zu vollziehen. Die strategische Ausgangsbasis war gewonnen, aus der heraus in absehbarer Zeit in freier Entscheidung der Griff nach den Fernzielen im Osten gewagt werden konnte« (S. 63f., vgl. S. 723).

Hat Hillgruber für die Verschleierung der Fernziele Hitlers bis Juni 1940 eine Erklärung gegeben, so fehlt eine solche für die Zeit danach. Er spricht einfach vom »Aspekt des qualitativen Umschlags vom Taktischen zum ideologisch Prinzipiellen in Hitlers Politik« (S. 64) seit diesem Zeitabschnitt, obwohl er dies nicht nur nicht belegt, sondern im Gegenteil feststellt: Hitler habe hinsichtlich des Unternehmens »Barbarossa« dem Militär gegenüber bis zum März 1941 immer nur »zweckrational« (also nicht ideologisch motiviert!) argumentiert, und selbst aus dem Bereich der NSDAP und der SS seien bis zu diesem Monat keine Quellen überliefert, »die Äußerungen Hitlers über seine politischen Ziele beim Ostfeldzug enthielten« (Anm. 17, S. 521). Der Grund hierfür ist denkbar einfach: Über sie und überhaupt über seine Kriegsziele hat Hitler mit den führenden Männern der Partei in der Zeit vom Juni 1940 bis zum März 1941 nicht gesprochen (S. 601 f.)! Dennoch spricht Hillgruber über die Hitler angeblich »bestimmenden ideologischen Momente«, die aus kurzen, zu verschiedenen Zeitpunkten von anderen gemachten Stichworten »für den Historiker recht deutlich herauszulesen (sic!) sind« (S. 521). Hier zeigt Hillgruber seine spekulative, Theorie-fixierte Perspektive besonders klar auf.

Das Weiterkämpfen Großbritanniens nach der Niederlage Frankreichs erklärte sich Hitler mit der Hoffnung seiner Gegner auf die Hilfe durch die USA und auf den vermeintlichen »Festlandsdegen« Sowjetunion. Im Juli 1940 waren nach Hillgrubers Darstellung – unter Bezugnahme auf die Eintragung Halders vom 31. 7. 1940 in seinem Kriegstagebuch, daß mit dem Wegfall der Hoffnung auf die Sowjetunion auch die USA wegfielen, weil durch ihn Japan »in Ostasien in ungeheurem Maß« aufgewertet werde – »die USA in den Mittelpunkt der Gesamtstrategie Hitlers gerückt« (S. 200); ihre immer größer werdende Unterstützung für Großbritannien wurde zu einer zunehmenden Belastung für die deutsche Kriegführung. Die nach Meinung Hitlers »durchschlagendste Lösung«, Großbritannien durch einen militärischen Erfolg im Osten die Hoffnung auf die Sowjetunion und letztlich auch auf die USA zu nehmen, ließ sich im Jahre 1940 nicht mehr verwirklichen. Deswegen habe Hitler »auf eine politische Lösung des Rußland-Problems zusteuern« müssen (S. 203). Er sei »zum Entwurf einer weltpolitischen Zwischenlösung (gelangt), die für eine begrenzte, in ihrer Dauer nicht im voraus zu bestimmende Zeitspanne die Bildung eines ›Kontinentalblocks‹ Deutschland-Italien-Japan mit Einschluß der Sowjetunion und mit Einfügung Spaniens, Vichy-Frankreichs sowie möglichst vieler europäischer und asiatischer Staaten vorsah« (S. 238). Das Ziel seien die Trennung der beiden Westmächte und die dadurch erhoffte Neutralisierung Großbritanniens gewesen, um auf diese Weise mit letzterem einen Kompromißfrieden zu erreichen (S. 238).

Auch diese Darstellung enthält einen Widerspruch, der in dem – unlösbaren – Gegensatz zwischen Geschehnis-orientierter und Theorie-fixierter Sichtweise wurzelt. Denn der Ausdruck Zwischenlösung beinhaltet, daß eine bestimmte Lösung nach zwar unterschiedlich langer, aber *immer* zeitlich begrenzter Dauer vor der wirklich gewollten Lösung herbeizuführen versucht wird. Eine zeitlich nicht vorausbestimmbare, d. h. *unbegrenzte Zwischen*lösung ist ein Widerspruch in sich. – Ob sich Hitler bei zustandegekommener Kontinentalblock-Lösung irgendwann

so ohne weiteres von ihr hätte lossagen können, kann nicht beantwortet werden, weil sie nicht erreicht worden ist.
Nachdem alle Versuche mißglückt waren, den endgültigen Erfolg gegen Großbritannien zu erzielen, blieb für Hitler seiner Meinung nach nur der militärische Weg übrig; London sollte über Moskau geschlagen werden. Der Entschluß zur Verwirklichung dieser Absicht war mitbedingt durch die Bewertung der Außenpolitik Stalins seit dem Abschluß des Paktes mit ihm im August 1939. Die Annektierung der – bis dahin souveränen – baltischen Staaten zu einem Zeitpunkt, als sich der Frankreich-Feldzug in seiner Endphase befand, und die Einverleibung der Nordbukowina sind, um nur zwei Beispiele zu nennen, historische Tatsachen, die Hitler bei seiner Entschlußbildung beeinflußt haben. Zwar spricht auch Hillgruber von »durchaus bedeutsamen politischen und militärischen Gegenzügen Hitlers« gegen die sowjetrussische Politik seit Anfang Juni 1940, doch lägen diese »auf einer anderen Ebene« als Hitlers grundsätzliche Überlegungen hinsichtlich des Ostfeldzuges (S. 209). Einen Zusammenhang zwischen den verschiedenen Maßnahmen Hitlers, die sowjetrussischen Aktionen in Nordost- und Südost-Europa einzudämmen und seinen »aus ganz anderen Motiven erwachsenden Absichten« für das Führen eines Ostfeldzuges sieht Hillgruber nur insofern, »als es darum ging, die deutsche Aufmarschbasis für einen Ostfeldzug nicht durch sowjetische Vorstöße in diesen Raum hinein zu schmal werden zu lassen« (ebd., Anm. 12).
Wie immer er es formulieren mag, einen Zusammenhang zwischen Hitlers grundsätzlicher Absicht zur Führung eines Ostfeldzuges überhaupt und entsprechenden Handlungen kann Hillgruber nicht leugnen. Aber: Nach seiner Überzeugung lag für Hitler seit den zwanziger Jahren ein Ostkrieg programmatisch fest, auch wenn bis in die Mitte des Jahres 1940 weder der Zeitpunkt für den Angriff bestimmt noch mit der militärischen und sonstigen Planung für ihn begonnen worden war. Hillgruber weist darauf hin, daß ein Kausalzusammenhang zwischen den »aus ganz prinzipiellen axiomatischen Vorstellungen erwachsenen Überlegungen Hitlers und den Zügen der sowjetischen Politik im Juni 1940« für ihn »aus den Quellen nicht zu ermitteln« war (S. 209). Die Frage, aus welchem Grunde dies so ist, stellt sich Hillgruber allerdings nicht. Dabei ist die Antwort offenkundig: Das Herstellen eines überzeugenden Zusammenhanges zwischen Konkretem wie Handlungen der einen Seite zu einem bestimmten Zeitpunkt (z. B. Annexion der souveränen baltischen Staaten durch Stalin) und Fiktivem wie zwar behaupteten, aber nicht nachgewiesenen Gedankengebilden in Form von Vorstellungen der

anderen Seite (Hitlers angebliches Stufenprogramm) ist nicht möglich. Ein Zusammenhang kann deswegen nicht ermittelt, sondern er muß konstruiert und bei entsprechender Prämisse für richtig gehalten werden. – Da es sich nach Überzeugung Hillgrubers beim Ostfeldzug für Hitler »um das entscheidende Ziel schlechthin handelte, dessen Durchführung von einigen politisch-strategischen Grundvoraussetzungen, nicht aber von mehr oder minder begrenzten Handlungen Stalins abhing, ist eine solche Verknüpfung mit Einzelvorgängen in der ›realen‹ Politik in Form von Ursache und Wirkung wenig wahrscheinlich« (S. 209). Dieser eine Satz ist in mehrfacher Hinsicht problematisch: Zunächst drückt die ihn beschließende Aussage keine Gewißheit, sondern nur eine Vermutung aus, ist also spekulativ und damit ohne Beweiskraft. Des weiteren setzt die Auffassung, daß die Verknüpfung prinzipieller axiomatischer Vorstellungen mit sich wechselseitig bedingenden Folgen – im gegebenen Fall – nicht sehr wahrscheinlich ist, voraus, daß sie möglich ist. Das bedeutet, daß selbst begrenzte Einzelhandlungen Stalins Hitler auch bei anderen als Tagesproblemen beeinflussen konnten. Damit wird die Sachaussage dieses Satzteiles durch dessen logischen Gehalt widerlegt. Überdies verwechselt Hillgruber die Durchführung des Ostfeldzuges mit dem Entschluß zu ihm. Diesen, der sich u. a. aus der politisch-militärstrategischen Lagebeurteilung Hitlers seit der Jahresmitte 1940 gebildet hatte, konnte Stalin letztendlich nicht beeinflussen. Die *Durchführung* des Ostfeldzuges, die als Folge des Entschlusses etwas qualitativ anderes ist als dieser selbst, gewiß, doch gehört dies inhaltlich nicht in den hier erörterten Zusammenhang und kann deswegen außer Betracht bleiben.
Auf die eine Frage nach der Funktion des Ostfeldzuges erteilt Hillgruber zwei, und zwar widersprüchliche Antworten: »Der bis dahin ausschließlich unter dem Gesichtspunkt seiner (Hitlers) alten Zielvorstellung, eines Eroberungszuges zur Vollendung seiner Herrschaft über Kontinentaleuropa, betrachtete Feldzug gegen die Sowjetunion erhielt nun *zugleich* eine wesentliche oder, wie Hitler meinte, entscheidende Bedeutung als Etappe auf dem Wege, Großbritannien friedensbereit zu machen und den Gesamtkrieg zu seinen Gunsten zu beenden.«[351] – »Durch einen ›Blitzkrieg‹ von wenigen Wochen Dauer erwartete Hitler nicht nur eine grundlegende Wandlung der Gesamtkriegssituation, sondern er vermeinte *zugleich* auch sein lange angestrebtes großes Ziel, die Aufrichtung eines Ostimperiums auf den Trümmern der Sowjetunion, erreichen zu können.«[352]
In der Geschehnis-orientierten Interpretation ist der Feldzug gegen die Sowjetunion ein, ja sogar das Mittel, mit dem der Sieg gegen Großbritan-

nien, d. h. der Endsieg errungen werden soll. Der Theorie-fixierten Überzeugung zufolge dient er vor allem dem Erreichen des eigentlichen, wenn auch nicht letzten programmatischen Fernziels Hitlers. Die Widersprüche in der Gesamtdarstellung Hillgrubers ergeben sich aus der von ihm praktizierten »Zusammenschau von ›programmatischem‹ Entwurf und tatsächlichem Gang der Politik Hitlers.«[353] Sie sind daher nicht zufällig oder versehentlich, sondern zwangsläufig. Sie sind nämlich die unausweichliche Folge aus seinem grundlegenden Methodenfehler, seine Theorie nicht anhand der historischen Fakten zu verifizieren bzw. zu falsifizieren, sondern diese mittels seiner Theorie als wichtig oder unwichtig zu klassifizieren. Die Stufenprogramm-Theorie ist kein auf sachliche Richtigkeit überprüftes Modell zur Erklärung vergangener Wirklichkeit, sondern ein dogmatisch vorausgesetzter und axiomatisch geltender Maßstab für ihre Bewertung. Durch diese Theorie wird vergangene Wirklichkeit nicht einmal annähernd zutreffend erfaßt. Dafür aber bestätigt sich die Theorie selbst.

4. Kapitel:

Freie oder vereinheitlichte Veröffentlichung?

4.1. »Vereinheitlichung«

Die bisher ausgebliebene nachhaltige Bestätigung seiner Stufenprogramm-Theorie scheint Hillgruber von einer im Entstehen begriffenen mehrbändigen Reihe über den Zweiten Weltkrieg erwartet zu haben. Jedoch – im zweiten Band dieser Reihe vertritt, wie dargelegt, Stegemann erneut die Gegenthese[354], auf die Hillgruber in mehreren Rezensionen reagiert hat[355]. In ihnen begnügt er sich nicht nur mit Kritik am Beitrag seines Widerparts, sondern er geht entschieden weiter. Mit Blick auf diesen spricht er davon, daß das Prinzip des Herausgebers dieser Reihe, in deren erstem Band »den einzelnen Autoren Freiheit in ihrer wissenschaftlichen Arbeit, in Interpretation und Urteil zu lassen, also auf eine einheitliche ›Ausrichtung‹ des Ganzen zu verzichten«[356], sich im folgenden Band »von seiner bedenklichen Seite gezeigt« habe[357].

Hier erhebt sich die Frage nach dem Wissenschaftsverständnis Hillgrubers. Die Freiheit des wissenschaftlichen Arbeitens wird nicht durch ein entsprechendes Prinzip des jeweiligen Herausgebers gestattet, sondern ist ein jedem wissenschaftlich arbeitenden Autor durch das Grundgesetz gewährtes Recht, das ihm niemand streitig machen darf.
Die angebliche Bedenklichkeit dieses Grundrechtes begründet Hillgruber mit dem Ringen zweier Denkschulen. Da diese seiner Meinung nach nicht gleichwertig sind, soll es nur für die höherwertige eigene Schule Meinungsfreiheit auf der Grundlage seiner von ihm für richtig gehaltenen und hier herrschenden Überzeugungen geben.
Dies ist nicht etwa nur rhetorisch gemeint, sondern mündet allen Ernstes in eine unverhohlene Aufforderung zu Maßnahmen, die ohne weiteres als inhaltlicher Reglementierungsversuch verstanden werden können: »Es erscheint notwendig, daß der Leitende Historiker, der die Verantwortung für das Gesamtwerk trägt, in die Lage versetzt wird, seiner Konzeption einer Geschichte des Zweiten Weltkrieges aus deutscher Sicht zumindest an allen Gelenkstellen des Werkes – und die Darstellung

und Analyse der Entscheidung zum Ostkrieg ist eine solche, vielleicht die wichtigste überhaupt – Geltung zu verschaffen«[358].
Diese rechtlich sehr bedenklich erscheinende Aufforderung hätte Hillgruber allerdings gar nicht auszusprechen brauchen, weil der von ihm genannte »Leitende Historiker« bereits von sich aus, in seiner Einleitung der Gesamtreihe, ebenfalls eine rechtlich und sachlich gleichermaßen unhaltbare Auffassung vertreten hatte: »Bei einem in Teamarbeit herzustellenden Werk taucht das Problem auf, den Freiraum des Autors in Einklang zu bringen mit dem Erfordernis, einen möglichst geschlossenen Band und am Ende ein möglichst in sich stimmiges Gesamtwerk vorzulegen«[359]. Bezeichnenderweise versucht der »Leitende Historiker« nicht einmal ansatzweise, seine Position mit Sachargumenten zu begründen – es ist nicht möglich.

Eine weitere seiner Äußerungen läßt die gleiche Gesinnung erkennen: »Ein näheres Eingehen auf wissenschaftliche Kontroversen wurde jedoch vermieden. Dem Fachkollegen sind sie bekannt, der historisch interessierte Leser wird sie nicht vermissen«[360].
Diese Aussage erscheint nur auf den ersten Blick als plausibel. Sie ist, wenn die in ihr steckende Problematik bemerkt wird, allerdings ebenso typisch wie aufschlußreich, weil sie die Auffassung ihres Urhebers verrät. Durch das Umgehen, d. h. durch das Verschweigen aller wissenschaftlich noch umstrittenen Fragen läßt sich ohne weiteres der Eindruck erzeugen, als ob es in diesem Bereich gar keine Kontroversen gibt und daß die eigene Darstellung, die man überdies nicht einmal von einer anderen begründet abzugrenzen braucht, die einzig existierende und richtige ist.

Alle Aufforderungen und Versuche zur »Vereinheitlichung«, also zur inhaltlich-aussagemäßigen Gleichschaltung kontroverser Positionen, sind mißlungen. Selbst im 4. Band dieser Reihe[361] kam es nicht zu der von Hillgruber immer wieder erhofften »Synthese (auf höherer Ebene)«. In seinen Rezensionen zu diesem Band sieht er die Autorengruppe, die ihn verfaßt hat, »in einem entscheidenden Punkt überfordert«; zwar sei die Klärung zahlloser Einzelfragen gelungen – »der Wert des Bandes liegt somit in der Fülle der Detailergebnisse« –, aber in der »kontroversen zentralen Problematik« habe sich unter den Autoren »kein Konsens herstellen lassen«[362].
Unter dieser Problematik versteht Hillgruber die Frage, ob das Hauptmotiv Hitlers für den Angriff auf die Sowjetunion im politischen, militärstrategischen und wirtschaftlichen Bereich zu suchen sei *oder* ob das ideologische Motiv ausschlaggebend gewesen sei.

Ein Konsens zwischen den Vertretern entgegengesetzter Auffassungen läßt sich auf freiem Wege nur dadurch erreichen, daß die Vertreter der einen Position diejenigen der anderen Meinungsrichtung mit Sachargumenten für sich zu gewinnen vermögen. Das bedeutet nichts anderes, als daß die eine (gleich welche) Seite, von der bisherigen Gegenseite überzeugt, ihre bis dahin vertretene Position aufgibt. Wenn dies nicht der Fall ist, besteht die Kontroverse fort.
Ein Konsens in Form eines Kompromisses, durch den der bisherige Gegensatz in der Sache nur verdeckt wird, ist wissenschaftlich nicht vertretbar, weil bei der Findung von – historischen – Erkenntnissen nicht ein wenig Richtiges und ein wenig Unhaltbares, sondern weil entweder die Wahrheit gesagt wird oder nicht. Weder haben sich die Autorengruppen innerhalb des Teams für diesen Band gegenseitig überzeugen können noch ist es zu einem »Konsens« gekommen. Daher bedauert Hillgruber, daß die – von ihm! – »so dringend gewünschte überzeugende Interpretation« des Ostkrieges 1941 ausgeblieben ist[363]. – Auch wenn alle Versuche zur »Vereinheitlichung« kontroverser Positionen mißglückt sind, so ist doch eins nicht zu übersehen: Ebenso, wie es im strafrechtlichen Bereich Tatbestände gibt, bei denen bereits der Versuch zu ihrer Durchführung strafbar ist, so ist im wissenschaftlichen Bereich jeder Versuch unzulässig, Andersdenkende – entgegen ihrer eigenen wohlbegründeten Überzeugung – zur Übernahme fremder Meinungen zu zwingen etc. Die Rechtslage ist eindeutig. Im »Hochschul-Urteil« des Bundesverfassungsgerichtes vom 29. Mai 1973 heißt es im 1. Leitsatz: »Art. 5 Abs. 3 Satz 1 GG gewährleistet dem Wissenschaftler einen gegen Eingriffe des Staates geschützten Freiraum, der vor allem auf wissenschaftlicher Eigengesetzlichkeit beruhenden Prozesse, Verhaltensweisen und Entscheidungen bei dem Auffinden von Erkenntnissen, ihrer Deutung und Weitergabe umfaßt«[364]. Da also »die Freiheit der Forschung insbesondere die Fragestellung und die Grundsätze der Methodik sowie die Bewertung des Forschungsergebnisses und seine Verbreitung umfaßt«[365], ist jeder Versuch, die Forschungsarbeiten anderer in die einem selbst genehme Richtung umzudirigieren, rechtswidrig.
Alle derartigen Versuche und Maßnahmen beruhen letztlich auf einer totalitären, mit freiheitlichen und rechtsstaatlichen Grundsätzen nicht zu vereinbarenden Geisteshaltung. Dies möge folgendes verdeutlichen: Mit Wirkung vom 1. Februar 1941 wurde im Oberkommando der Wehrmacht die Kriegsgeschichtliche Abteilung gebildet. Unter Verwendung der nationalsozialistischen Sprachregelung für den Zweiten Weltkrieg wurde als ihre Aufgabe befohlen: »Kriegsgeschichtliche Darstellung des Groß-

deutschen Freiheitskampfes vom Standpunkt der Obersten Wehrmachtführung nach besonderer Weisung des Führers«. Des weiteren: »Sicherstellen der Einheitlichkeit der gesamten militärischen Geschichtsschreibung gem. Führererlaß vom 18. 12. 40« und: »Zensur des einschlägigen Schrifttums nach besonderer Weisung«[366].
Vor diesem Hintergrund wirken die Auffassung des »Leitenden Historikers« über das »Erfordernis« einer einheitlichen Geschichtsschreibung und die Aufforderung Hillgrubers an diesen, durch das Durchsetzen der eigenen Konzeption diese »Einheitlichkeit« vor allem bei den thematisch entscheidenden Stellen sicherzustellen, geradezu erschütternd. Bei allem Verständnis für den Versuch, den eigenen Auffassungen Geltung verschaffen zu wollen: hier ist entschieden zu weit gegangen worden. Gerade in diesem Zusammenhang sollte berücksichtigt werden, daß der die Freiheit von Forschung und Lehre garantierende Absatz 3 des Artikels 5 des Grundgesetzes auch die Bestimmung enthält: »Die Freiheit der Lehre entbindet nicht von der Treue zur Verfassung.«
Im folgenden soll weder der (verfassungs- und wissenschafts-)rechtliche noch der politische bzw. ideologische, sondern der sachliche Aspekt betrachtet werden, also derjenige, der in der bisherigen Diskussion ausgeklammert gewesen ist.

4.2. Gedanken über den Stellenwert der Autorenfreiheit bei Team-Arbeit im geisteswissenschaftlichen Bereich

Die Frage nach Möglichkeiten und Grenzen objektiver geisteswissenschaftlicher Darstellung ist so vielschichtig, daß sie interdisziplinär diskutiert wird. Sie wird daher nicht nur von Historikern gestellt und beantwortet;[367] auch und gerade Philosophen, Soziologen und Politologen erörtern den umfassenden wissenschaftstheoretischen Rahmen in der Form der Ideologie-Diskussion[368] und des Werturteilsstreites[369]. Dem Gegenstand der Diskussion entsprechend bewegt sie sich im abstrakten Bereich – und verbleibt meistens in ihm. Dies kann bedauert werden, weil wissenschaftstheoretische Erkenntnisse z. T. entscheidend zur Lösung von Problemen beitragen, die sich aus der praktischen Forschungstätigkeit ergeben.
Die nachfolgenden Überlegungen beschäftigen sich mit einem Problem aus dem Bereich der Wissenschaftsorganisation. Es werden also keine Aussagen zu einem bestimmten wissenschaftstheoretischen Thema (Axiologie) gemacht;[370] es werden vielmehr einige Ergebnisse, die die

Diskussionen über dieses Thema erbracht haben, als Argumente für die im folgenden entwickelten Thesen verwendet. Konkret geht es darum, ob bei Teamarbeit im geisteswissenschaftlichen Bereich das Prinzip der Autorenfreiheit für den Fall, daß zwei oder mehr Autoren in ihrem jeweiligen Beitrag für ein einziges Werk widersprüchliche Positionen vertreten, ersetzt werden kann durch das Verlangen des Herausgebers nach »Einheitlichkeit«, d.h. *trotzdem* ein in sich als Ganzes widerspruchsfreies Werk zu erarbeiten.

Durch diese Fragestellung wird deutlich, daß der Konflikt zwischen Autoren mit qualitativ unterschiedlichen Auffassungen im Falle von Teamarbeit unausweichlich ist. Sie entspringen oft dem grundsätzlichen Eintreten der Autoren entweder für eine wissenschaftliche Darstellungsweise, in der Tatsachenbehauptungen und Wertungen klar erkennbar voneinander geschieden sind oder für sogenannte engagierte Wissenschaft, für, um eine Einzeldisziplin zu nennen, »politisierende Historik«[371]. Sofern die kontroversen Positionen in Monographien vertreten werden, kann eine unmittelbare Konfrontation nicht stattfinden. Je nach dem Grad des allgemeinen wissenschaftlichen Interesses an einer solchen Kontroverse wird sie entweder wenig beachtet oder sie kann sich bis zur Bildung von Schulen ausweiten und sich bis zum Austrag entsprechender Fehden weiterentwickeln.

Der hier zu erörternde Fall ist anders gelagert, wie sich aus der Fragestellung ergibt. Das Ergebnis seiner Diskussion kann grundsätzlich auch für andere als die Geschichtswissenschaft gelten, aus deren Bereich nur der Gegenstand der Erörterung stammt. Diese beginnt mit einigen einleitenden Betrachtungen über den Sinn und Zweck von Teamarbeit im allgemeinen.

Die herkömmliche, durch die Erfahrung gerechtfertigte Art, Geschichte zu erforschen und zu schreiben, ist nach Meinung Toynbees diejenige, daß ein Historiker sein Werk selbständig erarbeitet[372]. Dem heutzutage durch diese Arbeitsweise gegebenen offenkundigen Nachteil, eine ungeheure Materialmenge (sheer bulk of material) bewältigen zu müssen, steht der ebenso offenkundige Vorteil gegenüber, daß sich der Historiker bei Einzelarbeit mit seinem Denken in Einklang befindet. Denken wird in diesem Zusammenhang als Auswahl durch Analyse und Klassifikation verstanden, die jeder selbst zu treffen hat. Nach Darlegung seiner Gründe, wobei er sich auch mit möglichen Argumenten der Befürworter von Teamarbeit auseinandersetzt, gelangt er, wie eben gesagt, zu dem für ihn unumgänglichen Schluß, daß für das Erforschen

und Schreiben von Geschichte ein einzelner Kopf (mind) am geeignetsten ist[373].
Mit dieser Feststellung hätte Toynbee seine Betrachtungen bereits abschließen können – wenn ihn nicht das Problem der Quantität im obengenannten Sinne beschäftigen würde. Er verweist darauf, daß im täglichen Leben z. T. nur durch Teamarbeit große Leistungen vollbringbar sind, deren Ergebnisse, wie z. B. Brücken oder Schiffe, in sich geschlossene Gebilde (structural unity) waren bzw. sind. Allerdings sind die im praktisch-technischen Bereich erzielten Erfolge darauf zurückzuführen, daß nur einer, nämlich der Konstrukteur, eine schöpferische Tätigkeit ausübt, während die anderen, die nach den von ihm entworfenen Plänen arbeiten, die Ausführenden sind.
Der entscheidende Unterschied zur Teamarbeit im wissenschaftlichen Bereich liegt darin, daß hier alle Mitarbeiter an einer gemeinsamen Arbeit schöpferisch tätig sind. Die Zusammenarbeit zweier Köpfe kann sich nach Toynbee im Falle eines Erfolges so in einem gemeinschaftlichen Werk niederschlagen, daß ein Außenstehender nicht mehr erkennen kann, welcher der beiden Autoren welche Teile verfaßt hat[374]. Bei mehr als zwei Mitgliedern in einem Team sieht er für die geistige Zusammenarbeit Schwierigkeiten auftauchen, die sich bei zunehmender Zahl von Teammitgliedern ständig vergrößern[375]. Den Grund hierfür erblickt Toynbee darin, daß ein mehrköpfiges Team deswegen in zwei Teile zerfällt, weil ein Versuch zur Zusammenarbeit in einem solchen Team einen Herausgeber erforderlich macht.
Als dessen Aufgabe bezeichnet er es, die Beiträge der Teammitglieder zu vereinheitlichen. Zwar sagt Toynbee nicht, was er unter dieser Vereinheitlichung (unity) versteht, doch kann aus der Bemerkung, daß sie sich bei manchen Sammelwerken (composite works) weitgehend in der Äußerlichkeit erschöpfe, zwischen denselben Buchdeckeln gebunden zu sein[376], folgendes als seine Auffassung verstanden werden: Das Ergebnis wirklicher Teamarbeit – das heißt in seinem Sinne wohl: die erfolgreiche Tätigkeit des Herausgebers – wird ein formal und vor allem ein inhaltlich in sich geschlossenes Werk sein, in dem die Beiträge der einzelnen Mitarbeiter so sehr zu Teilen des Ganzen verwoben worden sind, daß sie für sich genommen keine sinnvolle Darstellung mehr enthalten.
Die zu den Pflichten des Herausgebers gezählte Planung der Zusammenarbeit und der Sicherstellung ihrer Ausführung kann nur auf allgemeine (aber doch gründliche!) Weise erfolgen; d. h., Herausgeber und Autoren vereinbaren in nach Möglichkeit zweifelsfreier Sprache Thema, Arbeitsgliederung, Abgrenzung zu den anderen Themen etc. Denn, so kann mit

Max Weber hinzugefügt werden, »klare, scharfe, begriffliche Festlegung der verschiedenen *möglichen* Gesichtspunkte ist der einzige Weg, der hier über die Unklarheit der Phrase hinausführt... Der Gebrauch der undifferenzierten Kollektivbegriffe, mit denen die Sprache des Alltags arbeitet, ist stets Deckmantel von Unklarheiten des Denkens und Wollens, oft genug das Werkzeug bedenklicher Erschleichungen, immer aber ein Mittel, die Entwicklung der richtigen Problemstellung zu hemmen«[377].

Eine weitere als die genannte Planung der Arbeit eines jeden einzelnen Teammitgliedes im voraus[378] bedingt, daß der Herausgeber über ein ähnlich großes Fachwissen wie die einzelnen Mitarbeiter verfügt. In einem derartigen Fall aber würde sich, wie Toynbee meint, die Teamarbeit erübrigen, weil der Herausgeber die ganze Arbeit als einzelner leisten könnte.

Nach der Vorbesprechung dessen, was der jeweilige Mitarbeiter voraussichtlich erarbeiten wird[379], sind die Einflußmöglichkeiten des Herausgebers zunächst erschöpft. Jeder Mitarbeiter wird in freier Tätigkeit seinen Beitrag erarbeiten; sonst wäre sie für ihn unerträglich[380]. Erst nach Vorlage der Erstfassung (draft) vermag der Herausgeber – gegebenenfalls – wieder Einfluß zu nehmen. Falls er mit dem einen oder anderen Beitrag nicht einverstanden ist, kann er – erst jetzt – versuchen, grundlegende Änderungen durchzusetzen. Seine diesbezüglichen Möglichkeiten sind jedoch sehr begrenzt. Wenn sich der Herausgeber mit einem Autor[381] nicht über den von ihm vorgelegten Text einigen kann, steht er vor der mißlichen Alternative, das Manuskript in seiner ursprünglichen Form mit nur marginalen Änderungen anzunehmen oder es abzulehnen und bei diesem Teil neu zu beginnen. Dazu benötigt der Herausgeber einen neuen Verfasser, wenn er den kritisierten Teil nicht selber schreiben will – doch dafür besitzt er weder die Kenntnisse noch die Zeit[382]. Außerdem ist bei einem abermaligen Versuch, einen bestimmten Teil schreiben zu lassen, letztlich nicht sicherstellbar, daß er dieses Mal im Sinne des Herausgebers von Erfolg gekrönt ist[383]. Der Gedankengang Toynbees ist so klar, daß über die Schlußfolgerung kein Zweifel bestehen kann: Wenn der Herausgeber mit den Autoren zu keiner Einigung gelangt, gibt es kein inhaltlich einheitliches Werk; in diesem Sinne ist das Projekt gescheitert.

Den Ansichten Toynbees zu Fragen der Teamarbeit wird uneingeschränkt zugestimmt. Dies gilt auch hinsichtlich der dem Herausgeber eingeräumten Möglichkeit zu entscheiden, ob er jeden Beitrag, der für das geplante Werk erarbeitet worden ist, aufnehmen will oder nicht.

Denn da es sich bei Toynbee um einen Wissenschaftler mit hoher Meinung von Autorenfreiheit handelt[384], kann es nicht zweifelhaft sein, daß eine eventuelle Ablehnung immer nur aus sachbezogenen, nicht aber aus (bereits vorher besprochenen) konzeptionellen Gründen oder gar wegen Thesen erfolgt, die ihm als Herausgeber persönlich nicht zusagen. Bei dem Leitwert Autorenfreiheit ist es möglich, daß alle Mitarbeiter eines Teams auch dann ihre – entsprechend belegten und in sich schlüssigen – Thesen vertreten, wenn sich diese untereinander widersprechen. Wie aber verhält sich dies bei einem anderen Leitwert, bei Einheitlichkeit? Will und kann der Herausgeber, dem bei einer solchen Sachlage die Gestaltung eines einheitlichen Werkes im eingangs genannten Sinne nicht mehr möglich ist, wenigstens erreichen, daß die einzelnen Beiträge nicht untereinander kontrovers sind?

Bevor diese Frage wissenschaftstheoretisch beantwortet wird, soll anhand von vorliegenden historischen Sammelwerken überprüft werden, ob Probleme bei der Teamarbeit aufgetreten sind. In den von Just[385] bzw. Grundmann[386] herausgegebenen Handbüchern werden Fragen der Teamarbeit nicht erwähnt. Auch bei dem von Randa[387] herausgegebenen Handbuch der Weltgeschichte hat es offenbar keine grundsätzlichen Probleme hinsichtlich Teamarbeit gegeben. Dieser Herausgeber verstand es als seine Aufgabe, »die Beiträge aufeinander abzustimmen, sie bei *Wahrung wissenschaftlicher Substanz und Forscherfreiheit* dem Gesamtplane entsprechend zu verdichten und durch verbindende Hinweise zu einem geschlossenen Ganzen zu fügen«[388]. Diese Verfahrensweise ergab sich aus dem Aufbau des Handbuchs. Denn es enthält keine fortlaufenden, von je einem einzigen Autor erarbeiteten umfangreichen Texte, sondern viele kleinere einzelne Beiträge zahlreicher Autoren, die die eben genannte Arbeitsmethode erforderlich gemacht haben. Entscheidend dafür, »daß das Handbuch den neuesten Stand der Forschung erreicht und historischer Objektivität gerecht wird«, waren »Umfang und Zusammensetzung des Mitarbeiterkreises, die bewußte Beschränkung auf das Gegenständliche und die *Beleuchtung gleicher Probleme aus verschiedenen Gesichtspunkten«*[389].

Die Fischer-Weltgeschichte[390] ist so aufgebaut, daß in zahlreichen der in sich geschlossenen Bände einzelne Kapitel oder sogar Teile einzelner Kapitel von verschiedenen Autoren verfaßt worden sind[391]. Auch hier gilt das Prinzip der Autorenfreiheit als Leitwert[392]. In der Vorbemerkung des von Th. Schieder herausgegebenen Handbuches der Europäischen Geschichte werden »Eingriffe des Redaktors«, die »den Forscher – als Autor und Leser – hart anzukommen pflegen«, mit formalen Erforder-

nissen (Umfang) begründet[393]. In den Erläuterungen zur Konzeption dieses Handbuches heißt es, daß es »keine Ideologie bieten, sondern nur historisch-empirisch begründete Tatsachen«, wenn auch unter europäischem Gesichtspunkt, bringen dürfe[394]. Mit dem Anspruch, ein wissenschaftliches Werk zu sein, ist – unausgesprochen – die Frage nach der Autorenfreiheit in für diese positivem Sinne beantwortet worden. Ausführungen über das Schließen von Kompromissen und dem Suchen eines Mittelweges zwischen verschiedenen Standpunkten beziehen sich nicht auf die Arbeit von mehreren Autoren, sondern auf diejenige eines einzigen Autors. Diese hat letzterer dann zu leisten, wenn er den Sachverhalt bei noch nicht endgültig geklärten Problemen darstellt.
Auch für die Mitarbeiter an der von Golo Mann herausgegebenen Propyläen Weltgeschichte[395] ist die Autorenfreiheit der Leitwert, und dies wird deutlich ausgesprochen: Es habe allein bei den Autoren gelegen, »in welchem Sinne sie schreiben sollten«. Ein Werk wie die Propyläen Weltgeschichte »entwickelt keine These, keine bestimmte Geschichtsphilosophie; schon allein darum nicht, weil das Denken so vieler Beitragender sich nicht auf eine einzige Bahn hätte zwingen lassen«[396]. Dennoch findet G. Mann einen »gemeinsamen Geist«, der alle Bände durchziehe. Dieser sei aus einer Reihe von (im einzelnen genannten) Grundüberzeugungen entstanden, die jedoch gegensätzliche Auffassungen in einzelnen Sachfragen keineswegs ausgeschlossen hätten.
Bei einem Autorenkreis, »der den gegenwärtigen Stand des Wissens und der Meinungen zu reflektieren geeignet ist, ... mußten und sollten verschiedene Ansichten zur Geltung kommen; nicht in der verneinenden Annahme, daß es die Wahrheit nicht gibt, aber in der bejahenden, daß sie viele Aspekte hat«. Aus dieser Auffassung heraus wird folgerichtig alles abgelehnt, was die Pluralität der Meinungen leugnen könnte: »Ausgeschlossen bleiben mußte andererseits jede sinngebende Theorie, die den Schlüssel zum Ganzen zu besitzen glaubt«. Alle Mitarbeiter »setzten *die Wahrheit über die Doktrin«*[397]. Aus der Vielfalt der Meinungen »entstand hin und wieder das, was man Widerspruch nennt; der eine sieht es so und der andere anders. An solcher Widersprüchlichkeit ist nichts zu bedauern. Die Wahrheit ist vielseitig und kommt uns aus vieler Zeugen Mund«[398].
Eine vergleichbare Auffassung vertreten auch die Herausgeber speziellerer Handbücher wie der Deutschen Verwaltungsgeschichte mit ihrer Meinung, daß bei »der Interpretation und Schilderung der Verwaltung in der Vergangenheit ... nicht Wertmaßstäbe der Gegenwart angelegt

werden« sollten. Sie seien bemüht gewesen, »die Autoren für eine möglichst objektive Darstellung zu gewinnen, die Manuskripte aufeinander abzustimmen, ohne auf Form und Inhalt großen Einfluß zu nehmen. Die Individualität der einzelnen Beiträge sollte bewußt erhalten bleiben«[399].

Diese Meinung wird auch in fremdsprachigen historischen Sammelwerken vertreten. In der Einleitung zum Gesamtwerk der New Cambridge Modern History[400] heißt es, daß die Verfasser der verschiedenen Kapitel und die Herausgeber der einzelnen Bände nicht durch genaue Anweisungen, sondern durch ihre Zustimmung zu den Grundsätzen verpflichtet gewesen seien, die in der Allgemeinen Einleitung dargelegt worden sind. Sie repräsentieren viele Denkschulen und viele Spezialzweige der Forschung. Dennoch sei ihr (geistiges) Erbteil so groß, daß sie hoffen, gerade vermittelst aller dieser Verschiedenheit ein klares Geschichtswerk geschaffen zu haben[401].

Dieselbe Auffassung wird auch in dem von einem international besetzten Herausgeberkomitee publizierten Werk L'Europe du XIXe et du XXe siècle[402] vertreten. Im Vorwort wird betont, daß dieses Werk keiner These zu dienen habe, sondern hinsichtlich der Tagespolitik indifferent bleibe. Dessen alleiniger Zweck sei es, im Geiste wissenschaftlicher Objektivität die Grundzüge für die historische Deutung beizubringen. Für diesen Erklärungsversuch erschien es brauchbar, ja unerläßlich, das Werk von einer Gruppe internationaler Historiker gestalten zu lassen. Der Vergleich *und der Gegensatz ihrer Gesichtspunkte* verleihen ihm seinen selbständigen Charakter; dies sei das eigentliche Wesensmerkmal des in Angriff genommenen Vorhabens[403]. Um es erfolgreich zu beenden, war es notwendig gewesen, eine Reihe formaler Schwierigkeiten zu überwinden. So sollte z. B. die konzeptionelle Einheit des Gesamtwerkes aufrechterhalten werden, und durch eine vereinheitlichende Methode sollten die einzelnen Beiträge trotz der Meinungsunterschiede der einzelnen Schulen oder nationaler Wertmaßstäbe (idéologies nationales) soweit wie möglich angeglichen werden. Allerdings waren dabei die Mannigfaltigkeit und Vielfalt der Gesichtspunkte zu beachten, die eines der wesentlichen Merkmale eines gemeinsamen Werkes ausmachen[404].

Sofern sich die Herausgeber der hier genannten historischen Sammelwerke zur Frage der Autorenfreiheit äußerten, bekannten sie sich übereinstimmend zu ihr[405]. Sie bildete die Grundlage, auf der diese Werke erarbeitet worden sind. Aus ihr ergab sich folgerichtig der Pluralismus der Meinungen, der konsequenterweise selbst dann noch galt, wenn die Autoren kontroverse Ansichten verfochten. Außerdem wurde deswegen und unter Betonung der wissenschaftlichen Objektivität des Inhaltes der Werke darauf verwiesen, daß sie ideologiefrei seien. Zwar wird der Begriff Ideologie[406] nicht definiert, doch da er wissenschaftlicher Objektivität entgegengesetzt wird, ist er offensichtlich negativ gemeint.

Ein ideologischer Gedankengang (oder eine solche Aussage) ist »einseitig in dem Sinn, daß unvollständiger Wahrheitsgehalt sich für die ganze Wahrheit über den Gegenstand ausgibt« oder einseitig »infolge Über- oder Unterbetonung von Tatsachenelementen«. Zwar braucht er nicht im logischen Sinn falsch zu sein, wohl aber ist er es im erkenntnistheoretischen Sinne, »weil der Denkende etwas von seiner Subjektivität in die Aussage eingeschmuggelt hat«[407].

Unter diesem erkenntnistheoretischen Aspekt soll nun die oben gestellte Frage geklärt werden, ob der Herausgeber eines geisteswissenschaftlichen Sammelwerkes nach Ersetzung des Leitwertes Autorenfreiheit durch Einheitlichkeit inhaltlich sich untereinander widersprechende Beiträge auf eine gemeinsame gedankliche Linie bringen kann. Der hier angenommene Versuch eines Herausgebers, die Einheitlichkeit eines Werkes zu erreichen, wird als seine Absicht verstanden, die Gedankengänge kontrovers denkender und schreibender Autoren so in Übereinstimmung zu bringen, daß letztlich alle mit bzw. in ihren Grundaussagen *seine* Meinung wiedergeben. Um dies zu erreichen, muß der Herausgeber alle Autoren, die sich von ihm meinungsmäßig weder auf die von ihm gewollten Normen einstellen lassen noch sich selbst anpassen, zur Rettung der Einheitlichkeit des Werkes von der weiteren Mitarbeit ausschließen.

Ist, um die Frage wegen ihrer Wichtigkeit abermals zu stellen, ein derartiges Verfahren erkenntnistheoretisch zulässig? – Zunächst wird angenommen, daß jeder Text, der nach den in der jeweiligen wissenschaftlichen Disziplin üblichen Kriterien und Verfahrensweisen formal einwandfrei erarbeitet worden und gedanklich in sich schlüssig ist, eine schöpferische Leistung ist und als solche einen Wert darstellt. Wenn die Kritik eines solchen wissenschaftlichen Textes seinem Inhalt angemessen sein will, so wird sie ihrerseits wissenschaftlich sein, d. h. auch sie selbst muß nachprüfbar und damit inhaltlich kritisierbar sein, um gegebenenfalls als sachlich unrichtig zurückgewiesen werden zu können. Wissenschaftliche Kritik, die allein mit den Mitteln der formalen Logik möglich ist, kann nur an theoretischen Sätzen geübt werden. Diese sind Aussagen über die Erscheinungen der objektiv-rationalen oder Erkenntnis-Wirklichkeit, die »die Gesamtheit der raum-zeitlichen Erscheinungen« darstellt; letztere sind »durch Beobachtung und Schluß verifiziert oder falsifizierbar«[408].

In der gleichen sprachlichen Form, in der theoretische Sätze oder Aussagen gemacht werden, können auch Werturteile geäußert werden. Werturteile sind die Objektivierung eines auf einer Empfindung beruhenden und daher gefühlsmäßigen, also subjektiven Verhältnisses einer Person zu einem Gegenstand. Letzteres wird »in etwas sachlich Gegebenes umgedeutet, dem Objekte als eine seiner Eigenschaften zugeschrieben, und damit zum Gegenstand einer ihrer Form nach theoretischen Aussage« gemacht. »Dieses Vorgehen ist erkenntnistheoretisch unzulässig. Die Aussage ist illegitim«[409].

Wird ein Gefühlsverhältnis zwischen einer Person und einem Gegenstand, das wegen seiner Zugehörigkeit zur subjektiv-existentialen oder Lebens-Wirklichkeit immer ein »a-theoretischer Verhalt« ist, aus der Sensations- in die Erkenntnisebene übertragen, so wird es unzulässig theoretisiert. Dadurch gelangen theoriefremde Teile in einen theoretisch gemeinten Gedankengang, und der Tatbestand der Ideologie ist gegeben. »Jede Ideologie beruht auf der Theoretisierung und Objektivierung eines primären Gefühlsverhältnisses, das zwischen dem Sprechenden und einem Objekt besteht«[410].

Bevor dieser Sachverhalt in seiner Bedeutung für die Frage Autorenfreiheit oder Einheitlichkeit behandelt wird, erscheinen einige Hinweise auf das Wesen der Werturteile angebracht. Diese beruhen auf Begriffen, die »die Arten des Wertvollseins« angeben, also auf Wertbegriffen. Ihnen allen ist gemeinsam, daß sie als wertvoll oder als wertwidrig charakterisiert werden und in entweder positiver (Lob) oder negativer Hinsicht (Tadel) eine Auszeichnungsfunktion besitzen. Was nun den Bedeutungsgehalt der Wertbegriffe betrifft, so enthalten sie »zu allermeist, mit Ausnahme der allgemeinsten Wertbegriffe, zwei Komponenten: eine rein sachliche, neutrale Komponente und die auszeichnende, die den eigentlichen Wertcharakter ausmacht«[411]. Daraus ergibt sich, daß auch die Werturteile »neben ihrem eigentlichen Wertsinn«, nämlich ihrer Bedeutsamkeit für das menschliche Verhalten, einen »sachlichen, deskriptiven Gehalt« besitzen. In diesem unterscheiden sie sich voneinander.

Trotz ihres Sachgehaltes können Werturteile im erkenntnistheoretischen Sinn weder wahr noch unwahr sein, weil sie aus der subjektiv-existentialen oder Lebens-Wirklichkeit heraus gefällt werden. Werturteile können weder als reine Annahmen über Tatsachen, die ja als solche wertfrei sind, verstanden noch in solche umgeformt werden; sie würden sonst ihren Wertcharakter verlieren. Dieser bedingt, daß die Werturteile ein Sollen beinhalten und deswegen zu einem bestimmten Verhalten auffordern, das – der dem Wertcharakter wesenhaft zugehörenden Polarität zufolge – entweder zustimmend oder ablehnend ist. Das durch Werturteile Ausgesagte ist »nicht einfach die persönliche Stellungnahme des Wertenden«; dieser will vielmehr »eine unpersönliche Charakterisierung des Gegenstandes geben; er mutet seine Stellungnahme auch allen anderen zu.« Die Werturteile »sind die Anweisung einer Stellungnahme zu einem Gegenstand, u(nd) z(war) allgemein und anonym, nicht von einer bestimmten Person für bestimmte Personen.« Da nun die Werturteile keine Darstellung, sondern Anweisungen enthalten, können sie weder wahr noch unwahr sein. Denn nur Aussagen darstellenden Gehaltes können das eine oder das andere sein. Durch Anweisungen wird nicht nur kein bestehender Sachverhalt dargestellt, sondern dessen Herstellung wird im Gegenteil erst verlangt[412].

Anweisungen – und damit die sie enthaltenden Werturteile – sind ebensowenig wahr wie Normen, Forderungen und Befehle; sie *gelten*. Geltung wird verstanden als unpersönliches Verlangen nach Verbindlichkeit, als Forderung an alle nach Anerkennung und Befolgung des Gewollten. Wegen ihres allgemeinen Charakters soll diese Forderung verhaltensbestimmend wirken. Die tatsächliche Anerkennung einer derartigen Forderung – die etwas anderes ist als die Geltung selbst – besteht darin, daß eine geforderte Zielsetzung notwendigerweise zur eigenen gemacht wird, obwohl jene nicht im Ermessen des einzelnen liegt. So gelten Gesetze auch dann, wenn sie von einzelnen nicht anerkannt werden. Wenn deswegen von diesen gegen sie verstoßen wird, erfolgt von den zuständigen staatlichen Stellen eine Reaktion in Form von Auflagen oder Strafen, um auf diese Weise die Anerkennung der Gesetze durchzusetzen. Die allgemeine unpersönliche Forderung nach individueller Anerkennung der Gesetze erfolgt »im Namen einer überindividuellen Instanz«, die in diesem Falle der Staat ist. Nur wenn namens einer derartigen Instanz eine allgemeine Forderung erhoben werden kann, ist diese verbindlich, »berechtigt, legitimiert; dann ›gilt‹ sie unabhängig von der tatsächlichen Anerkennung des einzelnen«[413].

Ebenso wie sich die Geltung der Gesetze auf ein praktisches Verhalten bezieht, bezieht sich die Geltung eines wahren Satzes, formallogisch gesehen, auf ein geistiges Verhalten: »es wird damit vorgeschrieben, nur diesen Satz und nicht einen mit ihm unverträglichen, in den weiteren Denkoperationen zu verwenden, sich nach ihm dabei zu richten, ihn nirgens außer acht zu lassen, wo er in Betracht kommt. Die Geltung eines Satzes ist etwas anderes als seine Wahrheit«. Sie betrifft seine Behandlung in der gedanklichen Tätigkeit und ist »eine *normative* Konsequenz für das tatsächliche Verhalten«[414]. Die Anerkennung eines wahren Satzes kann intellektuell durchgesetzt werden – allerdings unter einer Bedingung, die für das Erzwingen der Respektierung der Gesetze wohl nicht erforderlich ist[415]: Jene setzt das geistige Vermögen voraus, den wahren Satz und seinen Beweis zu verstehen. Als die überindividuelle Instanz, die in diesem Bereich zur Akzeptierung des wahren Satzes nötigt, fungieren die »allgemein anerkannten Gesetze der Logik und allgemein anerkannte Erkenntnisgrundsätze, in den Realwissenschaften dazu noch Beobachtungen«[416].

Aus den dargelegten Gründen ergibt sich, daß Werturteile Weisungscharakter besitzen können, der überindividuelle Geltung beansprucht; überdies sind die durch Werturteile ausgedrückten Weisungen erkenntnistheoretisch illegitim. Daher ist jede auf Werturteile gegründete Kritik, die selbst dann Verbindlichkeit beansprucht, wenn sie nur dem Empfinden eines einzelnen entspringt, nicht wissenschaftlich, sondern ideologisch. Wissenschaftliche Kritik ist nur möglich, wenn sie nachprüfbar sachbezogen bleibt, indem sie z.B. die Widersprüchlichkeit eines Gedankenganges aufdeckt, einen in sich schlüssigen Gedankengang als in seinen Ergebnissen unzutreffend darlegt, weil die Kenntnis einer breiteren Materialgrundlage zu anderen Ergebnissen geführt hätte, sachlich unrichtige Tatsachendarstellung aufzeigt etc.
Auch die Hypothesen eines Gedankenganges können in mancher Hinsicht überprüft werden. Es kann z.B. untersucht werden, ob sie wirklich als solche oder tatsächlich anders, nämlich axiomatisch, verwendet werden. Ist letzteres gegeben, so bietet sich dem Ideologischen die Möglichkeit, als Voraussetzung für einen Schluß in das Echt-Theoretische einzudringen. Dazu ein Beispiel:

Von einem Team wird ein Werk erarbeitet, dessen Beiträge sich mit verschiedenen Aspekten des Herrschaftsgefüges totalitärer Systeme beschäftigen. Unbeschadet ihrer Wertschätzung solcher Grundrechte wie Gewaltenteilung, unabhängige Rechtsprechung und Meinungsfreiheit sowie ihrer Ablehnung der nach anderen Grundsätzen organisierten totalitären staatlichen Systeme können die Autoren über deren Aufbau und Wirken ideologiefreie Aussagen machen. Sie beschreiben dann z.B. die Gliederung und die Arbeit der Staatsführung und der Behörden sowie die Funktion bestimmter, gesellschaftlich wichtiger Organisationen.

Angenommen, einige der Mitarbeiter verurteilen aus persönlicher Abscheu vor den bekanntgewordenen rechtswidrigen Praktiken der Systeme nicht nur diese selbst, sondern sie klassifizieren alle in deren Herrschaftsbereich Lebenden danach, ob sie sie befürworten, sich neutral verhalten oder ob sie sie ablehnen und sich dazu durch Wort und Tat bekennen. Die anderen Mitarbeiter verbleiben – sosehr sie diesen moralischen Standpunkt verstehen – bei ihrer bisherigen Darstellungsweise. Die Einheitlichkeit des Werkes in gedanklicher Hinsicht ist dahin, weil nur noch die zuletzt genannten Autoren Handlungen und Sachverhalte aus sich heraus erklären, verständlich machen und sachorientiert werten können (ohne daß sie sie deswegen billigen müßten!).

Andererseits ist es denkbar, daß als rechtswidrig erkannte Praktiken von dem einen oder anderen Autor – je nach *persönlicher politischer* Einstellung – durch Verharmlosen, Verschleiern oder Verschweigen von Sachverhalten letztlich *gerechtfertigt* werden, weil sie nicht als prinzipiell negative systemimmanente Symptome, sondern nur als Ausdruck individuellen Versagens einzelner Funktionsträger verstanden werden (sollen). Wenn die anderen bei ihrer bisherigen Darstellungsweise bleiben, ist auch in diesem Falle die gedankliche Einheitlichkeit des Werkes nicht erreichbar.

Es kommt nun darauf an, welcher der beiden Richtungen der Herausgeber zuneigt (sofern er es bei einer derartigen Entwicklung der Dinge nicht vorzieht, das Projekt sogleich aufzugeben). Befürwortet er die *sachliche* Darstellungsweise[417], wird er vermutlich versuchen, die Wissenschaftlichkeit des Werkes weiterhin dadurch zu sichern, daß er die ideologisch motivierten Mitarbeiter in den Bereich der Sachlichkeit zurückführt – oder sich bei Nichtgelingen seines Vorhabens von ihnen trennt. Neigt der Herausgeber selbst der von einem Werturteil ausgehenden Richtung zu, wird er wahrscheinlich die Einheitlichkeit des Werkes durch Ideologisierung auch der übrigen Mitglieder und ihrer Beiträge erreichen wollen – oder im Falle des Mißlingens dieselbe Konsequenz wie die eben genannte ziehen.
Allein Wissenschaftlichkeit erfordert Sachlichkeit. Kann ein ideologischem Denken verhaftetes Teammitglied diese nicht erbringen[418], ist der Verzicht auf seine weitere Mitarbeit deswegen gerechtfertigt. Wird ein solcher Verzicht gegenüber einem sachlich Denkenden aufgrund der Nicht-Sachlichkeit, d. h. Subjektivität des ideologisch beeinflußten Herausgebers, ausgesprochen, handelt es sich um einen Willkürakt. Die auf diese Weise sichergestellte Einheitlichkeit der Grundgedanken des

Werkes dürfte vollständig sein – und daher keinen Zweifel mehr an seiner wissenschaftlichen Bedeutungslosigkeit zulassen.
Obwohl in den beiden angenommenen Varianten der eine oder andere Mitarbeiter keinen Beitrag für das Werk liefern wird, handelt es sich, wie eben angedeutet, um unterschiedliche Vorgänge: Es geht um die Wissenschaftlichkeit *oder* um die Einheitlichkeit des Werkes. Der qualitative Unterschied zwischen ihnen besteht darin, daß wissenschaftliches Denken rein theoretisch ist; eine formallogisch einwandfreie Gedankenführung, mit der ein theoretischer Satz als wahr (oder nicht wahr) bewiesen wird, muß, weil logisch zwingend, als richtig (bzw. nicht richtig) anerkannt werden. Ebendies ist bei ideologisch behafteten Denken nicht so. Die aus der Lebenswirklichkeit stammenden, in Werturteilen ausgedrückten Empfindungen und Erfahrungen eines einzelnen können zwar von anderen verstanden werden, doch wegen ihres subjektiven Charakters besteht keinerlei Veranlassung, sie als für sich selbst bindend übernehmen zu müssen.
Neben dem genannten ist noch ein weiterer Fall denkbar: Die Autoren eines Teams gehen von denselben Hypothesen aus. Mit fortschreitendem Quellenstudium stellt einer von ihnen fest, daß diese aufgrund neu gewonnener Sachkenntnisse nicht mehr haltbar sind. Infolgedessen werden sie von ihm falsifiziert und durch neue ersetzt. Ein anderer Autor erkennt zwar ebenfalls ihre Unhaltbarkeit, hält aber nach wie vor an ihnen fest, weil sie für ihn nicht hypothetisch sind, sondern axiomatisch gelten. Es ist zu erwarten, daß sich die Darstellungen dieser Autoren untereinander widersprechen werden. Die wissenschaftliche Möglichkeit, diese Situation sachgerecht zu klären, besteht in folgendem: Der Herausgeber rät demjenigen Autor, der trotz neuer Forschungsergebnisse des anderen Mitarbeiters unverändert auf seinen axiomatisch festliegenden Hypothesen und den sich daraus ergebenden inhaltlichen Konsequenzen für seinen Text besteht, nicht im Zustand eines »gegen sich selbst unkritischen Erkennens« zu verharren[419], sondern seinen Standpunkt zu überprüfen und – falls er von sich aus zu neuen Einsichten gelangt – auf seinem Gebiet mit dem Stand der Forschung gleichzuziehen.
Befindet sich der Herausgeber jedoch aufgrund eigener ideologischer Fixierung auf diese axiomatisch festliegenden Hypothesen in inhaltlicher Übereinstimmung mit diesem der Autoren, ist eine wissenschaftliche Lösung des Problems nicht möglich. Ein Versuch, den Andersdenkenden zur Übernahme des eigenen Wertungsstandpunktes zu bewegen, ist wissenschaftstheoretisch weder begründbar, noch ist er sachlich ange-

bracht[420]. Will der Herausgeber die gedankliche Einheitlichkeit des Werkes retten, muß er die seiner Meinung nach abweichlerische Auffassung (hier wird der subjektive Charakter des Werturteils besonders deutlich!) unterdrücken und den Beitrag aus dem Werk entfernen. Obwohl dieses Verfahren, wenn überhaupt, nur mit Scheinargumenten praktizierbar ist, ist es notwendig, um nicht den Verstoß gegen die die Meinungsfreiheit schützende Verfassung zu deutlich werden zu lassen. Denn die dieserart garantierte Meinungsfreiheit und die durch sie ermöglichte Meinungsvielfalt sollen in der Praxis Gesinnungsterror ausschließen. In diesem Zusammenhang ist es interessant zu fragen, ob Meinungsfreiheit und -vielfalt die praktisch-rechtlichen Folgerungen aus der Erkenntnis sind: Es gibt *keine theoretische* Rangordnung der Werte[421]. Alle Werte als solche sind untereinander gleich, weil es keinen uneingeschränkt gültigen und somit verbindlichen Kanon gibt, der die Wertigkeit der Werte untereinander festlegt[422].

Wenn beabsichtigt ist, die gedanklich-inhaltliche Einheitlichkeit eines Werkes trotz gegensätzlicher Ansichten verschiedener Autoren durchzusetzen, so erklärt sich dies aus dem pragmatischen Denken des Herausgebers. Nur dieses, nicht das sich von ihm unterscheidende rein theoretische Denken, läßt auf »brennende« Fragen eine Antwort finden. Gerade diese Art von Fragen aber betrifft das subjektiv-existentiale Verhältnis zum Erkenntnisobjekt. »Hier läßt sich die Gefühlsbindung nicht ausschalten. Dieses Denken, das den Gegenstand nicht in uninteressierter Beobachter-, sondern in interessierter Beteiligungsperspektive hat«, ist als sogenanntes pragmatisches Denken »per definitionem ideologiegefährdet«[423].

Der Ideologiebegriff besitzt in zweierlei Hinsicht eine herabsetzende Bedeutung. Einmal moralisch, »wenn man Lüge und Verhüllungsabsicht im Auge hat«[424], zum anderen in erkenntniskritischem Sinne, weil Gefühlserscheinungen im theoretischen Denken, also eben dort auftreten, wohin sie nicht gehören. Bei einer »fehlerhafte(n) Auffassung der Wirklichkeit, die aus der historischen Begrenzung des Objekts oder der Mittel der Einsicht entspringt«, handelt es sich um einen Irrtum, der durch die Aufhebung dieser Begrenzung beseitigt werden kann. Ideologie hingegen stellt sich als *»denkgeschichtliche(r) Regreß«* dar, weil sie immer *»hinter* der bereits möglich gewordenen (oder schon einmal erreichten) Einsicht« zurückbleibt[425].

Die gewichtigste Aufgabe der Ideologiekritik nun ist es, »von dem Denken mit bestimmter gesellschaftlicher Tendenz die Möglichkeit objektiv zutreffender Erkenntnis – und daher auch die Möglichkeit von

Wissenschaft – zu sondern«[426]. Dies geschieht, indem »eine Reihe von Trugschlüssen und Erschleichungen« bloßgelegt wird[427]. Durch Ideologiekritik gerät der, um beim gewählten Beispiel zu bleiben, ideologisch fixierte Herausgeber in Schwierigkeiten: Durch die Bloßstellung der von ihm praktizierten Verfahren ist er – sofern er für das von ihm herausgegebene Sammelwerk den Anspruch auf Wissenschaftlichkeit aufrechterhalten will – gezwungen, sie aufzugeben, umzudenken und umzulernen. Wenn er dies nicht will, ist er genötigt – aus welchen Gründen auch immer, in *keinem* Fall aber aus wissenschaftlichen –, bei gedanklich kontroversen Beiträgen eine scheinbar sachliche Einheitlichkeit zu erzwingen. Da ihm dieser Versuch zur Quadratur des Kreises nicht gelingen kann, muß er sich auf andere Weise zu helfen versuchen. Wenn die inhaltlich-gedankliche Gleichschaltung aller Autoren mißglückt ist, bleibt ihm als wohl letztes Mittel der – sachlich nicht begründbare – Ausschluß des Beitrages der von ihm nicht manipulierbaren Verfasser. – Durch derartige Maßnahmen wird die Stabilisierungsfunktion von »Einheitlichkeit« deutlich. Ebenso wie die politische(n) Ideologie(n) der an der Macht befindlichen Eliten deren Herrschaft rechtfertigen und dadurch sichern soll(en), so sollen ideologisch motivierte Maßnahmen im wissenschaftlichen Bereich dazu beitragen, herrschende Lehrmeinungen oder einen bestimmten Stand der Forschung gegenüber neuen Forschungserkenntnissen abzusichern und zu konservieren.

Nun ist den empirischen Geisteswissenschaften »eine Tendenz zur Entideologisierung eigentümlich«. Die Begründung, daß ihnen dies möglich ist, geht davon aus, daß »sie ihren Gegenstand nicht nach den Wertungen, den Legitimierungs- und Erlösungsbedürfnissen der verschiedenen Gruppen« zurechtstilisieren[428].

Angenommen, einem Herausgeber ist die wissenschaftslogisch zwingende Beweisführung, daß die Wissenschaftlichkeit eines geisteswissenschaftlichen Sammelwerkes bei kontroversen Positionen nur durch Meinungsfreiheit, nicht aber durch Einheitlichkeit erreicht wird und gewährleistet bleibt, wegen seines pragmatischen Denkens weder deutlich, noch kann sie ihm verständlich gemacht werden: Für diesen Fall gibt es eine andere Möglichkeit, die Anerkennung der Autorenfreiheit als Leitwert zu erreichen, nämlich dadurch, daß der Herausgeber seiner »intellektuellen Rechtschaffenheitspflicht« gemäß handelt[429].

Durch das Abwägen der »gewollten gegen die ungewollten Folgen seines Handelns« kann er sich die Frage danach beantworten, was »die Erreichung des gewollten Zweckes in Gestalt der voraussichtlich eintretenden Verletzung *anderer* Werte« kostet[430]. Der gewollte Zweck ist bei dem hier abgehandelten Thema die Einheitlichkeit des Werkes, die gewollte Folge der gedanklich in sich geschlossene widerspruchsfreie Inhalt, die – angenommene – ungewollte Folge die Unterdrückung der Meinungsfreiheit. An »der Abwägung von Zweck und Folgen des Handelns gegeneinander (kann) keine Selbstbesinnung verantwortlich handelnder Menschen vorbeigehen«. Jene selbst »zur Entscheidung zu bringen, ist freilich *nicht* mehr eine mögliche Aufgabe der Wissenschaft, sondern des wollenden Menschen; er wägt und wählt nach seinem eigenen Gewissen und seiner persönlichen Weltanschauung zwischen den Werten, um die es sich handelt. Die Wissenschaft kann ihm zu dem *Bewußtsein* verhelfen, daß *alles Handeln* und natürlich auch, je nach den Umständen, daß *Nicht*-Handeln in seinen Konsequenzen eine Parteinahme zugunsten bestimmter Werte bedeutet, und damit – was heute so besonders gern verkannt wird – regelmäßig *gegen andere*. Die Wahl zu treffen, ist seine Sache«[431].

Kann diese Wahl zweifelhaft sein, wenn eine individuelle Entscheidung für Einheitlichkeit aufgrund einer nur intrasubjektiv gültigen Wertempfindung zwangsläufig praktisch die Aufhebung des Rechts auf freie Meinungsäußerung im wissenschaftlichen Bereich für den Andersdenkenden bedeutet, d. h. die Verletzung eines Rechtsgutes, das wegen des ihm allgemein beigemessenen hohen Wertes als Grundrecht anerkannt wird und verfassungsrechtlich geschützt ist? Diese Frage muß von jedem kompromißlos verneint werden, für den anstelle einer Einheitlichkeit »der Wahrheitswert von Gedanken der leitende Wert einer historischen Darstellung ist«[432].

Soll um der Wahrheit von Aussagen willen, die nur in rein theoretischen, d. h. wertfreien Sätzen festgestellt werden kann, auf jegliche Wertung verzichtet werden? Beeinträchtigen Wertungen als die subjektiven Äußerungen, die sie nun einmal sind, den wissenschaftlichen Gehalt eines Textes oder lassen sie ihn gar nicht-wissenschaftlich werden? Keineswegs! Es geht nur – um einen früher entwickelten Gedankengang weiterzuführen – darum, »daß der Forscher und Darsteller die Festlegung empirischer Tatsachen (einschließlich des von ihm festgestellten ›wertenden‹ Verhaltens der von ihm untersuchten empirischen Menschen) und *seine* praktisch wertende, d. h. diese Tatsachen (einschließlich etwaiger zum Objekt einer Untersuchung gemachter ›Wertungen‹ von empirischen Menschen) als erfreulich oder unerfreulich *beurteilende*, in diesem Sinne: ›bewertende‹ Stellungnahme unbedingt *auseinanderhalten* solle, weil es sich da nun einmal um heterogene Probleme handelt«[433].

Es ist unbestreitbar, daß eine wertfreie, d. h. eine ausschließlich Tatsachen aneinanderreihende Darstellung »intersubjektiv gültiges Erfahrungswissen« vermittelt[434]. Unbeschadet dessen ist es zweifelhaft, ob dies wirklich die beste Art ist, derartiges Wissen weiterzugeben. Zur Vermeidung von Unklarheiten sei betont, daß die Forderung Max Webers nach strikter Trennung zwischen Tatsachenfeststellung und Wertung als erkenntnistheoretisch überzeugend akzeptiert wird. Es geht darum, beide so deutlich voneinander zu scheiden, daß die eine nicht für die andere gehalten werden kann. Ist diese Trennung erreicht, läßt sich ohne weiteres erkennen, ob eine Aussage objektiv oder subjektiv ist, d. h. ob sie eine Tatsache oder eine Wertung widergibt. Der Unterschied zwischen beiden besteht in diesem Zusammenhang darin, daß eine Tatsachenaussage innerhalb eines bestimmten Sachverhalts, wenn sie – was nachprüfbar ist – wahr ist, auch von denjenigen als richtig anerkannt werden muß, die diesen Sachverhalt in seiner Gesamtheit ganz anders sehen, eine Wertung hingegen nicht. Wenn im erkenntnistheoretischen Sinne objektiv = wahr, subjektiv = nicht wahr, als ohne Geltung für andere sogar ideologisch ist, wird damit nur gesagt, daß der erste Begriff der Theorie angemessen ist, der andere nicht. Obwohl es sich daher um keine Wertung handelt, durch die objektiv mit gut, subjektiv mit schlecht, falsch, einseitig gleichgesetzt wird, scheint es gerade dieser mehr unterschwellige als bewußte Eindruck zu sein, der Begriffe wie subjektiv und werten als negativ empfinden läßt.

Äußert dagegen ein Forscher eine »wissenschaftliche« Meinung, so wird darunter allgemein verstanden, daß seine Sicht der Dinge auf der Kenntnis von Tatsachenmaterial beruht, die es ihm ermöglicht, ein ausgewogenes und »objektives« Urteil über einen bestimmten, von ihm untersuchten Sachverhalt zu fällen. Je quellennäher seine Interpretation, die überdies die Ereignisse aus sich selbst heraus zu erklären versucht, ist, als desto gewichtiger und überzeugender wird sie gelten. Es ist theoretisch durchaus nicht unzulässig, sich »mit den existential wesentlichen Facetten von Wirklichkeiten zu befassen«, doch erscheint es in einem solchen Falle als zweckmäßig, sich soweit wie möglich von der Ideologie zu befreien. In einer »existentialen Selbstanalyse« kann jemand feststellen, in welcher Weise er in einem Gefühlsverhältnis zu einem Erkenntnisobjekt steht. Durch das selbstkritische Erkennen der ideologischen Gefährdung des eigenen Denkens hinsichtlich dieses Objektes wird zwar das Gefühlsverhältnis zu ihm nicht aufgehoben, aber es wird als »potentielle Ideologiequelle« sichtbar. Durch die »Befreiung aus der *naiven* Befangenheit« ist es möglich, »die Entpragmatisierung der Denkprozesse um einiges weiter voranzutreiben. Teils werden die

Grenzen zwischen rein-theoretischer und pragmatisch-ideologiebedrohter Einsicht deutlich und bewußt. Teils endlich wird die Subjektivität der unauflösbaren pragmatischen Aussagebestandteile durch das Wissen um ihre Subjektivität und die ... Abgrenzung des ideologischen Gefahrenfeldes weitgehend neutralisiert«[435].

Bei der Anwendung dieses Verfahrens ist es nicht mehr sinnvoll, den Standpunkt eines mehr oder minder totalen Subjektivismus und Relativismus sowie einer »politisierende(n) Historik« zu vertreten. Die Behauptung, daß »die Vergangenheit nur in Bezug auf das eigene Wertsystem und nur aus ihm heraus sichtbar wird und verstanden werden kann«[436], ist in ihrem zweiten Teil mißverständlich, ja unrichtig. Da, wie dargelegt, Werte (und Wertsysteme) weder wahr noch nicht wahr sind, sondern gelten, kommt es zwangsläufig zu geschichtswissenschaftlich falschen Schlüssen, wenn irgendein vergangener Zeitabschnitt nicht aus dem damals geltenden Wertgefüge, sondern von heutzutage für richtig gehaltenen Wertvorstellungen her »verstanden«, d.h. beurteilt wird. War, um ein beliebiges Beispiel zu nennen, die attische Polis eine Demokratie? Geht man von der heute anerkannten Wertvorstellung, nämlich der politischen Gleichheit aller Bürger, aus und zieht man in Betracht, daß es damals mit Polites, Metöken und Sklaven drei verschieden privilegierte Gruppen innerhalb ein und derselben Gesellschaftsordnung gegeben hat, muß man diese Frage verneinen. Dem politischen Selbstverständnis *damals* zufolge war sie eine Demokratie![437].

Vom Standpunkt des politisierenden Historikers geht es weiter mit einer Reihe bekenntnismäßig klingender Ansichten, die alle ohne jeglichen Beweis (in Form eines logischen Gedankenganges) verkündet werden. So ist es angeblich belanglos, »daß der Historiker explizit und implizit werten muß und daß seine Wertungen sich logisch-wissenschaftlicher Kontrolle entziehen«[438]; es sei vielmehr von Belang, »was er mittels seiner Wertung erreicht« und wie er durch seine Tätigkeit »der Forschung weiterhilft und namentlich das Weltverständnis seiner Zeit und seiner Zeitgenossen bereichert«[439].

Es braucht hier nicht der Frage Nietzsches nach dem »Nutzen und Nachteil der Historie für das Leben« nachgegangen zu werden. Es sei nur angemerkt, daß die Feststellung, man könne niemandem vorschreiben, »wie engagiert oder desinteressiert er zu sein hat«, nur dann keine Banalität wäre, wenn sie in Bezug zu den heterogenen Problemen Tatsachenfeststellung/Wertung gesetzt und erörtert worden wäre. Im übrigen sei noch erwähnt, daß der Andersdenkende abgewertet wird als der »Wissenschaftsfanatiker ... im beschränkten schlechten Sinn, der

Wahrheit verwechselt mit zähl- und meßbarer Realität, der nur gelten lassen will, was sich beweisen läßt«[440].
Mit Blick auf die seit etlichen Jahrzehnten geführte internationale wissenschaftliche Diskussion über das Problem der Wertfreiheit müßten diese Ansichten Erstaunen hervorrufen – wenn sie problemorientiert wären. Bei ihnen handelt es sich im Grunde genommen nicht mehr um einen sachbezogenen Diskussionsbeitrag, sondern wohl um einen Versuch der »Umwertung der Wissenschaftsauffassung zur Parteilichkeit für sozialreligiöse Letztwerte«[441]. Als Konsequenz hieraus ergibt sich der Vorsatz, »den erfolgreichen, auf nachprüfbarer wissenschaftlicher Erfahrung und empirischen Beweismitteln beruhenden Wissenschaftsbegriff[442] als solchen zu entwerten und die eigene Heilslehre zur werthöheren Wissenschaftsauffassung zu erklären. Dies geschieht, indem man die politische und soziale Wert- und Zielparteilichkeit als eine unaufhebbare Voraussetzung aller ›echten‹ und ›höheren‹, nicht bloß faktenhaften und technologischen Wissenschaft den Forschern und wissenschaftlichen Berufen ins Gewissen zu schieben versucht«[443].
Hier schließt sich der Kreis. Bei unterschiedlichen Standpunkten in einem wissenschaftlichen Werk kann Einheitlichkeit nicht an die Stelle der Autorenfreiheit treten; denn sie ist wissenschaftswidrig und verhindert deswegen das Erkennen von Wahrheiten. Wenn dieses Argument einen auf Einheitlichkeit bedachten Herausgeber ebenso wenig überzeugt, wie ihn der Hinweis auf seine intellektuelle Verpflichtung zur Rechtschaffenheit (Toleranz) unberührt läßt, so dürfte er selbst den Nachweis seiner Ideologiehörigkeit erbracht haben.
Dies bedeutet in der Praxis, daß er sich selbst der Möglichkeit beraubt, »zum Fortschritt der wissenschaftlichen Erkenntnis« beizutragen. »Denn der Fortschritt der Wissenschaft hängt von der freien Konkurrenz des Denkens ab, also von der Gedankenfreiheit, also letztlich von der politischen Freiheit«[444]. Ob er, bedingt durch seinen »Verzicht auf rationales Denken«[445], mit dem von ihm unter dem Leitwert Einheitlichkeit herausgebrachten Werk noch den Anspruch auf Wissenschaftlichkeit erheben kann, wird bezweifelt. Eine vereinheitlichte Veröffentlichung in dem hier abgehandelten Sinne ist als ein Produkt ideologisierter bzw. politisierter Wissenschaft sachlich bedeutungslos.

Schlußbemerkung

Zu den grundlegend wichtigen Fragen zur Geschichte des Zweiten Weltkrieges gehört diejenige, ob Hitler nach dem Angriff auf Polen im September 1939 zielstrebig weitere Feldzüge plante und durchführte oder ob ihn die Kriegsereignisse – bedingt durch Handlungen der Gegenseite und durch Eigendynamik – seit der Kriegserklärung Großbritanniens und Frankreichs am 3. September 1939 unaufhaltsam immer mehr dazu zwangen, zu reagieren statt zu agieren.
Die insbesondere von Hillgruber und seiner Schule vertretene Auffassung, daß ein angeblich programmatisch fixierter Hitler ausdauernd gewisse Endziele verfolgt habe, ist bisher nicht zweifelsfrei nachgewiesen worden. Die historischen Tatsachen, daß der Angriff auf Polen, die Besetzung Dänemarks und Norwegens, der Angriff auf Frankreich und später auf Jugoslawien und Griechenland für die deutsche Seite erfolgreich verlaufen sind, rechtfertigen in keiner Weise die Annahme, daß sich die Ereignisse in Europa in den anderthalb Jahren zwischen dem Herbst 1939 und dem Frühjahr 1941 so entwickeln mußten, wie sie sich gestaltet haben. Jede derartige Erklärung ist der methodenwidrige Versuch, vergangene Wirklichkeit nicht aus sich selbst, nicht aus der Zeit heraus zu erklären, als sie Gegenwart war, sondern a posteriori. Durch diesen Methodenfehler verdichten sich die historischen Ereignisse, die die genannten militärischen Unternehmungen gewesen sind, zu einem komplexen Gesamtvorgang, der nicht mehr als ihr Ergebnis, sondern irrigerweise als Ursache für sie betrachtet wird.
Zu den Möglichkeiten, einen solchen Fehler zu vermeiden, gehören als Voraussetzungen u.a. eine intensive Quellenarbeit *und* ihre widerspruchsfreie Deutung. Die Handlungen z.B. zweier kriegführender Parteien sind zwar de facto gegeneinandergerichtet, widersprechen sich aber nicht im logischen Sinne. Sie sind darauf gerichtet, durch geplante und sorgfältig vorbereitete – oder auch, bei entsprechender Lage, durch improvisierte – Maßnahmen Vorteile gegenüber dem Gegner zu erlangen, bis letztendlich der Krieg zu den eigenen Gunsten entschieden werden kann. Somit sind alle diese Züge und Gegenzüge Teile des einen Gesamtkriegsgeschehens.
Für eine wissenschaftlich einwandfreie Darstellung ist es von größter Bedeutung, *wie* an das Quellenmaterial herangegangen wird, nämlich unvoreingenommen oder aufgrund bestimmter, von vornherein festlie-

gender Überzeugungen, von denen aus es gesichtet und interpretiert wird. Wenn kategorisch erklärt wird, daß der Ausgangspunkt zu einer *jeden* Betrachtung eines bestimmten Themas eine a priori genau festgelegte Einsicht sein *muß,* ist eine sachgerechte Sichtung und Gewichtung des Quellenmaterials ebensowenig möglich wie die auf ihm beruhende Darstellung des Themas.

Der Punkt, von dem nach Hillgrubers Auffassung jede themenbezogene Betrachtung ausgehen muß, muß die Einsicht sein, daß das »axiomatisch festliegende ... Ziel der Gesamtpolitik Hitlers« darin bestanden hat, die Hauptetappe seines angeblichen Programmes zu verwirklichen, nämlich gewaltsam Lebensraum im Osten zu erobern. Aus dieser – für ihn absolute Gültigkeit erheischenden – Perspektive heraus gesehen kann für ihn der Feldzug gegen die Sowjetunion lediglich der abschließende in einer Reihe vorangegangener Feldzüge sein, die alle letztlich nur dem einen Zweck dienten, die Voraussetzungen für ihn zu schaffen.

Es ist eine historische Tatsache, daß Hitler keinen Kriegsplan und – deswegen – auch keinen Rüstungsplan besessen hat. Daher hat jeder der drei Wehrmachtteile für sich gerüstet. Eine langfristige Rüstungsplanung, die konzeptionell durchdacht gewesen wäre, besaßen sie jedoch nicht, weil Rüstungsmaßnahmen von den Lagebeurteilungen und Absichten der politischen Führung, insbesondere Hitlers, abhingen. Da sie, bedingt durch die internationale Lage, schwankten, schwankten infolgedessen auch die entsprechenden Rüstungsplanungen. Dies zeigte sich an den Produktionssollzahlen für Waffen und Gerät, die immer wieder verändert wurden. Als ein Ergebnis einer Lagebeurteilung zu einem bestimmten Zeitpunkt wurden sie bald erhöht, bald gedrosselt. – Diese ständigen Umsteuerungen der Rüstung beruhten vor allem auf der Überzeugung Hitlers und weiter Kreise der militärischen Führung, daß der Krieg bald beendet sein würde. Es ist aufschlußreich, daß in seinen Anfangsjahren der Schwerpunkt auf der Produktion von Rüstungsgütern gelegen hat, die für die unmittelbare Führung des Waffenkrieges notwendig waren. Infrastrukturelle wehrwirtschaftliche Maßnahmen hingegen wie Bau und maschinelle Ausstattung neuer Fabriken, um eine gesteigerte Produktion nicht nur von Waffen und Gerät, sondern vor allem mittelbaren Kriegsbedarf wie Pulver und Sprengstoff, Buna und synthetischen Treibstoff zu gewährleisten, wurden bis zur Jahresmitte 1941 in nennenswertem Umfang nicht getroffen.

Die Erwartung, daß der Krieg nach Beendigung des Frankreich-Feldzuges im Juni 1940 bald beendet sein würde, machte sich auch in der im Juni/Juli 1940 befohlenen und begonnenen Demobilmachung von

Teilen des Heeres bemerkbar. Die Unnachgiebigkeit Großbritanniens jedoch ließ Hitler nach Wegen suchen, es niederzuringen. Den für ihn günstigen Weg meinte er in der Möglichkeit eines Feldzuges gegen die Sowjetunion gefunden zu haben. Entweder gelang es, nach dem – von ihm unbezweifelten – Sieg über sie Großbritannien zum Friedensschluß zu veranlassen oder es war möglich, mit dem eroberten Gut (Erdöl, Erze, Getreide etc.) auch einen lange währenden Krieg gegen es erfolgreich durchzustehen. London sollte also über Moskau geschlagen werden.

Nachdem Hitler aus politischen, militärstrategischen und (rüstungs-) wirtschaftlichen Überlegungen heraus einen Feldzug gegen die Sowjetunion führen wollte, bot sich ihm als deren Folge die Möglichkeit, nach erfolgtem Angriff und Vormarsch weite Teile des osteuropäischen Judentums in seine Gewalt zu bringen und zu vernichten und den deutschen »Lebensraum« im Osten zu erweitern. Diese historische Tatsache bleibt unbeschadet dessen unverändert bestehen, ob man wie Hillgruber in den rasseideologischen Anschauungen Hitlers den eigentlichen Grund für den Feldzug gegen die Sowjetunion sieht, auch wenn er ihn weder mit unmittelbaren noch zeitgleichen Äußerungen Hitlers nachweisen kann, oder ob wie hier in dem Bündel von Motiven, die Hitler in der Jahresmitte 1940 wirklich bestimmt haben.

Nach dem Sieg im Westen hatte Hitler die Drosselung der Heeresrüstung befohlen, weil er nach diesem Sieg in diesem Krieg keinen ernstzunehmenden Gegner zu Lande mehr befürchtete. Der viel zu knappe Zeitraum, der zur Produktion der Waffen und des Gerätes für die Ausrüstung des Ostheeres zur Verfügung gestanden hat, läßt die kurzfristige Planung und Vorbereitung des Feldzuges gegen die Sowjetunion zweifelsfrei erkennen. In den knapp sieben Monaten, die zur Produktion der Bewaffnung und Ausrüstung für das Ostheer gegeben waren, konnten insbesondere die schweren Waffen wie Panzer und Artillerie nicht im benötigten Umfang produziert werden. Für ihre Fertigung war, was auch Hitler bekannt war, ungefähr ein Jahr erforderlich. Aus Fertigungszeitgründen ergab sich zwangsläufig die unvollständige materielle Ausstattung des Ostheeres. Bei verschiedenen Waffen gab es Defizite bis zu einem Drittel des Sollbestandes. Damit soll nicht gesagt werden, daß der Feldzug gegen die Sowjetunion gewonnen worden wäre, wenn das deutsche Ostheer vollständig bewaffnet und ausgerüstet gewesen wäre. Diese Tatsache bedeutet nur, daß die Unzulänglichkeit der Bewaffnung und Ausrüstung einer der ausschlaggebenden Gründe für das Scheitern des Ostfeldzuges gewesen ist.

Anmerkungen

1 Krumpelt, Ihno: Das Material und die Kriegführung, Frankfurt/M. 1968, S. 29
2 Ebd., S. 27, 29
3 Hillgruber, Andreas: Hitlers Strategie. Politik und Kriegführung 1940–1941, Frankfurt/M. 1965, 2. Auflage München 1982, S. 54 – Entgegen der sonst üblichen Gepflogenheit wird nach der 2. Auflage zitiert, weil sich nach Hillgrubers Aussage weder an den Grundzügen noch an den entscheidenden Feststellungen seiner Arbeit etwas geändert hat und weil dadurch die Kontinuität der Hauptthese deutlich zum Ausdruck kommt. – Eine Seitenangabe im Text ohne weiteren Zusatz bezieht sich immer auf »Hitlers Strategie«.
4 »So planten, entwickelten, kauften und verbrauchten die einzelnen Wehrmachtteile und diverse zivile Behörden auch weiterhin (d.h. nach der Ernennung Todts zum Reichsminister für Bewaffnung und Munition im März 1940) oft unkoordiniert neben- und nicht selten gegeneinander.« Burchardt, Lothar: Hitler und die historische Größe, Konstanz 1977, S. 27.
5 Dazu Leeb, Emil: Aus der Rüstung des Dritten Reiches (Das Heereswaffenamt 1938–1945); Berlin Frankfurt/M. 1958.
6 Zum Vierjahresplan (VJP) gibt es eine umfangreiche Literatur; vgl. hierzu die Angaben bei Volkmann, Hans-Erich: Wirtschaft im Dritten Reich. Eine Bibliographie, Teil I 1933–1939, Koblenz 1980; Teil II 1939–1945, Koblenz 1984.
7 Milward, Alan S.: Die deutsche Kriegswirtschaft 1939–1945, Stuttgart 1966, S. 53–67; Carroll, Berenice A.: Design for Total War. Arms and Economics in the Third Reich. The Hague-Paris 1968, p. 213–231.
8 Die Ausführungen über die deutsche Rüstungssituation umfassen – wie Hillgrubers Darstellung über »Hitlers Strategie« – den Zeitraum vom Mai/Juni 1940 bis zum Jahreswechsel 1941/42. Sie dienen dazu, neben der Vermittlung neuer Kenntnisse anhand insbesondere des Problems der Umsteuerung der Rüstung festzustellen, ob die Stufenprogramm-Theorie in diesem Bereich durch die Fakten verifiziert oder falsifiziert werden kann.
9 OKW, RüWiAmt, Nr. 1068/40 g. Kdos (E) an RMfBuM, Berlin, 23. Mai 1940; betr.: Feststellung der für die Erfüllung der wichtigsten Forderungen der Wehrmachtteile vorhandenen und noch auszubauenden Kapazitäten, Bl. 9; BA-MA, Wi/IF 5.118.
10 Der Reichsminister für Bewaffnung und Munition, Nr. 371–530/40 g., grundsätzliche Anordnung Betr.: Waffen- und Munitionserzeugung, Berlin 31. Mai 1940; ebd.
11 Chef OKW betr. Umsteuerung der Rüstung; vorbereitender Erlaß vom 14. Juni 1940; Thomas: Geschichte der dt. RüWirtschaft, Dok. II, Nr. 2a, S. 406f.
12 WiRüAmt *Aktennotiz* Besprechung am 18. 6. 40 im Führerhauptquartier bei General *Jodl;* Berlin den 21. Juni 1940; BA-MA, Wi/I A.13.
13 Chef Ro *Aktenvermerk* über die Besprechung im Hauptquartier des Generalfeldmarschall Göring v 19. 6. 40. Berlin, den 20. Juni 1940; ebd.
14 WiRüAmt/Stab Ic *Aktennotiz* über eine Besprechung bei Generallt. Thomas am 20. 6. über die Umsteuerung der Kriegsfertigung; Berlin, den 22. 6. 40; ebd. In Besprechungen mit Vertretern des Marineamtes bzw. Luftzeugamtes am 22. bzw. 26. 6. 1940 legte Thomas diesen »eingehend die Richtlinien des Führers, die eine Umsteuerung der gesamten Kriegsfertigung anordnen«, dar; ebd
15 Oberkommando des Heeres Chef der Heeresrüstung und Befehlshaber des Ersatzheeres AHA Demob. Nr. 12133/40 geh. Grundsätzliche Regelung der Demobilmachung des Heeres. Berlin, den 20. Juni 1940. BA-MA, Wi/IF 5.1056 (Unterstreichungen im Original wurden weggelassen). – Die Schlußbestimmung lautete: »Die vorstehende Regelung wird mit dem Tag der Demobilmachung bzw. auf besondere Anordnung in Kraft gesetzt werden. Die notwendigen Vorarbeiten sind einzuleiten. Wenn Teile des Kriegsheeres schon vor einer allgemeinen Demobilmachung aufgelöst werden, ergehen hierzu besondere Weisungen.«
16 Oberkommando der Wehrmacht Nr. 1120/40 g.Kdos. WFA/Abt. L. (II) Bezug: OKW/L (Chef Nr. 00349/40 g.K. vom 14. 6. 1940. Betr.: Richtlinien für Demobilmachungs-Maßnahmen in der Wehrmacht. F.H.Qu., den 25. Juni 1940; BA-MA, Wi/IF 5.1025.
17 Vgl. Anm. 11.
18 Chef OKW betr. Umsteuerung der Rüstung; Erlaß vom 9. Juli 1940; in: Thomas, Georg: Geschichte der dt. RüWirtschaft, Dok. II, Nr. 2b, S. 408–412.
19 Ebd.
20 Der Vorsitzende des Reichsverteidigungsrates betr. Dringlichkeit der Fertigungsprogramme, 18. Juli 1940, ebd., Dok. II, Nr. 3, S. 413 (Zitat im Orig. z.T. kursiv)

21 Weisung Nr. 16 über die Vorbereitungen einer Landungsoperation gegen England, in: Hubatsch, Hitlers Weisungen, S. 61–65.

22 Klee, Karl, Das Unternehmen »Seelöwe«, Göttingen 1958, S. 113.

23 Der Vorsitzende des Reichsverteidigungsrates betr. Vorbereitungen für Unternehmen »Seelöwe«, 26. 7. 40; in: Thomas, Geschichte der dt. RüWirtschaft, Dok. II, Nr. 4, S. 417.

24 Der Führer und Oberste Befehlshaber der Wehrmacht betr. Umsteuerung der Rüstung, F.H.Q., den 20. 8. 1940; ebd., Nr. 5, S. 420f.

25 Ebd.

26 Klee, »Seelöwe«, S. 198.

27 Boog, Horst: Die militärische Konzeption des Krieges gegen die Sowjetunion – Die Luftwaffe, in: Das Deutsche Reich und der Zweite Weltkrieg Band 4, Stuttgart 1983, S. 312.

28 Der Vorsitzende des Reichsverteidigungsrates betr. Dringlichkeit der Fertigungsprogramme, 20. September 1940; in: Thomas, Geschichte der dt. RüWirtschaft, Dok. II, Nr. 6, S. 422–429. – Das »Hin und Her zwischen Demobilmachung, Umrüstung auf Luft- und Seekrieg gegen England und Aufrüstung auf Landkrieg gegen Rußland« wirkte keineswegs »grotesk«, wie Uhlig (Das Einwirken Hitlers auf Planung und Führung des Ostfeldzuges, in: Aus Politik und Zeitgeschichte B 11/60, 16. März 1960, S. 161–198, Zitat S. 165) meint. Es spiegelt lediglich die – wesentlich durch das Fehlen eines Kriegsplanes bedingte – Ratlosigkeit Hitlers wider, wie er Großbritannien nach der Niederlage Frankreichs zum Frieden zwingen konnte.

29 Der Vorsitzende des Reichsverteidigungsrates betr. Dringlichkeit der Fertigungsprogramme, 20. September 1940; in: Thomas, Geschichte der dt. RüWirtschaft, Dok. II, Nr. 6, S. 425.

30 Der Führer und Oberste Befehlshaber der Wehrmacht betr. Steigerung der Rüstung, 28. September 1940; ebd., Nr. 8, S. 432–436. – Wie der hier genannte Befehl zeigt, datiert Hillgruber die Umsteuerung der Rüstung zugunsten »Barbarossa« (ebenso wie Topitsch, Stalins Krieg, S. 90 unter Berufung auf Fabry) um knapp zwei Monate zu spät (S. 264). Denn nach seiner Feststellung begannen die Vorarbeiten für »Barbarossa« beim WiRüAmt im November/Dezember 1940. Der Führerbefehl vom 28. 9. 1940, der die Grundlage für die Rüstung gegen »Barbarossa« darstellte, »kann sich nicht weiter ausgewirkt haben« (!), wie Hillgruber (ebd.) in Verkennung des Sachverhaltes im rüstungswirtschaftlichen Bereich meint. – Anfang November 1940 hatten im WiRüAmt die Vorarbeiten für die wirtschaftliche Nutzung der zu erobernden Gebiete der Sowjetunion begonnen; vgl. Anm. 348. – Das WiRüAmt hieß nicht, wie Hillgruber schreibt, das Wirtschafts-, sondern das Wehrwirtschafts- und Rüstungsamt.

31 Der Führer und Oberste Befehlshaber der Wehrmacht betr. Umsteuerung der Rüstung, 20. August 1940; in: Thomas, Geschichte der dt. RüWirtschaft, Dok. II, Nr. 5, S. 420f.

32 Rü II a, Beitrag zum Kriegstagebuch. Betr.: Derzeitiger Stand der Rüstung, Berlin, 17. Dezember 1940, BA-MA, Wi/IF 5.120.

33 Rü II a, Beitrag für Rü I Besprechung am 11. 12. 40. Berlin, 10. Dezember 1940, Bl. 2; ebd.

34 Ebd., Bl. 2f.

35 Vgl. Anm. 32 – Die Reihenfolge lautete: »a) U-Boote, Minen, leichte Seestreitkräfte, Bomber und Abwurf-Munition; b) alles zur Verstärkung der Luftverteidigung Notwendige: Jäger, Flak-Geschütze, Scheinwerfer, Kommandogerät und Flak-Munition; c) erst an dritter Stelle schwere Seestreitkräfte, Aufklärer pp. und schließlich (!) alle vordringlichen Forderungen des Heeres.«

36 Wehrmachtführungsstab, Stellungnahme zur Vortragsnotiz des Wi und RüAmtes vom 30. 11. betr. Überprüfung der Rüstungsprogramme, Berlin, den 3. 12. 1940; in: Thomas, Geschichte der dt. RüWirtschaft, Dok. II, Nr. 8b, S. 463f.

37 Die Schlußfolgerung Hillgrubers (S. 264), »daß Jodl (im Gegensatz zu Hitler) stets Großbritannien als den Hauptgegner ansah und daher (!) die letzten ideologischen und politischen Triebkräfte bei den Entscheidungen Hitlers nicht zutreffend erfaßte«, ist logisch nicht haltbar und deswegen nicht beweiskräftig. Falls sie richtig wäre, würde dies bedeuten, daß stets nur jemand, der mit einem anderen in einem bzw. in mehreren Punkten gedanklich voll übereinstimmt, diese inhaltlich ganz erfassen kann. Die Erkenntnis der Gedanken(gänge) eines anders Denkenden wäre jener Behauptung zufolge unmöglich. – Sofern z. B. für Jodl »die letzten ideologischen und politischen Triebkräfte«, auf denen Hitlers Entscheidungen nach Meinung Hillgrubers beruhten, evident waren, war Jodl deren direkte Erkenntnis möglich. (Das bedeutete natürlich nicht, daß er die auf jenen basierenden Entscheidungen Hitlers stets für richtig gehalten hat.)

38 Weisung Nr. 32 Vorbereitungen für die Zeit nach Barbarossa, 11. Juni 1941; In: Hubatsch, Hitlers Weisungen, S. 129–134 (s. bes. A.) und B.), jeweils 1. A. bes.) – Diese Weisung ist von Hitler nicht unterschrieben worden, doch war ihm ihr Inhalt bekannt, wie die einleitenden Bemerkungen zur Weisung Nr. 32b (vgl. die folg. Anm.) belegen. Für die Einzelheiten vgl. Klee, Karl: Der Entwurf

zur Führerweisung Nr. 32 vom 11. Juni 1941. Eine quellenkritische Untersuchung, Wehrwissenschaftliche Rundschau 1956, S. 127–141.

39 Weisung Nr. 32 b, in: Hubatsch, Hitlers Weisungen für die Kriegführung 1939–1945, Frankfurt/M. 1962, S. 136–139; Der Führer und Oberste Befehlshaber der Wehrmacht betr. Richtlinien für die personelle und materielle Rüstung, 14. Juli 1941; in: Thomas, Geschichte der dt. RüWirtschaft, Dok. II, Nr. 11, S. 452–455.

40 Vom 22. 6.–10. 7. 1941 wurden z. B. erbeutet: 52842 Gewehre, 4169 MG, 5224 Geschütze aller Art, 4834 Kfz., 7832 Pferde. BA-MA III W805/5/I, Bl. 161–159.

41 Vom 22. 6.–10. 7. 1941 waren 366372 Mann (davon 1969 Offiziere) gefangen genommen worden. Ebd., Bl. 157.

42 Ebd., Bl. 159. – Sie wurden als erbeutet bezeichnet.

43 Klee, »Seelöwe«, S. 189.

44 Chef OKW betr. Umsteuerung der Rüstung, Vorbereitender Erlaß vom 14. Juni 1940; in: Thomas, Geschichte der dt. RüWirtschaft, Dok. II, Nr. 2a, S. 406f. (Zitat vom Original teilw. kursiv).

45 So Hillgruber, »Hitlers Strategie«, S. 258.

46 Ebd., S. 259.

47 Wenn Hitler (und seine Generale) die Sowjetunion als militärischen Gegner nicht ernst nahmen (ebd.), dann konnte er am Sieg über diesen nicht zweifeln, was er ja bis weit in das Jahr 1941 hinein nicht tat. Das wiederum bedeutete, daß er in seiner Vorstellungswelt keineswegs das »ungeheuer große« Risiko zu sehen vermochte, im Falle des Scheiterns des Unternehmens »Barbarossa« »unweigerlich in die Zange des Zwei- oder gar Mehrfrontenkrieges zu geraten, dem Deutschland nicht gewachsen war« (ebd., S. 262). – Dieses war vor allem wegen seiner unzulänglichen Marinerüstung nicht einmal einem Einfrontenkrieg gegen Großbritannien gewachsen.

48 Die zusätzlich aufzustellenden zwanzig Besatzungsdivisionen können hier außer Betracht bleiben, weil sie, ihrer Aufgabe gemäß, nicht für die Kämpfe vorgesehen waren.

49 Vgl. Anm. 14

50 Vgl. Anm. 18.

51 Anlage 4 zu OKW WiRüAmt/Rü II a Nr. 1350/40 g.K. v. 9. 7. 40 Waffen und Gerät *Heer,* 12. Ausf.; BA-MA, Wik/I A. 13.

52 Anlage 4 zu OKW WiRüAmt/Rü (II a) Nr. 1850/40 g.Kdos. vom 28. September 1940 Fertigung Waffen *Heer* für die Zeit vom 1. 9. 40–1. 4. 41 gem. der neuen Kriegsheeresstärke, 85. Ausf.; BA-MA, Wi/IF 5.120.

53 Mueller-Hillebrand, Burkhart: Das Heer 1933–1945. Entwicklung des organisatorischen Aufbaus, Band II: Die Blitzfeldzüge 1939–1941, Darmstadt 1946, S. 63. – 18 Divisionen sollten auf Vorschlag des ObdH nur beurlaubt werden, damit man über sie ggf. sofort wieder verfügen konnte. Halder-KTB II, Eintrag vom 13. 7. 1940, S. 20.

54 Dazu Klee, »Seelöwe«, S. 78f. – Die fast zwanzig Jahre jüngere Darstellung von Cox, Richard (ed.): Operation Sea Lion, San Rafael/California 1977, bes. p. 155–166, ist unergiebig.

55 Rü II a, Beitrag zum KTB, betr.: Steigerung der Rüstung, Berlin, 29. Oktober 1940; BA-MA, Wi/IF 5.120.

56 Ebd. – Fertigungszeit (= »durchschnittliche Durchlaufzeit von Auftragserteilung bis zur Auslieferung«) für einige Waffen (Panzer, Geschütze, Mörser) und Gerät:

Fertigungszeit in Monaten	Waffe bzw. Gerät
8	l.I.G. 18, s.I.G. 33, 10,5 cm Geb M 40
9	10 cm K 18 (Kzg), s FH 18 (Kzg)
10	10,5 cm Flak 38 u. 39
ca. 12	8,8 cm Flak 41; 15 cm K 39; Pz II, Pz III (5 cm bzw. 7,5 cm KwK); Pz IV (7,5 cm KwK); Sd. Kfz. 161; 15 cm K 18
ca. 15	17 cm K.Mrs.Laf.; 21 cm K 39
15	21 cm Mrs. 18; le (1 t bzw. 3 t), m. (5 t bzw. 8 t), s. (12 t bzw. 18 t) Zgkw

Datenblätter für Heeres-Waffen, -Fahrzeuge, -Gerät, Nürnberg 1976.

57 Hillgruber (S. 264) nennt nur einige vorbereitende Anordnungen und Entwürfe und spricht dann von der »Undurchführbarkeit« des Rüstungsprogramms, was in dieser pauschalen Form zu undifferenziert ist. Die für die Rüstung »Barbarossa« überragende Bedeutung des Rüstungsbefehls vom 28. 9. 1940 wird von ihm übersehen (vgl. ebd., Anm. 55 a).

58 Vgl. Anm. 30 (Zitat S. 432). – Die Weisungen für Kriegsmarine und Luftwaffe wurden nur ergänzt.

59 Vgl. Anm. 30 (Zitat S. 433). – Obwohl es unmittelbare Wechselbeziehungen und -wirkungen zwischen Wehrmacht und Rüstung (der Facharbeiter war meistens zugleich Dienstpflichtiger)

gegeben hat, können sie, die ein Teil eines umfassenden eigenständigen Themas sind, hier nicht abgehandelt werden, zumal grundlegende Studien über Verplanung und Einsatz des Arbeitskräftepotentials nicht vorliegen. Es werden daher nur einige Fakten gebracht, durch die die Wichtigkeit dieses Problems betont werden soll. Von der hier erörterten Fragestellung her gesehen kann es jedoch als sicher gelten, daß auch Untersuchungen zum Thema Arbeitskräfte die Stufenprogramm-Theorie als unhaltbar erweisen werden. Die Beziehungen zwischen »Rüstung« und »Arbeitskräften« waren zu eng, als daß die Entwicklung innerhalb der beiden Bereiche gegensätzlich hätten verlaufen können.

60 Rü IV (Dr. Krull) An Rü II Herrn Hptm Wagner 26. September 1940;L BA-MA Wi/IF 5.120. – Rü IV war die Gruppe IV der Rüstungswirtschaftlichen Abteilung des WiRüAmtes und zuständig für Arbeitskräfte und Arbeitsbedingungen.

61 Angehörige des Feld- und des Ersatzheeres, der SS und der Polizei-Divisionen. Entsprechendes galt für die anderen beiden Wehrmachtteile.

62 Führerbefehl vom 28. 9. 1940; Anlage zu OKW WiRüAmt/Rü II a Nr. 1990/40 g.Kdos. RMin f. Bew. u. Mun. Nr. 370-496 g.Rs vom 1. Okt. 1940; BA-MA, Wi/IF 5.120.

63 Rü II Aktennotiz über die Besprechung beim Reichsminister Dr. Todt am 22. 11. 40; Berlin, 22. November 1940; ebd.

64 Rü IV Aktenvermerk an Chef Rü. Betr.: Vermerk des Reichsministers für Bewaffnung u. Munition; BA-MA, RM 4196/40 M v. 22. 11. 40, 26. November 1940; ebd.

65 Vgl. Anm. 63 – Die Zahl dieser Arbeitsurlauber setzte sich wie folgt zusammen: ca. 48000 bereits in der Rüstungswirtschaft eingesetzt + 98461 bis zum 14. 11. 1940 vom Heer zu den Ersatztruppenteilen in Marsch gesetzt + ca. 7000 (»mindestens«) aus Luftwaffe und Marine zu erwarten, da »Rü 40« noch lief = ca. 153461 insgesamt.

66 Diese Kriegsgefangenen wurden in folgenden Bereichen beschäftigt: Landwirtschaft 639296, Forstwirtschaft 28539, Landeskulturarbeiten 49810, Bergbau 21570, Bauarbeiten 243219, sonstige Arbeiten (vor allem mittelbare und unmittelbare Wehrmachtfertigung) 187052. Rü IV Aktenvermerk an Chef Rü. Betr.: Vermerk des Reichsministers für Bewaffnung u. Munition RM 4196/40 v. 22. 11. 40 26. November 1940; BA-MA, Wi/IF 5.120.

67 Rü IV (c) 2 Nr. 16275/40 Betr.: Arbeitseinsatzlage An Rü II a, Berlin, 27. November 1940; ebd.

68 Oberkommando der Wehrmacht Az 12 i 12 WiRüAmt/Rü IV b Nr. 2559/40 g.Kdos. Betr.: Personelle Maßnahmen für Rüstungsindustrie und Bergbau, Berlin, den 28. Dez. 1940; ebd.

69 Der Führer und Oberste Befehlshaber der Wehrmacht, WFSt/Abt. L II Nr. 2295/40 g.K. Betr.: Personelle Maßnahmen für Rüstungsindustrie und Bergbau, Berlin, den 20. 12. 1940 (Abschrift! – Anlage zu Schreiben OKW v. 28. 12. 40; ebd.

70 Ebd.; (Zitat im Orig. teilw. unterstrichen).

71 Abt. Landesverteidigung Gruppe II Nr. 55/41 g.Kdos. L II Niederschrift über die Besprechung am 9. 1. 41 bei Reichsmin. für Bewaffnung u. Munition Dr. *Todt*, Berlin, den 10. Januar 1941; BA-MA, Wi/IA. 84.

72 Chef Rü, Aktenvermerk bei Reichsminister Dr. Todt am 9. 1. 1941, Berlin den 10. Januar 1941, Bl. 3; ebd.

73 Auszug aus der Industriestatistik. Der Rückgang der Frauenarbeit in den Wehrkreisen; BA-MA, Wi/IF 5.118.

74 Vgl. Anm. 72.

75 Das KTB WiRüAmt/Stab vermerkte unter dem 14. Februar 1941 g.Kdos.: »Todt war beim Führer auf dem Berghof zum Vortrag, ohne Beisein von GFM Keitel und ohne Kenntnis von WiRüAmt«, nannte jedoch nicht das Datum des Todtschen Besuches. BA-MA, Wi/IF 5.412.

76 Vgl. Anm. 69.

77 »Kriegführung gegen England« im Original unterstrichen.

78 Der Chef des Oberkommandos der Wehrmacht WFSt/Abt. L II Nr. 33468/41 g.Kdos. Chefs. An Chef H Rüst und BdE Herrn Generaloberst Fromm, 15. 1. 1941, BA-MA, RH 2/v.427.

79 Ebd.

80 Oberkommando der Wehrmacht WiRüAmt/Rü I a Nr. 801/41 geh. Betr.: Dringlichkeit der Fertigungsprogramme der Wehrmacht, Berlin, den 7. 2. 1941, in: Thomas, Georg: Geschichte der deutschen Wehr- und Rüstungswirtschaft (1918–1943/45); hrsg. von Wolfgang Birkenfeld, Boppard/Rh. 1966, Dok. II, Nr. 9, S. 438–441/447).

81 Der Reichsmarschall des Großdeutschen Reiches Beauftragter für den Vierjahresplan V.P. 2703/41 g., Berlin, den 18. 2. 1941; BA-MA, Wi/IF 5.120.

82 Ebd. – Vgl. dazu die abweichende Version in der Anlage 252 c zum Kriegstagebuch WRü (Bl. 272); BA-MA, Wi/I.98.

83 Der Chef des Oberkommandos der Wehrmacht WiRüAmt/Rü (IIa) Nr. 576/41 g.K. Betr.: Fertigungsprogramm – Heer 1941, Berlin, den 28. II. 41; BA-MA, Wi/IF 5.120.

84 Oberkommando der Wehrmacht WiRüAmt/Rü IIa An Chef H Rüst u. BdE mit NA für Wa Stab Betr.: Veränderungen im Arbeitskräftebedarf durch Fertigungsplan Heer 1941, Berlin März 1941 (Entwurf); ebd.

85 Oberkommando des Heeres Der Chef der Heeresrüstung und Befehlshaber des Ersatzheeres Stab Rü IIa Nr. 1357/41 geh. An OKW/WiRüAmt Betr. Veränderungen im Arbeitskräftebedarf durch Fertigungsplan Heer 1941, Berlin 10.4. 41; ebd.

86 Oberkommando des Heeres (Ch. H. Rüst. u. B.d.E.) Wa A Nr. 1680/41 geh. Wa Z 1/V An das Oberkommando der Wehrmacht – WiRüAmt/Rü IV Betr.: Prüfungskommissionen zur Umsetzung von Arbeitskräften, Berlin, den 4. April 1941; ebd.

87 Oberkommando des Heeres Der Chef der Heeresrüstung und Befehlshaber des Ersatzheeres Stab II (Rüst) a Nr. 268/41 g.Kods. Betr.: Rüstungsprogramm B An OKW/WiRüAmt 1. Ausf. OKW/WFSt/L 2. Ausf., Berlin, den 8.2. 41; BA-MA, Wi/IF 5.120.

88 Rü IV (Dr. Krull) Vortragsnotiz für Chef OKW. Die Lage auf dem Arbeitseinsatzgebiet, 30. Juni 1941; BA-MA, Wi/IF 5.899.

89 Der Führer und Oberste Befehlshaber der Wehrmacht, Berlin, den 20. Juni 1940 (Original); BA-MA, Wi/IF 5.118.

90 Vgl. Anm. 18.

91 Rü II w (Beitrag zum) Vortrag Chef WiRüAmt am 13. 9. 40; BA-MA, Wi/IF 5.120.

92 Ebd. Anm. 91.

93 Oberkommando des Heeres Der Chef der Heeresrüstung und Befehlshaber des Ersatzheeres Stab II/Rüst Nr. 1494/40 g.Kods. Betr.: Programm B und C. An Wa A und 4 N.A. AHA, Berlin, den 19. 8. 40; BA-MA, Wi/IF 5.120.

94 Der Chef der Heeresrüstung und Befehlshaber des Ersatzheeres Stab II (Rüst) Nr. 1602/40 g.Kdos. Betr.: Planung, Berlin, den 28. 8. 40; BA-MA, Wi IF 5.118.

95 Vgl. Anm. 34.

96 Vgl. Anm. 94.

97 Die Aktennotiz (vgl. Anm. 98) gibt als Datum der Besprechung den 19.7. 40 an – ein offenkundiger Schreibfehler, denn Hitler äußerte seine neuen, seinen Entscheid vom 13.7. 1940 umstoßenden Gedanken erst im August 1940. Außerdem enthält diese Aktennotiz den Vermerk, daß Chef WiRü Amt den Reichsminister für Bewaffnung und Munition am 22.8. 40 über Hitlers Forderungen verständigen wollte; eine Information drei Tage nach einer Besprechung erscheint sehr viel sinnvoller als eine, die nach mehr als einem Monat erfolgt.

98 Rü II w *Aktennotiz* über die Besprechung bei Chef HRüst am 19. 7. 40 (Vgl. Anm. 97) Betr.: Neuerliche Umsteuerung der Rüstung, Berlin, den 19. August 1940. BA-MA, Wi/IF 5.214.

99 *Aktenvermerk!* Betr.: Führerprogramm B. Schreiben OKH-Ch. H. Rüst. u. B.d.E. Nr. 1532 g.Kdos. vom 29. 8. 40, Berlin, den 6. Sept. 1940; BA-MA, Wi/IF 5.120.

100 Rü II w *Aktennotiz* über die Besprechung beim Reichsminister für Bewaffnung und Munition am 18.9. 1940. Betr.: Steigerung der Rüstung. Vorschlag Chef HRüst: Fertigung Heer auf Grund der neuen Kriegsheeresstärke. Berlin, den 19. September 1940; ebd.

101 Herrn Chef Rü Aktenvermerk, betr.: Anlauf des Munitionsprogramms Heer, Berlin, den 25. 9. 1940; ebd.

102 Ebd.

103 Lachnit/Klein, Der »Operationsentwurf Ost« des Generalmajor Marcks vom 5. August 1940, Wehrforschung 1972, S. 121.

104 Vgl. Anm. 94.

105 Oberkommando des Heeres Der Chef der Heeresrüstung und Befehlshaber des Ersatzheeres Stab II (Rüst) Nr. 1851/40 g.Kdos. Betr.: Rüstungsprogramm B (1.5.41), Berlin, den 16. 9. 40; BA-MA, Wi/IF 5.120 (die ersten beiden Wörter des Zitats sind im Original unterstrichen).

106 Ebd.

107 Rü II a Nr. 2115/40 g.Kods. Vortragsnotiz für Herrn Chef OKW Betr.: Fertigung Waffen und Munition Heer, Stand 1.10. 40, Berlin, den 28. Oktober 1940; BA-MA, Wi/IF 5.122.

108 Vgl. Anm. 105.

109 Handschriftliche Notiz Keitels vom 21. 9. 40. An WiRüAmt; BA-MA, Wi/IF 5.120.

110 Generalfeldmarschall *Keitel* ..., Berlin, den 27. Sept. 1940 einschließlich *Niederschrift* über den Vortrag beim Führer über das Winter-Rüstungsprogramm, Berlin, den 27. September 1940; ebd.

111 Dazu die beiden Tabellen Fertigung Waffen und Munition Heer für die Zeit vom 1.9. 40 – 1.4. 41 gem. der neuen Kriegsstärke auf S. 39f.

112 Anl. 1 u. 4 zu OKW/WiRüAmt/Rü/IIa) Nr. 1850/40 g.Kdos. vom 28. September 1940, 85. Ausf. – vgl. Anm. 51.
113 Oberkommando des Heeres Der Chef der Heeresrüstung und Befehlshaber des Ersatzheeres Stab IIa (Rüst) 2086/40 g.Kdos. Betr.: Steigerung der Rüstung – Durchführungsbestimmungen an *OKW*/WiRüAmt Reichsminister f. Bew. u. Mun., Berlin, den 18. 10. 40; BA-MA, WiIF 5.120.
114 Fertigung *Waffen* Heer; Anlage zu OKW WiRüAmt/Rü II a Nr. 367/41 g.Kdos. vom 12. 2. 41; ebd.
115 Vgl. Anm. 113.
116 Vgl. Anm. 107.
117 Oberkommando der Wehrmacht Az 86 e 30 WiRüAmt/Rü V c) Nr. 2217/40 g.K. Betr.: Fertigung für Waffen und Gerät, Steuerung der Kapazität in lFH 18, s 10 cm K 18 und Munition für sFH. An OKH/ B.d.E. u. Chef H Rüst OKH/WaA, Berlin, den 7. November 1940; BA-MA, Wi/IF 5.122, ebd.
118 Der Chef der Heeresrüstung und Befehlshaber des Ersatzheeres Stab II a (Rüst) Nr. 2284/g. Kdos. Betr.: Rüstungsprogramm B Forderung auf Steigerung von Kapazität und Fertigung An WaA mit 4 NA, Berlin, den 14. 11. 40; ebd.
119 Der Chef des Oberkommandos der Wehrmacht WiRüAmt/Rü (II a) Nr. 2239/40 g.Kdos, Betr.: Steigerung der Rüstung An Chef H Rüst u. BdE, Berlin, den 15. November 1940; BA-MA, Wi/IF 5.120.
120 OKW WiRüAmt/Rü II a Nr. 367/41 g.K. Vortragsnotiz für Chef OKW Betr.: Neue Fertigungszahlen Heer für Waffen und Munition ab 1. 4. 41, Berlin, den 14. Februar 1941; ebd.
121 Vgl. Anm. 110.
122 Die Fertigung sollte auf das höchstmögliche Maß gesteigert werden. Ein höherer Bestand sei erforderlich, und 1500 Stück seien anzustreben. Vgl. Anm. 110.
123 Vgl. Anm. 129.
124 Panzer III, Ausführung N war mit einer 7,5 cm KwK bestückt. Datenblätter für Heeres-Waffen, -Fahrzeuge, -Gerät, S. 140.
125 Vgl. Anm. 129. – Für die Deckung der vorausberechneten Munitionsdefizite gilt das bereits für die Deckung der Waffendefizite Gesagte.
126 Der Chef des Oberkommandos der Wehrmacht WiRüAmt/Rü (IIa) Nr. 1990/40 g.Kdos. Der Reichsminister für Bewaffnung und Munition B. Nr. 370-496 g.Rs Betr.: Steigerung der Rüstung. Durchführungsbestimmungen zur Verfügung Chef OKW WiRüAmt/Rü II a Nr. 1850/40 g.Kdos. vom 28. 9. 40; BA-MA, Wi/IF 5.120.
127 Oberkommando der Wehrmacht WiRüAmt/Rü (II a) Nr. 2250/40 g.Kdos. Betr.: Steigerung der Rüstung, Berlin, den 12. November 1940; ebd.
128 Oberkommando der Wehrmacht WiRüAmt/Rü (IIa) Nr. 16094/41 geh. Betr.: Steigerung der Rüstung, Berlin, den 4. Februar 1941; ebd.
129 Dazu die Tabellen: Waffen Heer / Munition Heer; jeweils Vergleich zwischen Gesamtbedarf lt. Planung vom 28. 9. 1940 zum 1. 4. 1941 und Bestand am 1. 4. 1941; oben S. 39f.
130 Engelmann, Joachim/Scheibert, Horst: Deutsche Artillerie 1934–1945. Eine Dokumentation in Text, Skizzen und Bildern, Limburg/Lahn 1974, S. 237. Liss, Ulrich: Westfront 1939/40. Erinnerungen des Feindbearbeiters im O.K.H., Neckargmünd 1959, S. 126.
131 Am 12. 2. 1941 wurde z.B. der Bestand an Munition für die 5 cm KwK für 5 7/10 Kampfmonate angegeben, während der Bestand zum 1. 4. 1941 nur für 2 9/10 Kampfmonate ausgewiesen war. Infanteriemunition (für Gewehr und MG) war lt. Stand vom 12. 2. 1941 für 37 4/5 Kampfmonate vorhanden; mit Stand vom 1. 4. 1941 fehlte eine entsprechende Angabe. Dafür war vermerkt, daß ab März 1941 monatlich 75 Millionen Schuß zu fertigen waren.
132 OKW WiRüAmt/Rü II a Nr. 367/41 g.K., Anlagen Fertigung Waffen und Munition Heer vom 12. 2. 1941; BA-MA, Wi IF 5.122.
133 Olshausen, Klaus: Zwischenspiel auf dem Balkan. Die deutsche Politik gegenüber Jugoslawien und Griechenland von März bis Juli 1941, Stuttgart 1973, S. 310. – So zutreffend diese Feststellung auch ist, so ist es doch zu bedauern, daß diese Arbeit weder die für die Balkanfeldzüge wichtigen Rüstungsangelegenheiten noch die zu den Operationen gehörenden Versorgungsmaßnahmen behandelt.
134 So Hillgruber (S. 272), der damit seiner eigenen Feststellung (vgl. Anm. 57) von der »Undurchführbarkeit« des Rüstungsprogramms für »Barbarossa« widerspricht.
135 Vgl. die Tabellen auf S. 39f. – Z.B. wurden 0,24% mehr schwere Granatwerfer 34 gebaut als vorausberechnet und 0,99% der dazugehörenden Munition weniger produziert als geplant.
136 Vgl. ebd.
137 Oberkommando der Wehrmacht WiRüAmt/Rü (IIa) zu Nr. 1233/41 g.K. *Bericht* über die Leistungen auf dem Gebiet der materiellen Wehrmachtrüstung in der Zeit vom 1. 9. 1940 bis 1. 4. 1941. Berlin, den 10. Juli 1941; BA-MA, Wi/IF 5.120.

138 Der Chef des Oberkommandos der Wehrmacht WiRüAmt/Rü (II a) Nr. 576/41 g.K. Berlin: Fertigungsprogramm – Heer 1941 Berlin, den 28. II. 1941; ebd.

139 Ebd.

140 Oberkommando des Heeres Der Chef der Heeresrüstung und Befehlshaber des Ersatzheeres Stab II (Rüst) a Nr. 1075/41 geh. Betr.: Kriegskapazitäten. An OKW/WiRüAmt Berlin, den 11. 3. 1941; ebd.

141 Generaloberst Ernst Udet; Generalluftzeugmeister 1938–1941.

142 Generalfeldmarschall Erhard Milch; Staatssekretär im Reichsluftfahrtministerium, Generalinspekteur der Luftwaffe, Generalluftzeugmeister als Nachfolger Udets.

143 Der Reichsminister der Luftfahrt und Oberbefehlshaber der Luftwaffe Generalluftzeugmeister GL 1 Nr. 5421/41 geh (II/VI) An das Oberkommando der Wehrmacht WiRüAmt z. Hd. des Herrn Generalleutnant *Thomas,* Berlin, den 17. Juni 1941; BA-MA, Wi/IF 5.899.

144 Der Reichsminister der Luftfahrt und Oberbefehlshaber der Luftwaffe Der Generalluftzeugmeister Az: 65a 15 GL 1 Nr. /41 geh. (1. IV) An das Oberkommando der Wehrmacht WiRü Amt, z. Hd. Herrn General der Infanterie Thomas. Betr.: Umstellung der Rüstung: Ausgleich von Fertigungskapazitäten zwischen WT Heer und Luftwaffe und weitere Maßnahmen zur Erhöhung der Ausbringung von Luftwaffengerät. Berlin, den 21. Juni 1941; ebd.

145 Der Chef der Heeresrüstung und Befehlshaber des Ersatzheeres Nr. 1641/41 g.K. *Fernschreiben Atlas* z. Hd. Generalmajor Warlimont, Berlin, d. 23.6. 41 (Abschrift); BA-MA Wi/IF 5.120.

146 Anruf Major Dr. Rudelsdorff am 26.6. 10.00 Uhr. Zusatz: Stellungnahme Chef L; ebd.

147 Besprechung Staatssekretär Milch am 26. 6. 1941 (betr. Rüstungsprogramm der Luftwaffe); in: Thomas, Geschichte der dt. RüWirtschaft, Dok. II, Nr. 10, S. 448–451.

148 Ebd., S. 450. Außerdem wies Hünermann auf einen »gewissen Widerspruch« zwischen dem Führerbefehl vom 23. 6. 1941 und der Vollmacht Milchs hin, der »das Recht (hat), in Deutschland jede Fabrik für die Luftrüstung zu beschlagnahmen.« In jenem hatte es geheißen, daß die »freigemachten Betriebsmittel« über Todt der Luftrüstung zukommen sollten. Dies hat Milch offenbar eingesehen, denn er wollte es mit dem Reichsminister für Bewaffnung und Munition besprechen.

149 Oberkommando des Heeres. Der Chef der Heeresrüstung und Befehlshaber des Ersatzheeres Stab Rüst II a Nr. 2145/41 geh. Betr.: Anpassung der Dringlichkeitsstufen und Fertigungen an die neuen Kriegsaufgaben. Berlin, 30. 6. 1941; BA-MA, Wi/IF 5.899. – Keitel hatte sich in einer Randbemerkung zustimmend geäußert.

150 Anlage 3 und 4 zu Chef H Rüst u. BdE Stab Rüst II a Nr. 2145/41 g. Herabsetzung der Fertigungen. Vgl. Anm. 149 – Außer der monatlichen Soll-Fertigung enthielten die Aufstellungen handschriftliche Angaben über den tatsächlichen Ausstoß im Mai 1941, die in diesem Zusammenhang nicht von Bedeutung sind.

151 Zwar sollte die monatliche Fertigung 300 Stück nicht übersteigen, doch war die Fertigung über die vorgesehenen 500 Stück hinaus »auf das höchstmögliche Maß zu steigern.«

152 Ausschließlich der motorisierten Geschütze.

153 Vgl. Anm. 150.

154 Wenn von einer Waffe mehrere Munitionsarten verschossen werden konnten, wurden sie hier nicht einzeln aufgezählt, sondern in einer Gesamtsumme genannt.

155 Der Chef des WiRüAmtes Nr. 2324/41 g.Kdos. Rü II a Vortragsnotiz für Chef OKW Erweitertes Luftrüstungsprogramm, Berlin, den 6. Juli 1941; BA-MA, Wi/IF 5.122.

156 Dies war der »vom Deutschland zu deckende dringende Kohlebedarf Europas« für 1941; für Deutschland allein wurden 220 000 000 jato veranschlagt.

157 Vgl. Anm. 147.

158 Vgl. Anm. 155.

159 Weisung Nr. 32 b. In: Hubatsch, Hitlers Weisungen, S. 136–139; erneut abgedruckt bei Thomas, Geschichte der dt. Rü-Wirtschaft, S. 452–455.

160 Weisung Nr. 32 b; Hubatsch, Hitlers Weisungen, S. 137; Thomas, Geschichte der dt. RüWirtschaft, S. 453.

161 Thomas, Geschichte der dt. RüWirtschaft, S. 284.

162 Weisung Nr. 32 b; Hubatsch, Hitlers Weisungen, S. 139. Auch das Pulver- und Sprengstoff-Programm war »unter Zurückstellung der Forderungen des Heeres in erster Linie auf die Erfordernisse der Luftwaffe abzustellen.«

163 Der Chef der Heeresrüstung und Befehlshaber des Ersatzheeres, Stab Rüst II a Nr. 2398/41 Betr.: Umsteuerung der Rüstung An AHA WaA VA Berlin 14. 7. 1941; BA-MA, Wi/IF 5.899.

164 Oberkommando der Wehrmacht WiRüAmt/Rü (II a) Betr.: Umstellung der Rüstung Berlin, den 17. Juli 1941; in: Thomas, Geschichte der dt. RüWirtschaft, Dok. II, Nr. 12, S. 456 f.

165 Janssen, Gregor: Das Ministerium Speer. Deutschlands Rüstung im Krieg, Frankfurt/M. Berlin 1968; Boelcke, Willi A. (Hrsg.): Deutschlands Rüstung im Zweiten Weltkrieg. Hitlers Konferenzen mit Albert Speer 1942–1945, Frankfurt/M. 1969.

166 Rü II *Aktenvermerk* über die Besprechung am 17. Juli 1941 im Ministerium für Bewaffnung und Munition über Umsteuerung der Wehrmachtfertigung Berlin, den Juli 1941; BA-MA, Wi/IF 5.899.

167 Rü II a Nr. 2418/41 g.Kdos. Betr.: Richtlinien des Führers vom 14.7. 1941 für die künftige Kriegführung auf dem Gebiet der personellen und materiellen Rüstung. *Aktennotiuz* über die Besprechung bei WFSt/L (II Org) am 17.7. 1941. Berlin, den 19. Juli 1941; ebd.

168 Oberkommando der Wehrmacht WiRüAmt/Rü (II a) Nr. 2438/41 g.Kdos. Betr.: Umstellung der Rüstung Berlin, den 21. Juli 1941; BA-MA, Wi/VIII 335.

169 Oberkommando des Heeres Der Chef der Heeresrüstung und Befehlshaber des Ersatzheeres, Stab Rüst II a Nr. 2579/41 geh. Betr.: Umstellung der Rüstung An OKW/WiRüAmt mit 2 NA Berlin, 29.7. 1941; BA-MA, Wi/IF 5.121. – Es ließ sich nicht feststellen, ob auch Rohstoffe frei wurden, weil diese nicht auftragsgebunden waren und es daher nicht feststand, wie weit sie »auf die Aufträge bereits bezogen und wie weit sie als Rohstoffe, Halbfabrikate u. a. in den Betrieben (Unterlieferanten) lagern.«

170 Der Oberbefehlshaber der Kriegsmarine B.Nr. Skl. – VII 2495/41 g.Kdos. An den Chef des Oberkommandos der Wehrmacht, den Reichsminister für Bewaffnung und Munition Herrn Dr. Ing. *Todt.* Betrifft: Durchführung des U-Boot-Neubauprogramms. Berlin, den 31. Juli 1941; BA-MA, Wi/IF 5.899.

171 Vgl. Anm. 166.

172 Vgl. Anm. 165.

173 WiRüAmt/Rü II a Nr. 27406/41 geh. *Niederschrift* über die Besprechung bei Chef des Waffenamtes mit den Wehrmachtteilen am 7. 8. 1941. Betr.: Umstellung der Rüstung. Berlin, den 8. August 1941; BA-MA, Wi/IF 5.899. – Die handschriftliche Randbemerkung Keitels hierzu lautete: »hier ist nichts mehr zu entscheiden!«.

174 Rückblickend stellte Keitel nur fest, daß Hitler »schon Ende Juli oder Anfang August (1941) die Umstellung wesentlichster Teile der Heeresrüstung, außer Panzer« befohlen hätte, und zwar »zur stärksten Steigerung der Rüstungsproduktion von Kriegsmarine (U-Boote) und Luftwaffe (Flugzeuge und Flak) für die geplante ... Intensivierung des Krieges gegen England.« Görlitz, Walter (Hrsg.): Generalfeldmarschall Keitel. Verbrecher oder Offizier? Erinnerungen, Briefe, Dokumente des Chefs OKW, Göttingen 1961, S. 268. – Seine eigene Haltung ließ Keitel unerwähnt.

175 Der Chef des Oberkommandos der Wehrmacht WiRüAmt/Rü (II a) Nr. 2600/41 g.Kdos. Betr.: Umsteuerung der Rüstung. Berlin, den 10. August 1941; BA-MA, Wi/IF 5.899.

176 Vgl. Anm. 168.

177 »2. *Gesamt-Programme* oder *Verlagerung des Schwerpunktes;* keine allgemeine Steigerung!! 3. Gesamt-Volumen ist überhaupt nicht mehr nennenswert zu steigern; weder personell noch rohstoffmäßig!« Chef O.K.W. Rüstungsbesprechung 16. 8. 1941: Stichworte für meine Ausführungen Berlin, den 16. 8. 1941: BA-MA, Wi/IF 5.122.

178 *Niederschrift* Besprechung Chef OKW mit den Wehrmachtteilen am 16. 8. 1941 über »Die Auswirkung der Richtlinien des Führers vom 14. 7. 1941 sowie die Durchführbarkeit der sich daraus ergebenden neuen Schwerpunkt-Programme«; in: Thomas, Geschichte der dt. RüWirtschaft, Dok. II, Nr. 13, S. 458–468.

179 Ebd., S. 459f. – In seiner Darstellung hat Thomas (ebd., S. 285) den Wortlaut eigenmächtig verändert, indem er »bei mangelnder Ernährung« einfach wegließ.

180 Ebd., S. 468.

181 Der Chef des Wehrwirtschafts- und Rüstungsamtes betr. kriegswirtschaftliche Führungsfragen 29. 6. 1941; in: Thomas, Geschichte der dt. RüWirtschaft, Dok. III, Nr. 6, S. 533f. – Carroll (Design, p. 231) irrt, wenn er meint, daß Todt natürlich gedacht habe, die zusammengefaßte Wirtschaftskontrolle solle in seinen Händen liegen.

182 Vgl. Anm. 178 (S. 461).

183 Der Führer und Oberste Befehlshaber der Wehrmacht Nr. 340/41 g.Kdos. Chef OKW F.H.Qu., den 11. 9. 1941 (Abschrift); BA-MA, Wi/I.321.

184 Ebd.

185 Der Chef des Oberkommandos der Wehrmacht Nr. 2249/41 g. Kdos. WFSt/Abt. L II (Org) Betr. Technische Ausstattung der Wehrmacht. F.H.Qu., den 19.9. 1941; BA-MA, Wi/IF 5.208.

186 Der Chef des Oberkommandos der Wehrmacht WiRüAmt/Rü (II a) Nr. 3080/41 g.Kdos. Betr.: Anpassung und Abgleichung der Beschaffungsnotwendigkeiten der Wehrmacht an die Leistungsfä-

higkeit der Industrie Berlin, den 10. Oktober 1941, ebd. (Der erste Vorentwurf dieses Befehls war vom 19.9., der vierte vom 25.9. 1941 datiert.).

187 Ebd., – Thomas (Geschichte der dt. RüWirtschaft, S.288) umging die Tatsache, daß die Wehrmachtteile erst nach entsprechender Entscheidung durch das OKW neues Material beschaffen durften und beschränkte sich auf allgemeine Feststellungen.

188 Chef der Rüstungswirtschaftlichen Abteilung im WiRüAmt.

189 Chef Rü Aktennotiz (über die Ausführungen Keitels vom 5.11. 1941) 5.11.1941; BA-MA, Wi/IF 5.121.

190 Ebd.

191 Der Munitionsverbrauch war, je nach Munitionsart, zwei- bis achtmal höher als die monatliche Produktion. Carroll, Design, p.213.

192 Der Chef des Oberkommandos der Wehrmacht An Chef WiRüAmt Berlin, F.H.Qu. den 14. 11. (1941 – Abschrift); BA-MA, Wi/IF 5.208.

193 Der Chef des Oberkommandos der Wehrmacht. An Chef WiRüAmt F.H.Qu., den 16. 11. 1941 (Abschrift); ebd.

194 WiRüAmt Rü II Vortragsnotiz für Chef OKW Berlin, den 19. (?) Nov. 1941; BA-MA, Wi/IF 5.121.

195 Ebd.

196 Weisung Nr. 39, in: Hubatsch, Hitlers Weisungen, S. 171–174.

197 Thomas, Geschichte der dt. RüWirtschaft, Dok. II, Nr. 15, S. 470–477 (Zitate im Original hervorgehoben).

198 Ebd., S. 472f.

199 Ebd., S. 474 (Zitat im Original hervorgehoben).

200 Ebd.

201 Vgl. Anm. 197 (Zitat S. 477).

202 Der Führer und Oberste Befehlshaber der Wehrmacht betr. Rüstung 1942 a) Denkschrift vom 3. Januar 1942 Überblick über die Rüstungsmaßnahmen; b) Erlaß vom 10. Januar 1942 Betr.: Rüstung 1942; in: Thomas, Geschichte der dt. Rü-Wirtschaft, Dok. II, Nr. 16a), S. 478–482; Nr. 16b, S. 483–487 (erneut abgedruckt in: Boelcke, Deutschlands Rüstung, S. 61–64).

203 Ebd., S. 483.

204 Ebd., S. 484f.

205 Hillgruber, »Hitlers Strategie«, S. 570.

206 Vgl. Milward, Alan S. (Dt. Kriegswirtschaft, S. 9–52) über Konzept und Funktionieren des Blitzkrieges. – »Hitler glaubte also (im 3. Quartal 1940) – seiner ›Blitzkriegs‹-Konzeption entsprechend, die jetzt nur ins Globale ausgeweitet wurde –, auch der neuen von ihm ernster beurteilten weltpolitischen Situation mit einer gegenüber dem Herbst 1939 kaum erweiterten Rüstung gewachsen zu sein.« Hillgruber, »Hitlers Strategie«, S.261.

207 Die Zahlenangaben über die Personalstärke der Gegenseite schwanken – in ein und derselben sowjetrussischen Quelle – zwischen 1,28 und 2,9 Millionen Mann; s. Hoffmann, Joachim: Die Sowjetunion bis zum Vorabend des deutschen Angriffs, in: Das Deutsche Reich und der Zweite Weltkrieg Bd.4, Stuttgart 1983, S.38–97, hier S.72.

208 Tabelle auf S. 70 – In den ersten drei 10-Tage-Meldungen vom 22.6. – 20.7. 1941 wurden die Verluste für das eigentliche Ostheer und für das Armeeoberkommando (AOK) Norwegen gemeinsam angegeben, danach gesondert. Die Tabelle auf S. 70 enthält alle Personalverluste. – Zur Erstellung dieser Tabelle waren umfangreiche Fehlerberechnungen notwendig. (Vgl. die folg. Anm.)

209 Bis zu diesem Zeitpunkt wurden die Personalverluste nach Offizieren und Mannschaften getrennt ausgewiesen. Ab Oktober 1941 waren sie in einer einzigen Zahl erhalten, hinter der in Klammern die Verluste an Offizieren abgegeben wurden. Im Zuge dieser Umstellung kam es zu bemerkenswerten Falschmeldungen. Am Stichtag 10. Oktober 1941 wurden für das Ostheer ohne AOK Norwegen 23385 Verluste, davon 783 Offiziere, zu wenig gemeldet. Auch die folgenden 10 Tage-Meldungen enthielten unrichtige Zahlenangaben; doch jetzt waren die Verluste mit ca. sechseinhalbtausend Mann (die Angaben schwanken zwischen 6811 und 6445) zu hoch angegeben. Mit Blick auf die Gesamtverluste sind diese fehlerhaften Angaben in den Quellen aber so gering, daß sie keine historische Bedeutung besitzen.

210 Vgl. Tabelle auf S. 71

211 Stalin, J.: Der 24. Jahrestag der großen sozialistischen Oktoberrevolution. Bericht in der Festsitzung des Moskauer Sowjets der Deputierten der Werktätigen gemeinsam mit den Partei- und gesellschaftlichen Organisationen der Stadt Moskau, 6. November 1941. In: Über den Großen Vaterländischen Krieg der Sowjetunion, Moskau[3]1946, S. 19.

212 Die Streitkräfte der UdSSR. Abriß ihrer Entwicklung von 1918 bis 1968, Berlin (-Ost) 1974, S. 319.

213 Vgl. Tabelle auf S. 73 – Zur Frage der russischen Kriegsgefangenen s. Hoffmann, Joachim: Die Kriegführung aus der Sicht der Sowjetunion, in: Das Deutsche Reich und der Zweite Weltkrieg, Bd. 4, S. 729–731. Die Auseinandersetzung um die russischen Kriegsgefangenen wird fortgesetzt bei Hoffmann, Joachim: Die Geschichte der Wlassow-Armee, Freiburg ^{2}1986, S. 129–147. – Für die deutsche Seite vgl. Frieser, Karl-Heinz: Krieg hinter Stacheldraht, Die deutschen Kriegsgefangenen in der Sowjetunion und das Nationalkomitee »Freies Deutschland«, Mainz 1981.

214 BA-MA, III W 805/5/II, 48.

215 Ebd., 6/I, 103.

216 Ebd., 6/II, 121.

217 Ebd., 7/I, 44.

218 Ebd., Bl. 156.

219 Ebd., Bl. 205 – Die 10 Tage-Meldungen enthalten zwar genaue Zahlen, doch sind sie untereinander nicht stimmig:

	10 Tage-Meldung v. 15. 12. f.d. 1.–10. 12. 41: (ebd., 7/I, 205)	10 Tage-Meldung v. 25. 12. f.d. 11.–20. 12. 41: (ebd., 7/II, 32)
Zugänge:	353	489
Gesamtbestand:	1114 (am 10. 12.)	1430 (am 20. 12.)
gestorben:	191	125 (v. 11.–20. 12.)
gestorben insgesamt:		257 (bis 20. 12.)

220 Ebd., Bl. 91.

221 Ebd., Bl. 126.

222 Nach Anlage 7 der jeweiligen 10-Tage-Meldung; BA-MA, III W 805/5-7.

223 Nach BA-MA, III W 805/5, II, 66.

224 Ebd.

225 Ebd., Bl. 120.

226 Der Führer und Oberste Befehlshaber der Wehrmacht betr. Richtlinien für die personelle und materielle Rüstung, 14. Juli 1941; Thomas, Geschichte der dt. RüWirtschaft, Dok. II, Nr. 11, S. 452–455.

227 Weisung Nr. 32 Vorbereitung für die Zeit nach Barbarossa, 11. Juni 1941; in Hubatsch, Hitlers Weisungen, S. 129–134 (s. bes. A.) und B.), jeweils 1. A. bes.).

228 Die Anforderungen der Truppe wurden als für »scheinbar zu hoch gespannt« betrachtet, was nachgeprüft wurde. BA-MA, III W 805/6/I, 47.

229 Ebd. – Die rechte Spalte beruht auf Eigenberechnungen.

230 Vgl. Anm. 56.

231 BA-MA, III W 805/6/I, 104.

232 Philippi A./Heim, F.: Der Feldzug gegen Sowjetrußland 1941 bis 1945. Ein operativer Überblick, Stuttgart 1962, S. 83.

233 Vgl. die Tabelle: Gefangene (Russen) auf S. 73, 10-Tage-Zeiträume vom 1.–10. und 11.–20. Oktober 1941.

234 Vgl. die Tabelle: Beute im Osten, S. 102. 10-Tage-Zeiträume vom 1.–10. und 11.–20. 10. 1941.

235 Z.B. in der Auswertung der 10-Tage-Meldung vom 5. 12. 41 für den 21.–30. 11. 41: »Die im November gemeldeten Ausfälle an Waffen sind mit Ausnahme von l.F.H. niedriger als im Oktober und liegen, besonders bei Inf.-Waffen, wesentlich unter dem bisherigen Monatsdurchschnitt des Ostfeldzuges.« BA-MA, III W 805/7/I, 156.

236 Ebd., Bl. 206.

237 BA-MA, III W 805/7/II, 33.

238 Vgl. die Tabelle: Verluste an Waffen im Osten bei den entsprechenden 10-Tage-Zeiträumen.

239 Vgl. Anm. 237.

240 Nach Tabelle: Verluste an Waffen im Osten. Die Verluste im Dezember 1941 werden gesondert angegeben, weil die russische Gegenoffensive am 6. 12. 41 begann und sie deshalb bei den schweren Waffen vergleichsweise höher waren als in den Vormonaten, während sie bei den leichten Waffen in etwa dem bisherigen Mittel entsprachen.

241 Einschließlich Pak und Flak, deren Verluste sich auf 4036 Geschütze beliefen.

242 BA-MA, III W 805/7/II, 127.

243 Ab letztem Monatsdrittel Juli 1941 einschließlich als »MG, sonstige« geführt.

244 Diese Pak hatten nur Motorschaden und wurden daher nicht als Totalverluste aufgeführt.

245 Da es sich bei diesen 50 Sturmgeschützen der Panzergruppe 2 nicht um Totalausfälle handelte, wurden sie gesondert gezählt.
246 Für das letzte Monatsdrittel wurden die Verlustzahlen nicht gesondert aufgeführt. Diese ergeben sich aus den addierten Verlustangaben für die beiden ersten Monatsdrittel nach deren Substraktion von der Verlustangabe für den gesamten Monat.
247 In der 10-Tage-Meldung für den Zeitraum vom 11. bis 20.12. 1941 sind die Verlustzahlen für die leichten und die schweren Infanteriegeschütze 18 (besp.) und Kzg in einer Zahl (64) enthalten. Der Gesamtverlust an 1. und s.I.G. 18 vom 22.6. bis 20.12. 1941 belief sich auf 546 + 193 + 64 = 803 Geschütze.
248 Für die schweren Infanteriegeschütze 33 (besp. und Kzg.) gilt das unter Anm. 247 Gesagte analog. Die Gesamtverlustzahl an s.I.G. 33 errechnet sich aus den der Addition der vorhergehenden Verlustzahlen: 179 + 68 + 22 = 269.
249 S. Tabelle: Fertigung Waffen und Munition Heer für die Zeit vom 1.9. 40 – 1.4. 41 gem. der neuen Kriegsstärke; s.o. S. 39f.
250 S. Tabelle: Voraussichtliche Bevorratung an Munition am 1.4. 41 in Kampfmonaten; s.o. S. 40.
251 So sah z.B. das – gegenüber der Fertigung im Januar 1941 – neue Fertigungssoll für die 5cm KwK Pzgr. Patr. 40 mit einer Steigerung um monatlich 38200 auf 40000 Schuß eine mehr als zwanzig Mal höhere Produktion vor, während bei der 5cm Pak/Pz.Patr. 38 die Erhöhung um eine monatliche Mehrproduktion von 1800 auf 18200 Schuß eine Verzehnfachung bedeutete. OKW WiRüAmt, Rü IIa Anlage zu Nr. 761/41 g.Kdos. Fertigungserhöhungen Munition Heer Berlin, den 11.3. 1941; BA-MA, Wi/IF 5.120.
252 BA-MA, III W 805/5/I, 106.
253 Der Chef des Oberkommandos der Wehrmacht Nr. 18/41 g.K. Chefs. An WiRüAmt L (mit NA für Ktb) F.H.Qu. 3.3. 41: BA-MA, Wi/IF 5.717.
254 S. Tabelle: Beute im Osten, S. 102.
255 BA-MA, III W 805/5/II, 67.
256 Ebd., Bl. 121.
257 Oberkommando der Wehrmacht Az. 66 b 2201 WiRüAmt Ro Nr. 2497/40 g.K. (Va). An OKH OKM RdL u. ObdL. Berlin, den 23. Dez. 1940; BA-MA, Wi/IF 5.1168 (Es handelt sich um das Original mit eigenhändiger Unterschrift Fromms.).
258 Den Paraphen und sonstigen handschriftlichen Vermerken auf dem Original (vgl. Anm. 257) zufolge, haben Keitel und Thomas die Meinung Fromms gekannt.
259 BA-MA, III W 805/7/I, 44.
260 Ebd., Bl. 205.
261 BA-MA, III W 805/7/II, 127.
262 Mueller-Hillebrand, Heer, II, S. 106. – Die Sturmgeschütze (StuG) wurden zu Beginn des Krieges bald zur Panzerwaffe, bald zur Artillerie gezählt. Deswegen werden sie hier gesondert aufgeführt.
263 Vgl. dazu die Tabelle: Kfz.-Lage im Osten (gepanzert) auf S. 91.
264 BA-MA, III W 805/5/II, 119.
265 Für die Beurteilung der Lage durch Hitler s. seine Studie vom 22. August 1941; vgl. oben S. 109 und Anm. 320.
266 Der erste Personalersatz wurde erst im September 1941 in Marsch gesetzt; vgl. die Tabelle auf S. 71.
267 BA-MA, III W 805/6/I, 104.
268 BA-MA, III W 805/7/I, 156.
269 Vgl. oben S. 19.
270 Vgl. (1) auf S. 91.
271 Vgl. (2); ebd.
272 Vgl. (1), ebd.
273 Vgl. (3), ebd.
274 Die Bestand-Zahlen am 22. 5. 1941 ließen sich für die folgenden Typen nicht ermitteln.
275 BA-MA, III W 805/5/I, 105 (Hervorhebung durch Verf.).
276 Vgl. die Tabelle: Kfz.-Lage (ungepanzert), S. 95f.
277 BA-MA, III W 805/5/II, 149.
278 Dazu Schustereit, Planung und Aufbau der Wirtschaftsorganisation Ost, VSWG 1983, S. 54f.
279 Vgl. Anm. 276.
280 BA-MA, III W 805/6/II, 183.
281 Ebd., 7/I, 98.
282 Nach der Tabelle Kfz.-Lage (ungepanzert) auf S. 95f.
283 Die Gesamtsumme des Fehls bei den verschiedenen Kfz.-Typen ist in den Quellen infolge von Additionsfehlern falsch. Nachprüfungen haben als »Fehl« die hier genannten Zahlen erbracht. Die

Zahlenangaben in der Spalte »zuviel/zuwenig gemeldete Abgänge« geben die Differenz zwischen den hier gebrachten Zahlen und der jeweiligen fehlerhaften Endzahl in den 10-Tage-Meldungen an.

284 Zum Thema allgemein: Zieger, Wilhelm: Das deutsche Heeresveterinärwesen im Zweiten Weltkrieg, Freiburg 1973.

285 Ebd., S. 534.

286 Ebd., S. 542.

287 Dazu die Aufschlüsselung in der Tabelle über die Pferdelage auf S. 96.

288 Zieger, Heeresveterinärwesen, S.430, 435. – Eine ausführliche Beurteilung des Panje-Pferdes ebd., S. 573–576.

289 Dazu die Tabellen: Beute, S. 100–103.

290 Für die Einzelheiten s. Hoffmann, Joachim: Die Kriegführung aus der Sicht der Sowjetunion, in: Das Deutsche Reich und der Zweite Weltkrieg Bd. 4, S. 713–809.

291 Dazu die Tabellen: Beute auf S. 100–103.

292 Topitsch, Stalins Krieg, S. 73f. – Vgl. seine Ausführungen über die herrschende Militärdoktrin in der Sowjetunion, den Angriff des Gegners abzufangen, ihn zurückzuwerfen und auf seinem eigenen Territorium zu vernichten; ebd., S. 79–82.

293 Ebd., S. 121.

294 Hillgruber, Andreas: Tendenzen, Ergebnisse und Perspektiven der gegenwärtigen Hitler-Forschung, Historische Zeitschrift (HZ) 226, 1978, S. 600–621, hier bes. S. 603.

295 Hitler, Adolf: Mein Kampf. Zwei Bände in einem Band, München 1943.

296 Hitlers zweites Buch. Ein Dokument aus dem Jahr 1928. Eingeleitet und kommentiert von Gerhard L. Weinberg. Mit einem Geleitwort von Hans Rothfels, Stuttgart 1961.

297 Vgl. Anm. 3.

298 Hillgruber, Andreas: Noch einmal: Hitlers Wendung gegen die Sowjetunion 1940. Nicht (Militär-) »Strategie oder Ideologie«, sondern »Programm« und »Weltkriegsstrategie«, Geschichte in Wissenschaft und Unterricht (GWU) 1982, S. 214–226, Zitat S. 215.

299 »Die Erkenntnis, daß England, ganz ohne Rücksicht auf die Haltung Sowjetrußlands, den Kampf gegen das Dritte Reich bis zum Ende der nationalsozialistischen Regierung oder seiner eigenen freien Existenz prinzipiell weiterführen werde, ist ihm (Hitler) verschlossen geblieben«. Weinberg, Gerhard L.: Der deutsche Entschluß zum Angriff auf die Sowjetunion, Vierteljahrshefte für Zeitgeschichte (VZG) 1953, S. 301–318, Zitat S. 311.

300 Ebd.

301 Seraphim, Hans Günther und Hillgruber, Andreas: Hitlers Entschluß zum Angriff auf Rußland. (Eine Entgegnung), VZG 1954, S. 240–254, Zitat S. 241.

302 Vgl. S. 122.

303 Trevor-Roper, Hugh Redwald: Hitlers Kriegsziele, VZG 1960, S. 121–133; erneut abgedruckt in: Freudenfeld, Burghard (Hrsg.): Stationen deutscher Geschichte 1919–1945, Stuttgart 1962, S. 9–28 (mit Diskussionsbeiträgen).

304 Moltmann, Günter: Weltherrschaftsideen Hitlers, in: Brunner, Otto / Gerhard, Dietrich (Hrsg.): Europa und Übersee. Festschrift für Egmont Zechlin, Hamburg 1961, S. 197–240.

305 Dickmann, Fritz: Machtwille und Ideologie in Hitlers außenpolitischen Zielsetzungen vor 1933, in: Repgen, Konrad/Skalweit, Stephan (Hrsg.): Spiegel der Geschichte. Festgabe für Max Braubach zum 10. April 1964, Münster/W. 1964, S. 915–941.

306 Hillgruber, »Hitlers Strategie«, S. 564–578.

307 Stegemann, Bernd: Hitlers Stufenplan und die Marine, in: Historische Studien zu Politik, Verfassung und Gesellschaft. Festschrift für Richard Dietrich zum 65. Geburtstag, Frankfurt/M. etc. 1976, S. 301–316.

308 Ebd., S. 303.

309 Ebd., S. 313.

310 Stegemann, Bernd: Politik und Kriegführung in der ersten Phase der deutschen Initiative, in: Das Deutsche Reich und der Zweite Weltkrieg Bd. 2. Stuttgart 1979, S. 15–39.

311 Siehe die Rezensionen Hillgrubers in der Frankfurter Allgemeinen Zeitung, 11. Januar 1980, Nr. 9, S. 8; GWU 1982, S. 778; HZ 235/1982, S. 757–759; ferner seinen Vortrag im Sender Freies Berlin (SFB) vom 28. April 1980.

312 Vgl. Anm. 318 – Stegemann, Bernd: Der Entschluß zum Unternehmen Barbarossa. Strategie oder Ideologie? GWU 1982, S. 205–213. – Hierauf antwortete Hillgruber unmittelbar, vgl. Anm. 298.

313 Erdmann, Karl Dietrich: Der Zweite Weltkrieg, in: Gebhardt. Handbuch der deutschen Geschichte, Bd. 4, 2. Teilband: Die Zeit der Weltkriege, Stuttgart [9]1976, Anm. 14, S. 342.

314 Ebd., S. 522.

315 »Nach der Besetzung Frankreichs war Großbritannien der Hauptgegner.« Hitler »glaubte, durch Eroberung des europäischen Kontinents seine Position gegenüber der Seemacht England zu verbessern. So beschloß er den Angriff auf Rußland, um sich für einen späteren Angriff auf England durch Ausschaltung der russischen Militärmacht Rückenfreiheit zu sichern.« Born, Karl Erich: Deutschland vom Ende der Monarchie bis zur Teilung, in: Schnieder, Theodor (Hrsg.): Handbuch der europäischen Geschichte, Bd. 7, 1. Teilband: Europa im Zeitalter der Weltmächte, Stuttgart 1979, S. 522–585, Zitat S. 564f.

316 Auf »Mein Kampf« bezieht sich Hillgruber je zweimal direkt und indirekt, auf Hitlers zweites Buch fünfmal.

317 Hieraus folgert Stegemann, daß die Frage, »ob und wieweit Hitler sich von seiner Ideologie, vom Dogma und von seiner Programmatik bestimmen ließ«, solange offen bleiben müsse, wie seine Überlegungen in dieser Beziehung auf Grund von Äußerungen *vermutet* werden könnten, die er vor oder nach dem eben genannten Zeitraum gemacht habe. Stegemann, Politik und Kriegführung, S. 38f.

318 Stegemann, Bernd: Hitlers Ziele im ersten Kriegsjahr 1939/40. Ein Beitrag zur Quellenkritik, Militärgeschichtliche Mitteilungen Nr. 27, 1/80, S. 93–105, Zitat S. 101.

319 Hillgruber, Noch einmal, S. 217.

320 Kriegstagebuch des Oberkommandos der Wehrmacht (Wehrmachtführungsstab) Bd. I: 1. August 1940 – 31. Dezember 1941, hrsg. von Percy Ernst Schramm, Frankfurt/M. 1965, Dok. 100, S. 1063–1068, Zitat S. 1063.

321 Hillgruber, Noch einmal, S. 216. – Vgl. Hillgruber, »Hitlers Strategie«, Anm. 10, S. 597.

322 Hillgruber, Noch einmal, S. 216.

323 Hoffmeister, Johannes (Hrsg.): Wörterbuch der philosophischen Begriffe, Hamburg ^{2}1955, S. 312.

324 Ebd., S. 609f.

325 Ebd., S. 100.

326 Ebd., S. 173f.

327 Vgl. Popper, Karl R.: Logik der Forschung, Tübingen ^{6}1976, S. 198–201.

328 Dabei wäre vorausgesetzt gewesen, daß es dieses Programm gegeben hat; denn ohne seine Existenz könnte kein Zusammenhang mit Handlungen Hitlers hergestellt oder auch nur gesehen werden.

329 Die praktischen Auswirkungen dieses Zirkelschlusses sind folgende: »einmal werden bei dem Versuch, die These von Hitlers Programm auf einem bestimmten Gebiet zu belegen, wohl leicht entgegenstehende Fakten übersehen werden können, und zum zweiten besteht die Gefahr, daß alles, was dieser These widerspricht, allzuleicht als Taktik Hitlers erklärt wird. Außerdem ist es möglich, wenn von einer bestimmten Position ausgegangen wird, daß Aussagen in einem Sinn interpretiert werden, der ihnen ursprünglich gar nicht zugedacht war«. Stegemann, Hitlers Ziele, S. 94.

330 Hillgruber, Noch einmal, S. 214.

331 Die Akten werden im Bundesarchiv-Militärarchiv (BA-MA) in Freiburg i.Br. verwahrt.

332 Dickmann, Machtwille und Ideologie, S. 932.

333 Ebd.; teilweise Hervorhebung durch Verf.

334 Definition in Anlehnung an die Brockhaus-Enzyklopädie, 14. Bd., Wiesbaden ^{17}1972, S. 658.

335 Ein Plan »im strengen Sinne hat zur Voraussetzung, daß alle mitwirkenden Faktoren mit hinreichender Wahrscheinlichkeit übersehbar sind und daß die zur Verwirklichung des Zieles notwendigen Mittel in der Verfügungsgewalt des Planenden stehen«. Ebd. – Es folgen Ausführungen über die grundsätzlichen Schwierigkeiten jeder planerischen Tätigkeit.

336 Vgl. Anm. 334.

337 Weber, Max: Die »Objektivität« sozialwissenschaftlicher und sozialpolitischer Erkenntnis, in: Gesammelte Schriften zur Wissenschaftslehre, Tübingen ^{4}1973, S. 150. Künftig zit. als »Objektivität«.

338 Hillgruber, Noch einmal, S. 215.

339 Vom Kriege. Hinterlassenes Werk des Generals Carl von Clausewitz (Skizzen zum achten Buche. Kriegsplan. Zweites Kapitel. Absoluter und wirklicher Krieg.) Erläutert durch W. v. Scherff, Berlin ^{2}1883, S. 539.

340 Krumpelt: Material und die Kriegführung, S. 27.

341 So spricht Hillgruber in »Hitlers Strategie« vom umfassenden improvisierten (S. 191), vom erweiterten improvisierten (S. 362) oder auch nur vom improvisierten Kriegsplan Hitlers (S. 317, 334, 417, 549, 561, 573, 575, 576), von Gesamtkriegsplanungen (S. 196, 239) bzw. Gesamtkriegsplanung (S. 292), von Gesamtkriegskonzeption (S. 197, 361, 504), improvisiertem Gesamtkriegsplan (S. 487, 536) bzw. Gesamtkriegsplan (S. 200, 273, 456, 484, 545) bzw. Kriegsplan (S. 264, 363, 507, 552, 553, 574). dann von Hitlers großem Kriegsplan (S. 273, 360) bzw. nur Kriegsplanung (S. 273) oder gar von der »Konzeption eines improvisierten Planes (!) für einen ›Weltblitzkrieg‹« (S. 388),

vom improvisierten Plan eines Blitzkrieges (S. 571) oder von »Planvorstellungen« (S. 570) und von Hitlers »Konzeption des Krieges« (S. 589) bzw. seiner »großen Konzeption zur Weiterführung des Krieges« (S. 125).

342 Krumpelt, Material, S. 38f. (Zitat im Orig. kursiv) – »Hitler hat niemals einen auf lange Sicht durchdachten Kriegsplan entwickelt.« Dahms, Hellmuth Günther: Geschichte des Zweiten Weltkrieges, Tübingen 1965, S. 261. – Ebenso Klee, »Seelöwe«, S. 238f. (vgl. Anm. 344), der nach den Gründen für die Tatsache fragt, warum »in Deutschland kein umfassender Kriegsplan« bestanden hat und sie anschließend nennt. Topitsch (Stalins Krieg, S. 42) spricht vom Kriegsplan als einem Entwurf koordinierter politischer, militärischer und wirtschaftlicher Vorbereitungsmaßnahmen.

343 Weisung Nr. 9 Richtlinien für die Kriegführung gegen die feindliche Wirtschaft. Berlin, den 29. 11. 1939. In: Hubatsch, Hitlers Weisungen, S. 40–43, Zitat S. 40.

344 Dazu Klee, Karl: Das Unternehmen »Seelöwe«. Die geplante deutsche Landung in England 1940, Göttingen etc. 1958.

345 Halder: Kriegstagesbuch. Band II. Von der geplanten Landung in England bis zum Beginn des Ostfeldzuges (1. 7. 1940–21. 6. 1941), bearb. v. Hans-Adolf Jacobsen, Stuttgart 1963, Eintrag vom 31. 7. 1940.

346 Lachnit/Klein: Der »Operationsentwurf Ost«, S. 114–123.

347 Der Führer und Oberste Befehlshaber der Wehrmacht WFSt/L Nr. 1657/40 g. K. WiRüAmt/Rü (IIa) Nr. 1850 g.K. Betr.: Steigerung der Rüstung Berlin, den 28. September 1940, in: Thomas, Geschichte der dt. RüWirtschaft, Dok. II, Nr. 8, S. 432–436. – Siehe dazu ausführlich Kapitel 1.1.

348 Dazu Schustereit, Hartmut: Planung und Aufbau der Wirtschaftsorganisation Ost vor dem Rußlandfeldzug – Unternehmen »Barbarossa« 1940/41; Vierteljahrschrift für Sozial- und Wirtschaftsgeschichte 70, 1983, S. 50–70.

349 So Hillgruber in seinem Rezensions-Vortrag zum Erscheinen des 2. Bandes der Reihe »Das Deutsche Reich und der Zweite Weltkrieg« am 28. April 1980 im Sender Freies Berlin; Zitat auf S. 9 des Manuskriptes.

350 Hillgruber, Noch einmal, S. 217–219.

351 Hillgruber, Hitlers Strategie, S. 224; Hervorhebung durch Verf.

352 Ebd., S. 391; Hervorhebung durch Verf.

353 Ebd., S. 565. – Diesen Grundgedanken führt er noch einmal aus, wobei er ihn allerdings variiert. Anstelle vom tatsächlichen Gang der Politik Hitlers spricht er von der Einsicht, Hitlers ideologisch-politisches Programm *und* dessen politisch-strategische Konzeption zusammenzusehen. Ebd., S. 586. – Zur grundsätzlichen Bedeutung dieser »Einsicht« vgl. oben S. 144f.

354 Vgl. Anm. 310.

355 Vgl. Anm. 311.

356 Sender Freies Berlin (SFB), Rezensions-Manuskript, 21. 3. 1980, S. 3.

357 Frankfurter Allgemeine Zeitung (FAZ), 11. 1. 1980, S. 8.

358 SFB, 21. 3. 1980, S. 10; ebenso in FAZ vom 11. 1. 1980.

359 Das Deutsche Reich und der Zweite Weltkrieg Band 1, Stuttgart 1979, S. 15.

360 Ebd., S. 21.

361 Das Deutsche Reich und der Zweite Weltkrieg Band 4, Stuttgart 1983.

362 Information für die Truppe 12/1983, S. 101–104.

363 HZ 238, 1984, S. 218–220, Zitat S. 219; ebenso äußerte sich Hillgruber in der FAZ vom 28. 11. 1984, S. 27 – Es mag zunächst etwas merkwürdig erscheinen, daß Hillgruber ein und dasselbe Buch mehrmals rezensiert. Mit Blick auf die Publikationsorgane (vgl. Anm. 311) läßt sich jedoch unschwer vermuten, daß er mit dieser Verfahrensweise ein möglichst großes Leserpublikum zu erreichen versucht.

364 Neue Juristische Wochenschrift (NJW) 1973, S. 1176.

365 Ebd., II., 1., 3. Abs.

366 Oberkommando der Wehrmacht Nr. 12362/41 WZ (I) An Hausverteiler OKW vom 15. 10. 40, Spalte 5 Betr.: Aufstellung der Kriegsgeschichtlichen Abteilung des *OKW*. F.H.Qu., den 15. 1. 1941. Bundesarchiv-Militärarchiv (BA-MA), Wi/*IF* 5.1617.

367 Koselleck, Reinhart / Mommsen, Wolfgang J. / Rüsen, Jörn (Hrsg.): Objektivität und Parteilichkeit in der Geschichtswissenschaft, München 1977; Rüsen, Jörn (Hrsg.): Historische Objektivität. Aufsätze zur Geschichtstheorie, Göttingen 1975.

368 Lenk, Kurt (Hrsg.): Ideologie, Ideologiekritik und Wissenssoziologie, Neuwied-Berlin ^{2}1964 (8., um zwei Beiträge erweiterte Auflage 1978); Lieber, Hans-Joachim (Hrsg.): Ideologie – Wissenschaft – Gesellschaft. Neuere Beiträge zur Diskussion, Darmstadt 1976.

369 Albert, Hans / Topitsch, Ernst (Hrsg.): Werturteilsstreit, Darmstadt ^{2}1979.

370 Zum Stand der Wert-Forschung s. Klages, Helmut/Kmieciak, Peter (Hrsg.): Wertwandel und gesellschaftlicher Wandel, Frankfurt-New York [2]1981.

371 Dunk, Hermann von der: Wertfreiheit und Geschichtswissenschaft, HZ 214, 1972, S. 1–25; vgl. dagegen die Position von Junker und Reisinger (s. Anm. 374), die sich gegen v.d. Dunk wenden. Vgl. außerdem Zorn, Wolfgang: Engagierte und werturteilsfreie Wissenschaft, in: Jäckel, Eberhard / Weymar, Ernst (Hrsg.): Die Funktion der Geschichte in unserer Zeit. Karl Dietrich Erdmann zum 29. April 1975, Stuttgart 1975, S. 74–81; ferner die einschlägigen Beiträge in der angegebenen Literatur der Anm. 367–369.

372 Toynbee, Arnold: History by Team-work, In: Studies in Diplomatic History and Historiography in honour of G.P. Gooch, C.H. Planned and Edited by A. O. Sarkissian, Ph. D., (Longmans) London 1961, p. 3–11 (dt.: Geschichte durch Team-Arbeit; in: Almanach. Das sechsundsiebzigste Jahr, S. Fischer Verlag, Frankfurt/M. 1962, S. 118–130.

373 Ebd., p. 5–7.

374 Als Beispiel sei genannt: Junker, Detlef / Reisinger, Peter: Was kann Objektivität in der Geschichtswissenschaft heißen, und wie ist sie möglich? HZ, Beiheft 3 (Neue Folge), S. 1–46; erneut abgedruckt in: Schieder, Theodor / Gräubig, Kurt (Hrsg.): Theorieprobleme der Geschichtswissenschaft, Darmstadt 1977, S. 420–471.

375 »The trouble begins when one tries to extend the partnership from the dual to the plural. With every arithmetical increase in the numbers of the partners beyond two, the difficulty of intellectual cooperation increases in geometrical progression.« Toynbee, History by Team-Work, p. 7.

376 Siehe die sich anschließende Meinung: »In a collection of this kind, each seperate monograph may be a destinguished piece of work; yet the volume, looked as a whole, may be a failure.« – Es folgt die entsprechende Begründung, ebd., p. 10.

377 Weber, Max: »Objektivität«, S. 212.

378 So sehr dies möglich ist, so unmöglich ist es für den Herausgeber (aus Gründen, die Toynbee, History ... p. 9, dann selbst nennt), sich bereits im voraus zu vergewissern, daß bei Ausführung der für die einzelnen Mitarbeiter gemachten Pläne ein einheitliches Werk entsteht. Niemand kann bei einem erst zu erarbeitenden wissenschaftlichen Werk bzw. Beitrag von vornherein dessen Ergebnis planen.

379 Vgl. die Analyse bei Mommsen, W. J.: Der perspektivische Charakter historischer Aussagen und das Problem von Parteilichkeit und Objektivität historischer Erkenntnis, in: Koselleck u. a. (Hrsg.): Objektivität, S. 440–468, bes. S. 455–457. – Wenn W. J. Mommsen feststellt, daß der historische Erkenntnisprozeß mehrere Stufen durchläuft, dann handelt es sich dabei um einen eigenständigen schöpferischen Vorgang, der niemals einem Historiker abgenommen werden kann, sondern den dieser immer selbst »schaffen« muß. – Der denkbare Versuch eines Herausgebers, einem Autor (vgl. Anm. 381) inhaltliche Schwerpunkte vorzugeben, die mit den im jeweiligen Titel ausgedrückten Schwerpunkten nicht übereinstimmen, ist theoretisch und praktisch gleichermaßen unbegründbar und daher sinnlos. Er kann nur als der Versuch verstanden werden, aus nicht-wissenschaftlichen Gründen die Erarbeitung des Themas in eine bestimmte Richtung zu dirigieren.

380 »He (the editor) has to leave the contributor a free hand to carry out his own piece of the composite work on the agreed lines. If he could not leave a contributor free to do this, that contributor would not be worth having. And, if the editor did not leave him that amount of freedom, the contributor's job would not be a tolerable one.« Toynbee, History ..., p. 9.

381 Dieser wird hier nicht nur als einzelner, sondern auch als Repräsentant weiterer andersdenkender Autoren bzw. einer Autorengruppe verstanden.

382 Toynbee, History ..., p. 9f. – Vgl. Meusel: »Mehr als nur bestimmte Fragestellungen können weder in der Auftragsforschung, noch in der Großforschung vorgegeben werden. Bei konkreten Handlungsanweisungen, die beim ›Auftraggeber‹ übrigens eine höhere Fachkompetenz als beim ›Auftragnehmer‹ voraussetzen würden, könnte kaum noch von Forschung, müßte vielmehr von bloßer Fertigung gesprochen werden.« Meusel, Ernst-Joachim: Sind Großforschungseinrichtungen Tendenzbetriebe?, in: Wissenschaftsrecht – Wissenschaftsverwaltung – Wissenschaftsförderung Bd. 17, H. 1, März 1984, S. 15–24, Zitat S. 21.

383 Hierbei setzt Toynbee unausgesprochen voraus, daß für den Herausgeber die sachliche Qualität des Werkes der Leitwert ist. Ist dieser hingegen Einheitlichkeit, braucht dies nicht mehr der Fall zu sein.

384 Siehe dazu Toynbee, Arnold: Why and how I work, in: Experiences (Oxford University Press), London 1969, p. 87–105 mit den dort gegebenen fünf Ratschlägen für Geistesarbeiter, die es gleich ihm für richtig und zweckmäßig halten, erworbenes Wissen in eigenschöpferische Arbeit umzusetzen.

385 Just, Leo (Hrsg.): Handbuch der Deutschen Geschichte, Konstanz 1957ff.

386 Grundmann, Herbert (Hrsg.): Gebhardt, Handbuch der deutschen Geschichte, Stuttgart [9]1970ff.

387 Randa, Alexander (Hrsg.): Handbuch der Weltgeschichte, Olten und Freiburg/Br., ^{2}1958.
388 Ebd., Vorwort zum ersten Band (teilw. Hervorhebung durch Verf.).
389 Ebd. (teilweise Hervorhebung durch Verf.).
390 Fischer Weltgeschichte, Frankfurt/M. 1966ff.
391 Von einem methodisch ganz anderen Ansatz löst die Propyläen Weltgeschichte (Bd. 8, S. 14) das Problem der Quantität im Toynbeeschen Sinne: Die einzelnen Bände seien »– ebenfalls eine Neuerung – kein Gemeinschaftswerk von Arbeitsgruppen oder Forschungsteams, sondern gedankliche Entwürfe und literarische Würfe eines Temperaments.«
392 »Die Herausgeber versuchten weder die Beiträge uniform zu gestalten noch Übergänge zwischen ihnen zu schaffen. So spiegelt das Werk am besten den augenblicklichen Stand der ... Forschung wider.« Autoren lasen und kritisierten die Kollegen, »ohne sich jedoch zur Konformität verpflichtet zu fühlen.« Fischer Weltgeschichte, Bd. 2, S. 11f.
393 Schieder, Theodor (Hrsg.): Handbuch der Europäischen Geschichte, Stuttgart 1968ff. – Zitat Bd. 1, S. XVIII (Th. Schieffer) – Diese Begründung wirkt überzeugend, weil die Länge der einzelnen Beiträge untereinander ausgewogen ist. – Die Vermutung, daß nach Meinung des Herausgebers wichtig sein Sollendes sehr umfangreich zu bringen, weniger wichtig sein Sollendes entsprechend klein zu halten sei, wäre dann nicht auszuschließen, wenn einzelne Beiträge in ihrer Länge oder Kürze ungewöhnlich stark von einer mittleren Seitenzahl abweichen, die für die übrigen Beiträge gelten.
394 Ebd., S. 17 (Th. Schieder).
395 Mann, Golo (Hrsg.): Propyläen Weltgeschichte. Eine Universalgeschichte, Berlin-Frankfurt/M.-Wien 1960ff.
396 op.cit., Bd. 8, Einleitung, S. 13.
397 »Die Wahrheit nicht als das Erreichte, sicher Besessene, sondern als das zu Erstrebende. Jeden Typ von Ursache und Wirkung festzustellen, dort, wo er festgestellt werden kann, keine unliebsame, der eigenen Interpretation widersprechende Erkenntnis zu verschweigen, kein Wissen zu behaupten, dessen, was nicht gewußt werden kann...«. Ebd., S. 14.
398 Ebd.
399 Jeserich, Kurt G. A. / Pohl, Hans / v. Uhruh, Georg-Christoph (Hrsg.): Deutsche Verwaltungsgeschichte Band 1 Vom Spätmittelalter bis zum Ende des Reiches, Stuttgart 1983, S. 7.
400 The New Cambridge Modern History, Cambridge 1957ff.; mehrere Nachdrucke; zit. nach der Ausgabe von 1967.
401 Clark, Sir George: General Introduction: History and the Modern Historian, op.cit., vol. I, p. XVII–XXXVI – »The writers of the seperate chapters and the editors of the seperate volumes are not bound by detailed instructions but only by their agreement in the guiding principles which have been stated here (i.e. in the introduction). They represent *many* schools of thought and many specialised branches of research; but so great is their inheritance that they hope, *by the means* of all this diversity, to create an articulated history.« (Teilw. Hervorhebungen durch Verf.).
402 Beloff, Max / Renouvin, Pierre / Schnabel, Franz / Valsecchi, Franco (comité de direction): L'Europe du XIXe et du XXe siècle, Milano etc. 1959ff.
403 »Cette étude n'est pas destinée à servir une thèse; elle reste étrangère aux préoccupations de la politique actuelle. Son but est uniquement de fournir des éléments d'explication historique, dans un esprit d'objectivité. – Pour que cet essai d'explication fût valable, il était indispensable que l'ouvrage fût l'oeuvre d'une équipe internationale d'historiens. C'est la comparaison *et la confrontation de leurs points de vue* qui donnent à l'initiative son caractère original: cette préoccupation est la vraie raison d'être de l'entreprise.« Ebd., p. XII (teilw. Hervorhebung durch Verf.).
404 »Pour mener à bon fin cette entreprise, le Comité de Rédaction devait surmonter de sérieux obstacles: organiser une équipe d'une certaine de collaborateurs des diverses parties du monde; éviter les répétitions entre des chapitres qui traitaient de problèmes voisins, mais les abordaient sous des perspectives différentes; *maintenir l'unité de conception,* c'est-à-dire faire en sorte qu'une méthode uniforme inspirât, *autant que possible,* en dépit des divergences entre les écoles historiques ou les idéologies nationales; *respecter pourtant la varité et la multiplicité des points de vue, qui constituent un des caractères essentiels d'une oeuvre collective.«* Ebd., p. XIV (teilw. Hervorhebung durch Verf.).
405 Einschränkungen durch freiwillige Selbstbegrenzung berühren das Prinzip der Autorenfreiheit in diesem Zusammenhang nicht und können deshalb außer Betracht bleiben.
406 Siehe die Begriffsbestimmung bei Hofmann, Werner: Wissenschaft und Ideologie, in: Lieber, H. J. (Hrsg.): Ideologie – Wissenschaft – Gesellschaft, S. 244–248. – Vgl. Rademacher, H.: Ideologie, in: Rademacher, Hans / Braun, Edmund (Hrsg.): Wissenschaftstheoretisches Lexikon, Graz Wien Köln 1978, Sp. 259–261.

407 Geiger, Theodor: Kritische Bemerkungen zum Begriffe der Ideologie, in: Eisermann, Gottfried (Hrsg.): Gegenwartsprobleme der Soziologie. Alfred Vierkandt zum 80. Geburtstag, Potsdam 1949, S. 141–156, Zitat S. 148. – »Sein (sc. des Denkenden) Gefühlsverhältnis geht als ein angeblich-Objektives in die Aussage ein. Das Gefühlsverhältnis ist Gerichtetsein des Gefühls auf ein Objekt. Das gerichtete Gefühl aber gehört der Subjektivität des Fühlend-Denkenden zu – nicht dem gefühlsbezogenen Objekt«. Ebd. – Der Beitrag Geigers zur Ideologie-Diskussion wird offenbar für so grundlegend gehalten, daß er wiederholt abgedruckt worden ist. Auszugsweise in Lenk, Ideologie, S. 180–186, vollständig in Lieber, Ideologie, S. 171–191. In Albert / Topitsch, Werturteilsstreit, S. 33–43, finden sich gedanklich verwandte Ausführungen aus Geiger, Ideologie und Wahrheit, Stuttgart Wien 1953.

408 Geiger, Krit. Bem. zum Begriffe Ideologie, S. 143.

409 Geiger, Theodor: Ideologie und Wahrheit. Eine soziologische Kritik des Denkens, Neuwied-Berlin ^{2}1968, S. 49f.

410 Geiger, Krit. Bem. zum Begriffe Ideologie, S. 147 (Satz im Original hervorgehoben).

411 Kraft, Viktor: Die Grundlagen einer wissenschaftlichen Wertlehre, Wien ^{2}1951, S. 17f. (Zitat im Original teilw. hervorgehoben).

412 Ebd., S. 199f. (Zitat im Original teilw. hervorgehoben).

413 Ebd., S. 206. – »Eine Forderung, die bloß im persönlichen Namen gestellt wird, die nicht mehr ist als eine Forderung des N.N., hat keine Verbindlichkeit.«

414 Ebd., S. 204. – Die Wahrheit eines Satzes »ist eine Qualifikation seines Gehalts: seine Invariabilität ... Die Wahrheit besteht nicht in der Geltung, und die Geltung geht nicht auf in der Wahrheit, sondern sie ist eine Folge der Wahrheit.«

415 Es kann hier nicht der Frage nachgegangen werden, ob bzw. inwieweit jemand im juristischen Sinne zur Verantwortung gezogen werden kann, wenn er den Sinn eines Gesetzes und die sich aus ihm ergebende(n) Forderung(en) nach einem bestimmten Verhalten nicht versteht und deswegen gegen sie verstößt.

416 Vgl. Anm. 414.

417 »Sachlichkeit ist Voraussetzung richtigen Erkennens – und *nur* das theoretische Erkennen fordert Sachlichkeit als seine Voraussetzung, weil nur das theoretische Erkennen dem Maßstab der Richtigkeit (Wahrheit) unterworfen ist. Wer in seinem theoretischen Denken nicht durch asketische Distanznahme den Gefühlsfaden zu zerschneiden vermag, der ihn an das zu Erkennende bindet, erkennt nicht die Dinge, sondern interpretiert sein Verhältnis zu ihnen. Er findet nicht Wahrheit über seine Denkgegenstände, er findet allenthalben und in alle Ewigkeit nur –: sich selbst.« Geiger, Krit. Bem. zum Begriffe Ideologie, S. 150f.

418 In einer gewissen Abgrenzung zu Ideologie stellt Geiger (ebd., S. 153) fest, »daß die interessierte Lüge überhaupt keine Ideologie, die Entlarvung der in bewußter Verhüllungsabsicht aufgestellten Behauptungen keine Aufgabe der Ideologie-Kritik ist. Der Lügner denkt nicht falsch und nicht befangen. Er denkt richtig und will nur den anderen ein X für ein U vormachen. Gegenstand der Ideologiekritik wird die Verhüllungsaussage nur 1. sofern – was die Regel sein dürfte – der Verhüllende selbst an sie glaubt, also nicht (nur) Betrüger, sondern (auch) Selbstbetrüger ist, und (oder) 2. die Verhüllungsaussage von den anderen geglaubt wird und in ihr Denkrepertoire eingeht.«

419 Weber, Max: »Objektivität«, S. 167.

420 Diese Gedankengänge sind keineswegs bloße Theorie, sondern zeitigen konkrete Wirkungen: »Von der Rechtslehre zum Teil stark kritisiert, aber von der Rechtsprechung unbeirrt verteidigt, wird unterschieden zwischen ›Tatsachenbehauptung‹ einerseits und ›Meinungsäußerung‹ oder ›Werturteil‹ andererseits.« Erstere ist »prinzipiell angreifbar«, letztere sind es nicht. Nach der entsprechenden Beweisführung wird festgestellt: Auf Meinungsäußerungen oder Werturteilen beruhende Urteile »sind nicht richtig oder falsch, sondern annehmbar oder nicht annehmbar und wegen ihrer subjektiven Einfärbung einem Beweis nicht zugänglich.« Sieger, Ferdinand: Die Problematik des Persönlichkeitsschutzes bei zeitgeschichtlichen Forschungen und Publikationen, in: Institut für Zeitgeschichte (Hrsg.): Wissenschaftsfreiheit und ihre rechtlichen Schranken. Ein Colloquium, München Wien 1978, S. 19–25, Zitat S. 22.

421 Wohl aber eine praktische, die hier jedoch außer Betracht bleiben kann.

422 Ein »absoluter Wert im Sinn der Unabhängigkeit von wertendem Subjekt und gewertetem Objekt (ist) unmöglich, sinnlos, weil in sich widersprechend.« Kraft, Grundlagen einer wiss. Wertlehre, S. 27.

423 Geiger, Krit. Bem. zum Begriffe Ideologie, S. 154f. – Vgl. die Aussagen R. Königs bei seiner Auseinandersetzung mit Dahrendorf: »Engagiertheit schafft sicher eine gewisse Nähe zum Objekt, die eine gute Vorbedingung für die Arbeit sein kann; allzu große Nähe macht aber auch blind.«

König, René: Einige Überlegungen zur Frage der »Wertfreiheit« bei Max Weber, in: Kölner Zeitschrift für Soziologie und Sozialpsychologie 16, 1964, S. 1–29, Zitat S. 6; Wiederabdruck in: Albert / Topitsch, Werturteilsstreit, S. 150–188.

424 Vgl. Anm. 418.

425 Hofmann, Wissenschaft, in: Lieber, Ideologie, S. 243.

426 Ebd., S. 239.

427 Topitsch, Ernst: Begriff und Funktion der Ideologie, in: Lieber, Ideologie, S. 200–238, Zitat S. 236.

428 Ebd., S. 234.

429 Weber, Max: Wissenschaft als Beruf, in: Gesammelte Aufsätze zur Wissenschaftslehre, S. 582–613, Zitat S. 613.

430 Ders.: »Objektivität«, S. 150f.

431 Ebd. – In diesen Zusammenhang gehören die Feststellungen, daß »neben dem ›Erfolgswert‹ einer Handlung ihr ›Gesinnungswert‹ stehe« und: »Im ganzen neigen Menschen hinlänglich stark dazu, sich dem Erfolg oder dem jeweilig Erfolg versprechenden innerlich anzupassen, nicht nur – was selbstverständlich ist – in den Mitteln oder in dem Maße, wie sie ihre letzten Ideale zu realisieren trachten, sondern in der Preisgabe dieser selbst«. Weber, Max: Der Sinn der »Wertfreiheit« der soziologischen und ökonomischen Wissenschaften, in: Gesammelte Aufsätze zur Wissenschaftslehre, S. 489–540, Zitat S. 513f.

432 Ebd., S. 534.

433 Ebd., S. 500.

434 Als Hauptergebnis seines Aufsatzes bezeichnet es Junker (mit anschließender Begründung): »Jede empirische Sozialwissenschaft, einschließlich der Geschichtswissenschaft, die dem Anspruch neuzeitlichen Erfahrungswissens genügen will, muß grundsätzlich auf Werturteile verzichten.« Junker, Detlef: Über die Legitimität von Werturteilen in den Sozialwissenschaften und in der Geschichtswissenschaft, HZ 211, 1970, S. 1–33, Zitat S. 31.

435 Geiger, Krit. Bem. zum Begriffe Ideologie, S. 155.

436 Dunk, H.v.d.: Wertfreiheit und Geschichtswissenschaft, HZ 214, 1972, S. 22. – Dazu die Position von Junker und Reisinger; vgl. Anm. 374.

437 Dieser Begriff wurde in der Antike nicht nur positiv verstanden, wie »die Scheidung zwischen einer guten und einer schlechten Demokratie« zeigt. Meier, Christian: Demokratie I. Einleitung: Antike Grundlagen, in: Brunner, Otto / Conze, Werner / Koselleck, Reinhart (Hrsg.): Geschichtliche Grundbegriffe. Historisches Lexikon zur politisch-sozialen Sprache in Deutschland, Band 1, Stuttgart 1972, S. 821–835, Zitat S. 830.

438 Diese Feststellung ist nur bedingt richtig. Wenn Wertungen z. B. in Form historischer »Interpretationsfragen, die bündig beweisbare Lösungen nicht zulassen« (G. Mann), wissenschaftlich nicht prüfbar sind, so sind sie doch logisch nachvollziehbar. Auf welche Weise könnte sich v.d. Dunk anderen verständlich machen oder wie könnte er gar etwas erreichen, wenn sich Wertungen tatsächlich der Kontrolle durch die Logik entziehen würden? Wodurch soll bzw. kann sie ersetzt werden?

439 Vgl. Anm. 436 (Zitat S. 23).

440 Ebd. – Eine Meinung wie die Graus' wird hier keineswegs als – in der Wertung v.d. Dunks – wissenschaftsfanatisch verstanden: »Für die moderne Historie ist bisher eine Sinngebung nur im Rahmen der Wissenschaft möglich, d. h. die Angaben müssen anhand der Quellen nachprüfbar sein, die Theorien (Schlußfolgerungen) sollten verifizierbar bzw. falsifizierbar sein.« Graus, František: Die Einheit der Geschichte, HZ 231, 1980, S. 631–649. Zitat S. 646.

441 »Wer dagegen empirische Wissenschaft (diese verstanden als »Vermittlung von Informationen über Sachverhalte ... und als solche begrenzt«) und Technik als nur technologische oder instrumentelle Rationalität diffamiert, moralische und politische Forderungen an seinen subjektiven Vorstellungen des ›ganz freien Menschen‹ (Emanzipation) und an einem konflikt- und arbeitsfreien, harmonischen ›Ganzen der Gesellschaft im Kopfe‹ mißt und nicht den mühseligen praktischen Kompromiß, sondern die prinzipientreue Gesinnungsgemeinschaft zur Grundlage des sozialen Handelns erhebt, der hat in der Welt des sozialen Heilsglaubens Fuß gefaßt.« Schelsky, Helmut: Die Arbeit tun die anderen. Klassenkampf und Priesterherrschaft der Intellektuellen, Opladen ^{2}1975, S. 155f.

442 Zum Problem allgemein: Diemer, Alwin (Hrsg.): Der Wissenschaftsbegriff. Historische und systematische Untersuchungen, Meisenheim am Glan 1970.

443 Schelsky, Die Arbeit tun die anderen, S. 155.

444 Popper, Karl R.: Das Elend des Historizismus, Tübingen ^{5}1979, Anm. 51, S. 72.

445 Ebd., S. 124.

Verzeichnis der Tabellen

Quellen- und Literaturverzeichnis

Quellen, ungedruckt:

Bundesarchiv – Militärarchiv (BA – MA) Freiburg/Br.:

Wi/I.98	Wi/IF 5.717
Wi/I.321	Wi/IF 5.899
Wi/I A.13	Wi/IF 5.1025
Wi/I A.84	Wi/IF 5.1056
Wi/IF 5.118	Wi/IF 5.1168
Wi/IF 5.120	Wi/IF 5.1617
Wi/IF 5.121	Wi/VIII 335
Wi/IF 5.122	III W 805/5/I, II
Wi/IF 5.208	III W 805/6/I, II
Wi/IF 5.214	III W 805/7/I, II
Wi/IF 5.412	RH 2/v. 427

Quellen, gedruckt:

(Clausewitz) Vom Kriege. Hinterlassenes Werk des Generals von Clausewitz (Skizzen zum achten Buche. Kriegsplan. Zweites Kapitel. Absoluter und wirklicher Krieg.) Erläutert durch W. v. Scherff, Berlin [2]1883

Görlitz, Walter (Hrsg.) Generalfeldmarschall Keitel. Verbrecher oder Offizier? Erinnerungen, Briefe, Dokumente des Chefs OKW, Göttingen 1961

Halder: Kriegstagebuch. Band II. Von der geplanten Landung in England bis zum Beginn des Ostfeldzuges (1. 7. 1940–21. 6. 1941), bearb. v. Hans-Adolf Jacobsen, Stuttgart 1963

Hitler, Adolf: Mein Kampf. Zwei Bände in einem Band, München 1943

Hitlers zweites Buch. Ein Dokument aus dem Jahr 1928. Eingeleitet und kommentiert von Gerhard L. Weinberg. Mit einem Geleitwort von Hans Rothfels, Stuttgart 1961

Hubatsch, Walther (Hrsg.): Hitlers Weisungen für die Kriegführung 1939–1945. Dokumente des Oberkommandos der Wehrmacht, Frankfurt/M. 1962

Kriegstagebuch des Oberkommandos der Wehrmacht (Wehrmachtführungsstab) Bd. I: 1. August 1940–31. Dezember 1941, hrsg. von Percy Ernst Schramm, Frankfurt/M. 1965

Leeb, Emil: Aus der Rüstung des Dritten Reiches (Das Heereswaffenamt 1938–1945), Berlin Frankfurt/M. 1958

Liss, Ulrich: Westfront 1939/40. Erinnerungen des Feindbearbeiters im O.K.H., Neckargmünd 1959
Stalin, J.: Der 24. Jahrestag der großen sozialistischen Oktoberrevolution. Bericht in der Festsitzung des Moskauer Sowjets der Deputierten der Werktätigen gemeinsam mit den Partei- und gesellschaftlichen Organisationen der Stadt Moskau, 6. November 1941. In: Über den Großen Vaterländischen Krieg der Sowjetunion, Moskau ³1946
Thomas, Georg: Geschichte der deutschen Wehr- und Rüstungswirtschaft (1918–1943/45); hrsg. von Wolfgang Birkenfeld, Boppard/Rh. 1966

Kompendien, Lexika

Beloff, Max / Renouvin, Pierre / Schnabel, Franz / Valsecchi, Franco (comité de direction): L'Europe du XIXe et du XXe siècle, Milano etc. 1959ff.

Brunner, Otto / Conze, Werner / Koselleck, Reinhart (Hrsg.): Geschichtliche Grundbegriffe. Historisches Lexikon zur politisch-sozialen Sprache in Deutschland, Stuttgart 1972ff.

The New Cambridge Modern History, Cambridge 1957ff.

Dahms, Hellmuth Günther: Geschichte des Zweiten Weltkrieges, Tübingen 1965

Datenblätter für Heeres-Waffen, -Fahrzeuge, -Gerät, Nürnberg 1976

Fischer Weltgeschichte, Frankfurt/M. 1966ff.

Grundmann, Herbert (Hrsg.): Gebhardt. Handbuch der deutschen Geschichte, Stuttgart ^{9}1970ff.

Hoffmeister, Johannes (Hrsg.): Wörterbuch der philosophischen Begriffe, Hamburg ^{2}1955

Jeserich, Kurt G. A. / Pohl, Hans / v. Unruh, Georg-Christoph (Hrsg.): Deutsche Verwaltungsgeschichte, Stuttgart 1983ff.

Mann, Golo (Hrsg.): Propyläen Weltgeschichte. Eine Universalgeschichte, Berlin-Frankfurt/M.-Wien 1960ff.

Just, Leo (Hrsg.): Handbuch der deutschen Geschichte, Konstanz 1957ff.

Mueller-Hillebrand, Burkhart: Das Heer 1933–1945. Entwicklung des organisatorischen Aufbaus, Bd. II: Die Blitzfeldzüge 1939–1941, Darmstadt 1956

Rademacher, Hans / Braun, Edmund (Hrsg.): Wissenschaftstheoretisches Lexikon, Graz Wien Köln 1978

Randa, Alexander (Hrsg.): Handbuch der Weltgeschichte, Olten und Freiburg/Br. ^{2}1958

Schieder, Theodor (Hrsg.): Handbuch der Europäischen Geschichte, Stuttgart 1968ff.

Die Streitkräfte der UdSSR. Abriß ihrer Entwicklung von 1918 bis 1968, Berlin (-Ost) 1974

Volkmann, Hans-Erich: Wirtschaft im Dritten Reich. Eine Bibliographie, Teil I 1933–1939, Koblenz 1980; Teil II 1939–1945, Koblenz 1984

Literatur

Albert, Hans / Topitsch, Ernst (Hrsg.): Werturteilsstreit, Darmstadt ²1979
Boog, Horst: Die militärische Konzeption des Krieges gegen die Sowjetunion – Die Luftwaffe, in: Das Deutsche Reich und der Zweite Weltkrieg Bd. 4, Stuttgart 1983, S. 277–318
Born, Karl Erich: Deutschland vom Ende der Monarchie bis zur Teilung, in: Schieder, Th. (Hrsg.): Handbuch der Europäischen Geschichte, Band 7, 1. Teilband: Europa im Zeitalter der Weltmächte, Stuttgart 1979, S. 522–585
Burchardt, Lothar: Hitler und die historische Größe, Konstanz 1977
Carroll, Berenice A.: Design for Total War. Arms and Economics in the Third Reich, The Hague – Paris 1968
Cox, Richard: Operation Sea Lion, San Rafael/California 1977
Dickmann, Fritz: Machtwille und Ideologie in Hitlers außenpolitischen Zielsetzungen vor 1933, in: Repgen, Konrad / Skalweit, Stephan (Hrsg.): Spiegel der Geschichte. Festgabe für Max Braubach zum 10. April 1964, Münster/W. 1964, S. 915–941
Diemer, Alwin (Hrsg.): Der Wissenschaftsbegriff. Historische und systematische Untersuchungen, Meisenheim am Glan 1970
Dunk, Hermann von der: Wertfreiheit und Geschichtswissenschaft, Historische Zeitschrift 214, 1972, S. 1–25
Engelmann, Joachim / Scheibert, Horst: Deutsche Artillerie 1934–1945. Eine Dokumentation in Text, Skizzen und Bildern, Limburg/Lahn 1974
Erdmann, Karl Dietrich: Der Zweite Weltkrieg, in: Gebhardt, Handbuch der deutschen Geschichte Bd. 4, 2. Teilband: Die Zeit der Weltkriege, Stuttgart ⁹1976, S. 491–592
Geiger, Theodor: Kritische Bemerkungen zum Begriffe der Ideologie, in: Eisermann, Gottfried (Hrsg.): Gegenwartsprobleme der Soziologie. Alfred Vierkandt zum 80. Geburtstag, Potsdam 1949, S. 141–156
– Ideologie und Wahrheit. Eine soziologische Kritik des Denkens, Neuwied-Berlin ²1968
Graus, Františcek: Die Einheit der Geschichte, Historische Zeitschrift 231, 1980, S. 631–649
Hillgruber, Andreas: Hitlers Strategie. Politik und Kriegführung 1940–1941, Frankfurt/M. 1965, München ²1982
– Tendenzen, Ergebnisse und Perspektiven der gegenwärtigen Hitler-Forschung, Historische Zeitschrift 226, 1978, S. 600–621
– Noch einmal: Hitlers Wendung gegen die Sowjetunion 1940. Nicht (Militär-) »Strategie oder Ideologie«, sondern »Programm« und Weltkriegsstrategie«, Geschichte in Wissenschaft und Unterricht 1982, S. 214–226
Hoffmann, Joachim: Die Sowjetunion bis zum Vorabend des deutschen Angriffs,

in: Das Deutsche Reich und der Zweite Weltkrieg Bd. 4, Stuttgart 1983, S. 38–97
– Die Kriegführung aus der Sicht der Sowjetunion, ebd., S. 713–809
Hofmann, Werner: Wissenschaft und Ideologie, in: Lieber, H.J. (Hrsg.): Ideologie – Wissenschaft – Gesellschaft, S. 244–248
Junker, Detlef: Über die Legitimität von Werturteilen in den Sozialwissenschaften und in der Geschichtswissenschaft, Historische Zeitschrift 211, 1970, S. 1–33
–, Reisinger, Peter: Was kann Objektivität in der Geschichtswissenschaft heißen, und wie ist sie möglich? Historische Zeitschrift Beiheft 3 (Neue Folge), S. 1–46; erneut abgedruckt in: Schieder, Theodor / Gräubig, Kurt (Hrsg.): Theorieprobleme der Geschichtswissenschaft, Darmstadt 1977, S. 420–471
Klages, Helmut / Kmieciak, Peter (Hrsg.): Wertwandel und gesellschaftlicher Wandel, Frankfurt – New York ²1981
Klee, Karl: Der Entwurf zur Führerweisung Nr. 32 vom 11. Juni 1941. Eine quellenkritische Untersuchung, Wehrwissenschaftliche Rundschau 1956, S. 127–141
– Das Unternehmen »Seelöwe«. Die geplante deutsche Landung in England 1940, Göttingen etc. 1958
König, René: Einige Überlegungen zur Frage der »Wertfreiheit« bei Max Weber, Kölner Zeitschrift für Soziologie und Sozialpsychologie, 1964, S. 1–29; Wiederabdruck in: Albert / Topitsch, Werturteilsstreit, S. 150–188
Koselleck, Reinhart / Mommsen, Wolfgang J. / Rüsen, Jörn (Hrsg.): Objektivität und Parteilichkeit in der Geschichtswissenschaft, München 1977
Kraft, Viktor: Die Grundlagen einer wissenschaftlichen Wertlehre, Wien ²1951
Krumpelt, Ihno: Das Material und die Kriegführung, Frankfurt/M. 1968
Lachnit, Ingo / Klein, Friedhelm: Der »Operationsentwurf Ost« des Generalmajors Marcks vom 5. August 1940, Wehrforschung 1972, S. 114–123
Lenk, Kurt (Hrsg.): Ideologie, Ideologiekritik und Wissenssoziologie, Neuwied – Berlin ²1964, ⁸1978
Lieber, Hans-Joachim (Hrsg.): Ideologie – Wissenschaft – Gesellschaft. Neuere Beiträge zur Diskussion, Darmstadt 1976
Meier, Christian: Demokratie I. Einleitung: Antike Grundlagen, in: Brunner u. a. (Hrsg.), Geschichtliche Grundbegriffe, Bd. 1, S. 821–835
Meusel, Ernst-Joachim: Sind Großforschungseinrichtungen Tendenzbetriebe?, Wissenschaftsrecht – Wissenschaftsverwaltung – Wissenschaftsförderung Bd. 17, S. 15–24
Milward, Alan S.: Die deutsche Kriegswirtschaft 1939–1945, Stuttgart 1966
Mommsen, Wolfgang J.: Der perspektivische Charakter historischer Aussagen und das Problem von Parteilichkeit und Objektivität historischer Erkenntnis, in: Koselleck u. a. (Hrsg.), Objektivität, S. 440–463
Moltmann, Günter: Weltherrschaftsideen Hitlers, in: Brunner, Otto / Gerhard Dietrich (Hrsg.): Europa und Übersee. Festschrift für Egmont Zechlin, Hamburg 1961, S. 197–240

Olshausen, Klaus: Zwischenspiel auf dem Balkan. Die deutsche Politik gegenüber Jugoslawien und Griechenland von März bis Juli 1941, Stuttgart 1973.

Philippi, A. / Heim, F.: Der Feldzug gegen Sowjetrußland 1941–1945. Ein operativer Überblick, Stuttgart 1962

Popper, Karl R.: Logik der Forschung, Tübingen ^{6}1976

– Das Elend des Historizismus, Tübingen ^{5}1979

Rademacher, H.: Ideologie, in: Rademacher, Hans / Braun, Edmund (Hrsg.): Wissenschaftstheoretisches Lexikon, Sp. 259–261

Rüsen, Jörn (Hrsg.): Historische Objektivität. Aufsätze zur Geschichtstheorie, Göttingen 1975

Schelsky, Helmut: Die Arbeit tun die anderen. Klassenkampf und Priesterherrschaft der Intellektuellen, Opladen ^{2}1975

Schustereit, Hartmut: Planung und Aufbau der Wirtschaftsorganisation Ost vor dem Rußlandfeldzug – Unternehmen »Barbarossa« 1940/41, Vierteljahrschrift für Sozial- und Wirtschaftsgeschichte 70, 1983, S. 50–70

Seraphim, Hans Günther und Hillgruber, Andreas: Hitlers Entschluß zum Angriff auf Rußland. (Eine Entgegnung), Vierteljahrshefte für Zeitgeschichte 1954, S. 240–254

Sieger, Ferdinand: Die Problematik des Persönlichkeitsschutzes bei zeitgeschichtlichen Forschungen und Publikationen, in: Institut für Zeitgeschichte (Hrsg.): Wissenschaftsfreiheit und ihre rechtlichen Schranken. Ein Colloquium, München Wien 1978, S. 19–25

Stegemann, Bernd: Hitlers »Stufenplan« und die Marine, in: Historische Studien zu Politik, Verfassung und Gesellschaft. Festschrift für Richard Dietrich zum 65. Geburtstag, Frankfurt/M. etc. 1976, S. 301–316

– Politik und Kriegführung in der ersten Phase der deutschen Initiative, in: Das Deutsche Reich und der Zweite Weltkrieg Bd. 2, Stuttgart 1979, S. 15–39

– Hitlers Ziele im ersten Kriegsjahr 1939/40. Ein Beitrag zur Quellenkritik, Militärgeschichtliche Mitteilungen 1/80, S. 93–105

– Der Entschluß zum Unternehmen Barbarossa: Strategie oder Ideologie? Geschichte in Wissenschaft und Unterricht 1982, S. 205–213

– Geschichte und Politik. Zur Diskussion über den deutschen Angriff auf die Sowjetunion 1941, Beiträge zur Konfliktforschung 1987, S. 73–97

Topitsch, Ernst: Begriff und Funktion der Ideologie, in: Lieber, Ideologie, S. 200–238.

– Stalins Krieg. Die sowjetische Langzeitstrategie gegen den Westen als rationale Machtpolitik, München 1985, ^{2}1986

Toynbee, Arnold: History by Team-work. In: Studies in Diplomatic History and Historiography in honour of G.P. Gooch, C.H. Planned and Edited by A. O. Sarkissian, Ph. D., (Longmans) London 1961, p. 3–11; dt.: Geschichte durch Team-Arbeit; in: Almanach. Das sechsundsiebzigste Jahr, S. Fischer Verlag Frankfurt/M. 1962, S. 118–130

– Why and how I work, in: Experiences (Oxford University Press), London 1969, p. 87–105

Trevor-Roper, Hugh Redwald: Hitlers Kriegsziele, Vierteljahrshefte für Zeitgeschichte 1960, S. 121–133; Wiederabdruck in: Freudenfeld, Burghard (Hrsg.): Stationen deutscher Geschichte 1919–1945, Stuttgart 1962, S. 9–28 (mit Diskussionsbeiträgen)

Uhlig, Heinrich: Das Einwirken Hitlers auf Planung und Führung des Ostfeldzuges, Aus Politik und Zeitgeschichte B 11/60, 16. März 1960, S. 161–198

Weinberg, Gerhard L.: Der deutsche Entschluß zum Angriff auf die Sowjetunion, Vierteljahrshefte für Zeitgeschichte 1953, S. 301–318

Weber, Max: Die »Objektivität« sozialwissenschaftlicher Erkenntnis, in: Winkelmann, Johannes (Hrsg.): Gesammelte Aufsätze zur Wissenschaftslehre von Max Weber, Tübingen ^{4}1973, S. 146–214

– Der Sinn der »Wertfreiheit« der soziologischen und ökonomischen Wissenschaften, ebd., S. 489–540

– Wissenschaft als Beruf, ebd., S. 582–613

Zieger, Wilhelm: Das deutsche Heeresveterinärwesen im Zweiten Weltkrieg, Freiburg 1973

Zorn, Wolfgang: Engagierte und werturteilsfreie Wissenschaft, in: Jäckel, Eberhard / Weymar, Ernst (Hrsg.): Die Funktion der Geschichte in unserer Zeit. Karl Dietrich Erdmann zum 29. April 1975, Stuttgart 1975, S. 74–81

*Personenregister**

* Eine eingeklammerte Zahl hinter der Seitenangabe verweist auf die Anmerkung auf dieser Seite.